'대방광불화엄경' 염송 수행을 시작했다. 안양암 3년 정진 중 얻은 바가 있어, 장안사 지장암에서 손혜정 선생과 함께 근대 최초의 수행공동체 운동을 전개하며 회중수도會衆修道를 시작했다. 조국 독립을 기도하고, '대방광불화엄경'을 염송하면서 7년여 동안 500여 명의 제자를 지도했다. 1938년(41세) 4월, 지장암 수도 중에 불령선인不逞鮮人으로 지목되어 경남 의령경찰서로 연행, 50여 일간 취조받다가 석방되었으나, 일제의 압력으로 하산하게 되었다.

이후 서울 돈암동과 치악산 상원사 동굴에서 정진 수도하다가, 1945년 해방이 되자 애국단체인 중앙공작대를 조직하고 민중 계몽운동을 시작했다. 상해임시정부 시절 인연이 있던 이승만 박사를 중심으로 한 건국운동에 참여했으며, 1950년(53세) 제4대 내무부장관, 1951년 한국광업진흥주식회사 사장에 취임했다. 1953년 7월, 부산 피난 중 동국대학교 제2대 총장에 취임했으며, 이후 5·16 군사정변으로 동국대학교에서 물러나게 된 1961년 7월까지 중구 필동에 대학교 교사를 건립하고 시설·학사·교수 등 다방면에 걸쳐 동국대 중흥의 기틀을 마련했다. 《금강삼매경론》《화엄경》 '인류 문화사' 등을 강의했으며, 《고려대장경》 영인 작업에 착수, 총 48권의 현대식 영인본을 출간하기도 했다.

1962년, 65세에 경기도 부천군 소사읍 소사리의 야트막한 산을 개간, '백성목장白性牧場'을 경영하면서 《금강경》을 쉽게 강의하고, 인연 있는 후학을 지도했다. 1981년 8월 19일(음력), 출생일과 같은 날, 84세를 일기로 입적했다. 후학들이 금강경독송회, 청우불교원 금강경독송회, 바른법연구원, 백성욱 박사 교육문화재단, 백성욱연구원, 여시관如是觀 등을 세워 가르침을 잇고 있다.

백성욱 박사의 금강경 강화

백성욱 박사 전집 1

백 성 욱 박 사 의

금강경 강화

백성욱 강설

김영사

차례

1. 이 책은 1959년 동국대학교에서 강의한 것으로 전해지는 릴 테이프의 내용을 백성욱 박사 문하 학인인 김강유·이광옥·김원수가 녹취하였으며, 이후 김강유가 편집부와 함께 내용을 재청취하면서 다듬고 보강하는 작업을 거쳤다. 추가 강의 1·2는 문도들의 사가에서 설한 법문으로 전해진다.

2. 녹음 품질 한계로 인해 정확한 실제 내용을 파악할 수 없는 경우, 강의의 전후 맥락을 통해 엮은이가 조정·보강·삭제하였다.

3. 육성 강의의 현장 느낌을 살리되, 글로 정리하는 과정에서 적정 범위로 한글 맞춤법을 적용해 다듬고 교정하였다. 다만 일부는 백성욱 박사의 고유한 어투를 살리기 위해 맞춤법을 고려하지 않고 그대로 실었다. 일부 명확한 의미를 특정하기 힘든 방언의 경우, 문맥을 통해 파악할 수 있도록 본 강의 그대로 유지하였다.

4. 《금강경》 본문은 1950~1960년대 당시 백성욱 박사가 정리하고 사용한 현토 《금강반야바라밀경》을 사용하였다.

5. 독자의 이해를 돕기 위해, 현장 강의에 없던 내용을 괄호와 주석 속에 추가하여 보강하였다. 내용 가운데 새롭게 밝혀진 과학적 사실 또는 학술적 연구 성과가 있는 경우, 그리고 추가 정보가 필요한 곳에는 각주 형식으로 편집자 주를 달아 설명을 보충하였다.

6. 본 강의를 최대한 살리되, 강의 특성상 흐름에서 잠시 벗어난 경우 맥락의 유지와 효과적인 내용 전달을 위해 최소 범위에서 변형을 가하였다.

7. 경전이나 책 이름은 《 》 안에, 문서나 장章 이름은 〈 〉 안에 표기하였다.

부처님과 금강경에 대하여

《금강경》이 속한 반야부는 무엇인고 하니, "네 한마음이다. 네 한마음 밝아야 한다." 그래서 반야부를 '영지보물^{令知寶物}'이라 하는데, '자기 몸속에 있는 보배를 알게 해 준다'는 뜻입니다. 그래서 "네 마음이 곧 부처다. 밝으면 부처다. 네 마음이 미^迷하면 중생이다." 이런 것을 얘기했어요.

부처님과 금강경에 대하여

지금 '불교'는 먼 조상 때부터 전해 왔고 생각해 왔기 때문에 그다지 특별한 느낌이 들지 않습니다. (그런데) 새 풍조가 들어와서 '예수교'라는 것이 하나 성립이 되고 보니까, 우리도 '불교'라는 것이 성립되지 않으면 안 되겠다고 생각들 했던 것입니다. 그래서 우리 조상이 가지고 쓰던, 우리 생활상 필요했던 그 생각을 이제는 특별히 한 '교敎'라는 것으로 얘기하게 되어서,* 그 의미를 알아보려는 것입니다.

불교는 지금부터 약 삼천 년 전, 인도의 북부 카필라**에서 시작되었습니다. 카필라는 도시국가라서, 성주를 '왕'이라고 했습니다. 인도 말로 왕을 '라자Raja'라고 합니다. 정반왕의 아들로 태어난 싯다르타는 어려서부터 퍽 영특했던 모양입니

---

* '불교'라는 말이 지금의 뜻으로 사용된 것은 근래의 일이다. 5세기 이전 중국에서는 '도교(道敎)'라 불렸고, 그 후 중국·한국·일본에서 '불법(佛法, 부처님의 가르침)'과 '불도(佛道, 그 실천)'로 구분하여 사용하였다. 그것이 지금과 같은 용법으로 정착된 것은 서양 문물과 종교가 들어오면서부터다. 일본에서도 '佛敎'라는 말이 사용된 것은 메이지(明治) 시대(1868~1912) 이후의 일이다. (中村元·三枝充悳,《바웃드하 불교》, 김영사, 1990)

부처님 당시의 주요 나라와 도시

싯다르타(Siddhārtha, 부처님)가 탄생한 고대 도시국가 카필라바스투 (Kapilavastu). 흔히 '카필라'로 부르고 카필라성, 카필라국, 가비라(迦毘 羅) 등으로 번역한다. 부처님 탄생지인 룸비니(Lumbini)의 서쪽, 지금의 네팔과 인도 사이의 국경 근처에 있었던 것으로 추정하고 있다. 네팔 남서 부의 틸라우라콧(Tilaurakot)과 인도 북부의 피프라와(Piprahawa) 두 곳 이 유력하다. 참고로 카필라와 가끔 혼동되기도 하는 카트만두는 18세기 이래 네팔의 수도로, 룸비니 동쪽 약 300km에 위치하여 부처님 탄생지와 직접적인 관련이 없다.

다. 또 그이는 특별한 사색을 많이 했습니다. 당시 카필라에서는 천자˙님이 나시기를 퍽 고대했습니다. 왜냐하면 여기저기 제후들이 난립하던 때였기 때문에, 그들을 통솔하는 분이 나시기를 기원했던 것이지요.

그러나 주변 나라들에서는 카필라국 왕자인 싯다르타가 혹 천자가 되지 않을까 그렇게 걱정했던 모양입니다. 당시에 마가다˙˙라고 하는 나라가 있었는데, 이 나라가 사실상 천자국이었어요. 마가다국의 빔비사라왕을 '마하라자Maharaja'라고 불렀습니다. 마하는 '크다'라는 뜻이고 라자는 '왕'이므로 '대왕'이란 말이지요.

그런 때에 석가여래(싯다르타)˙˙˙가 보리심菩提心(구도심)을 발

˙ 천자(天子): 하늘을 대신하여 천하를 다스리는 사람이라는 뜻으로, 임금, 왕(王)과 같은 말. 이 강의에서는 여러 왕을 다스리는 '왕 중의 왕'이란 뜻으로 쓰였다.

˙˙ 마가다(Magadha): 기원전 약 600년 이전부터 기원전 345년까지 인도의 북동부, 현재의 비하르(Bihar)주 남부에 있었던 고대 인도의 16대국 중 하나. 고대 카필라바스투의 동남쪽 약 450km, 네팔 카트만두의 남쪽 약 400km 일대에 위치. 빔비사라 왕(BC 546~BC 494)이 수도를 라자그리하(Rajagriha, 왕사성王舍城)로 옮기고 강대국으로 크게 성장했다.

˙˙˙ 불교의 창시자인 고타마 싯다르타, 즉 부처님을 높여서 부르는 말. 석가(釋迦)는 석가모니(釋迦牟尼)의 준말로, 산스크리트어 샤카무니(Śākya-muni)를 음역(소리 나는 대로 한자로 옮김)한 것이다. '샤카'는 부처님이 속했던 부족의 이름, '무니'는 '성자'를 의미하므로 '샤카족의 성자'라는 의미. 여래(如來)는 산스크리트어 타타가타(tathāgata)를 한역(漢譯)한 말로, tathā는 '이와 같이', āgata는 '왔다'라는 뜻이며, 부처님의 위대함을 나타내는 열 가지 칭호 중 하나다.

해서 마음을 닦겠다고 당신 집을 나왔을 적에는 아마 주위의 사람들이 상당히 낙심했을 것입니다.

그이는 카필라를 떠나서 곧 마가다로 가게 됐습니다. 마가다 왕은 걱정하던 끝에 열아홉 살 먹은˚ 싯다르타가 자기의 국토에 오니까 그이를 보려고 나갔습니다. 만나 보니 과연 훌륭한 분이었어요. 마가다 왕은 즐거운 마음이 나서,

"당신을 보니 훌륭하십니다. 어디 한 군데 삼 년 이상만 계실 것 같으면 많은 대중이 당신에게 귀의歸依할 것입니다. 내가 영토를 비워 드릴 테니 거기 삼 년만 안주해 보십시오"라고 권했습니다. 그랬더니 젊은 싯다르타가 말하기를,

"왕이여, 나는 이 세상 고생의 근본이 무엇인 줄 알았습니다. 모든 고기 잡는 사람을 보십시오. 굵은 고기를 잡고자 하다가 깊은 물에 빠져 죽습니다. 모든 나무하는 사람을 보십시오. 굵은 나무를 구하려다가 벼랑에 떨어져 죽습니다. 모든 상인을 보십시오. 금을 구하려다 도적의 손에 죽습니다. 모든 제왕을 보십시오. 영토를 탐해서 적국의 손에 죽습니다. 나는 이러한 것의 근본을 알아서, 이 고苦를 모든 사람으로부터 여의고자 합니다."

그렇게 말하니까 마가다 왕 말이,

"참 당신은 성인이십니다. 지금 수도修道를 하신다니 언제

˚   현대의 고증에 의하면, 출가 당시 부처님의 나이는 스물아홉, 빔비사라 왕의 나이는 스물다섯이었다.

고 성도成道를 하시겠습니다. 성도를 하시거든 나를 먼저 제도*해 주십시오." 그러더랍니다. 그때 싯다르타가 그 마가다 왕에게 하는 소리가,

"왕이여, 바로 그 마음을 쉴지어다."

그것이 당신이 출가한 동기라고 해도 과언이 아닐 것입니다. 그분이 서른 살에 성도하셨으니까 열두 해째에 수도를 마쳤던 것입니다.** 수도를 마치고 여러 사람을 위해서 당신이 깨친 바를 얘기해 주게 되었는데, 그때 비로소 그것을 '불교佛教' 즉 '부처[佛]의 가르침[教]'이라고 말하게 된 것입니다.

'불교'에는 석가여래[불佛]가 있고, 당신이 말한 가치 있는 이야기[법法]가 있고, 그걸 듣는 대중[승僧]이 있어서, 이 세 가지[삼보三寶]가 화합했을 적에 비로소 '불교'라고 하고, 그걸 '교단'이라고 말합니다. 인도 술어로는 이 세 가지를 이렇게 말합니다. '붓다Buddha', 다시 말하자면 깨친 이. '다르마Dharma', 곧 준칙. '상가Samgha', 곧 승단. 이 세 가지가 모인 것을 오늘날 우리가 '불교'라고 얘기하는 것입니다.***

• 　제도(濟度): 미혹하고 번뇌에 빠져 생사를 되풀이하는 중생을 건져 내어, 해탈과 열반에 이르게 함.

•• 　부처님은 29세에 출가하여 6년 고행 후, 고행을 중단하고 보리수 아래에서 정진하여 깨달으신 것이 35세 무렵이며, 이후 45년간 설법과 교화를 하다가 80세에 돌아가셨다는 것이 현재의 정설이다.

그러면 지금 이《금강경》이라는 경은 어떤 부류에 속하느냐? 그이가 언제 얘기했더냐? 그이가 처음으로 누구에게 얘기했을 적에, "이 세상은 고생이다. 그 고생의 근본을 살펴라. 그 고생의 근본을 살펴서 그것을 없애라. 없애면 네 마음이 밝느니라." 이것을 '고제苦諦'라고 해요. 고생 고苦, 그리고 말씀 언言 변에 임금 제帝를 붙인 진실 제諦. 그다음에 "뭉쳐라. 할 것, 안 할 것을 구별해라", 그것이 '집제集諦'. 모을 집集 자에 진실 제諦. 그다음에 멸할 멸滅 자를 써서 '멸제滅諦'. 그다음에 '도제道諦' 즉 출요제出要諦, [생사윤회를 벗어나] 종요로운(긴요한) 데로 나갈 수 있는 제(진리). 그 네 가지 카테고리에 의지하여 여러 사람에게 얘기한 것을 '사제법문四諦法門'이라고 합니다. 이 사제법문을 가지고 대략 열두 해를 얘기하셨습니다. 그것을 시방 불교에서 '아함부阿含部'라고 합니다, 언덕 아阿 자, 머금을 함含 자, 떼 부部 자. 이것을 12년 얘기하셨습니다.

이렇게 얘기하다가 보니까, 아마 대중도 달라지고 또 풍속도 달라지고, 여러 가지 포섭할 대상이 달라져서 그랬든지, 당신이 성숙해서 그랬든지, 듣는 사람들이 익숙해서 그랬든지, 그다음에 '방등부方等部'라고 하는 얘기를 했습니다. 그것은 "모

••• 이들을 각각 불보(佛寶), 법보(法寶), 승보(僧寶) 또는 간단히 불법승이라고 하며, '세 가지 귀중한 것'이라는 의미로 삼보(三寶)라 부른다. 삼보는 불교에서 가장 근본이 되는 믿음의 대상이며, 불법승 삼보에 귀의하는 것을 삼귀의(三歸依)라 한다.

든 사람의 마음이 똑같다. 그러니까 똑같이 깨칠 수 있다. 나도 그 마음 가지고 깨쳤고, 너희들도 그 마음 가지고 미迷(헤매다)했고, 모든 사람이 그 마음을 깨칠 것이요, 또 장래도 수도할 것이다"라는 의미에서, 모두 똑같다는 데서 '방등부'라고 했습니다. 모 방方 자, 같을 등等 자. 그것이 대략 여덟 해, 그러니까 아함부에 열두 해, 방등부에 여덟 해, 모두 스무 해를 얘기하시게 되었던 것입니다.

그다음 셋째로 '반야부般若部'를 말씀하셨는데,《금강경》은 그 반야부에 속하는 것입니다. 이 반야부는 무엇인고 하니 "네 한마음이다. 네 한마음 밝아야 한다." 그래서 반야부를 '영지보물令知寶物'이라 하는데, '자기 몸속에 있는 보배를 알게 해준다'는 뜻입니다. 그래서 "네 마음이 곧 부처다. 밝으면 부처다. 네 마음이 미迷하면 중생이다." 이런 것을 얘기했어요. 석가여래 정신이 어느 얘기 중에 있었는가 할 것 같으면, 단적으로 당신의 살림살이를 그냥 드러내서 여러 사람에게 보여준, 이 반야부에 아마 있지 않았나 생각해요. 그것을 스물한 해를 얘기했어요. 그 스물한 해 얘기한 기록이 상당히 많은데, 그것을 '육백부 반야'라고 그럽니다.

그 반야부 경전 중에 이《금강경》에서 가장 솔직하고 간단하게 당신의 회포를 얘기했던 것입니다. 남을 믿으려고 하는데 왜 무서움이 나고 그러느냐? 자기 한마음을 알아서 처리하라니까 모두 무서움이 나는 것입니다. 또《금강경》 자체가 세상에서 얘기하는 소위 '종교'라는 것과는 정반대가 됩니다. 유럽 사람들은 '최고의 신과 우리를 결부시키는 것'을 종교라고 생각했는데, 《금강경》에서는 '자기 한마음이 모든 것을 창조한 것이지 [따로] 어떤 최고의 신이 있지 않다'고 합니다. 최고의 신이 있다고 하면 자기를 약체화한다는 것입니다. 자기를 약체화하면 어떻게 밝을 수 있느냐는 것입니다.

그래서 앞으로 《금강경》을 얘기하다 보면, [이런 말이 나옵니다.]

"누구든지 '불법'이라고 하면 불법이 아니다. 왜 그러냐? '불법'이라는 관념 하나를 미리 넣어 두면 네 마음이 그만큼 컴컴하다. 그러니까 불법이 아니다. 오직 네 마음이 밝아야 하겠다. 또 심지어 너희가 생각할 수 있는 모든 형상 있는 것은 다 아니다. 그것은 네 마음을 가린 것이다. 오직 모든 것이 실상이 없는 줄 알 때, 네 마음이 밝을 것이다. 이렇게 하면 곧 밝은 이를 구경할 수 있을 것이다."

이런 얘기들은 아마 이 세상 인류가 창조된 이래 참 듣기 어려운 말이었고, 앞으로도 그런 말이 없을 것이고, 현재에도 그런 말은 거의 없습니다.

우레가 치고 비가 오면 모두 하느님의 장난이라고 그랬지 "네 마음의 소산이다"라는 말을 한 이도 없었고, 또 그러려고 하지도 않았고, 지금 이 시대에도 여러 사람이 그런 거 잘 믿지 않는 것입니다. 이것이 바로 《금강경》의 골자라고 할 수 있겠지요.

이런 내용을 스물한 해 얘기하시고, 네 번째로 법화부와 열반부 경전을 여덟 해 얘기하신 뒤에 곧 세상과 작별하셨습니다. "나는 이렇게 갈 것이다." 《열반경涅槃經》이라는 경이 그 작별하신 얘기 중 한 부분이고, 모든 마음 닦는 이가 몸뚱이 향해서 어떻게 생각한다는 것을 얘기하게 되었습니다. 다시 말하자면 "우리가 영생의 길로 가는 중간에 몸뚱이라는 것은 한 여관에 지나지 않는 것이다. 이 여관에서 지내면서 많은 공덕을 쌓으면, 공덕 쌓은 만큼의 결과를 얻는 것이다"라는 것입니다.

중국에 구양수*라고 하는 사람이 있었는데, 시를 잘 짓고 학문도 잘해서 아주 유명한 사람이에요. 그가 학자들과 사람들이 많이 모이는 중국 숭산이라는 데를 돌아다닐 적에, 자기 관속을 산하에 두고 혼자 이 절 저 절 정사精査해 다니다가, 어떤 절에 들어가니까 한 중이 앉아서 글을 읽더라지요. 경 읽는 소리를 듣고 있으니 그 소리에 의지해서 자기 마음이 가라앉더랍니다. 그래 얼마큼 앉았었는데 방 안에서 글 읽는 소리가 그치니까 비로소 자기 마음이 발동되고, 발동이 되니까 그 중에게 물었답니다.

"옛날에 공부하는 사람들은 앉아서도 죽고 서서도 죽었는

•　　구양수(歐陽修, 1007~1072): 북송(北宋)의 문인, 정치가. 당송팔대가(唐宋八大家)의 한 사람.

데, 요새는 왜 그런 이야기가 들리지 않을까요?" 그렇게 물었더니 그 중 말이,

"옛날 사람은 평소에 바쁘지 않았습니다. 바쁘지 않은 사람이 죽을 적엔들 뭐가 바쁘겠습니까. 바쁘지 않으니까 앉아서도 죽고 서서도 죽으면 그 사람의 한 가닥 일이지, 그것을 뭐 특별하다고 생각을 하겠습니까?"

"그럼 요새 사람은 어째서 그렇소?"

"요새 사람은 평소에 바쁘지요. 아주 바쁘게 지냅니다. 어떤 때는 자기 정신도 전혀 없이 지내니, 죽을 적에 사뭇 바쁘죠. 그러니까 바쁜 사람이 발버둥질도 치고 기진맥진하니까 주욱 드러눕기도 해서 그렇게 죽는 거랍니다."

그런 이야기를 했던 걸 보면, 《열반경》이 그런 의미의 이야기들이 아닐까요? 그런 의미에서 석가여래가 당신의 작별을 이야기한 것이요, 모든 공부하는 사람들의 작별이나, 모든 미迷한 사람이 이 세상 떠나는 작별을 얘기한 것이 《열반경》이라는 경입니다. 이렇게 《법화경》과 《열반경》을 설하시기를 여덟 해를 했고, 그렇게 하면 마흔아홉 해가 딱 들어맞죠. 마흔아홉 해 동안 그 경들을 설하셨던 것입니다.*

---

* 중국 천태종의 오시팔교(伍時八教) 설을 따른 설명. 오시는 《열반경》 내용에 따라 부처님의 설법 기간을 총 49년으로 두고(고증상 45년이지만), 주요 불교 경전들을 다섯 번의 시기에 단계별로 설명했다고 구분하는 관점이다. 화엄시 21일(화엄부), 녹원시 12년(아함부), 방등시 8년(방등부), 반야시 21년(반야부), 법화열반시 8년(법화부)+1일(열반부)로 나눈다.

요새 세상에 소위《대방광불화엄경》《대방광원각경》이란 이름의 경들이 있는데, 그런 경들은 다 이 첫 번 시대 아함부의 얘기를, 특히 아슈바고샤Aśvaghoṣa와 용수가 부연해서 이야기한 것입니다.* 아슈바고샤는 한자로 말 마馬 자에 울 명鳴 자, 마명馬鳴이라 합니다. 그이가 경을 설하면 말이 울더랍니다. 말이 감촉해 울어서 이름을 마명, 아슈바고샤라고 했어요.

또 나가르주나Nāgārjuna라는 분이 있었는데, 나가naga란 인도 말로 용龍이란 뜻이고, 아가르주나agarjuna라는 것은 나무[樹]라는 뜻으로, 그래서 용수보살龍樹菩薩이라고도 부릅니다.

그이는 멀리 구라파까지도 다 얘기가 났던 이입니다. 예를 들면 알렉산더 대왕이 인도를 정복했을 적에 그의 부관 메난드로스라고 하는 사람이 인도에 가서 나가르주나라는 학자를 만나서 얘기를 많이 한 기록이 우리에게 남아 있죠.** 그이 이름은 구라파, 희랍에도 많이 전해졌는데, 그 얘기 전반을 법 법法 자, 글귀 구句 자,《법구경法句經》이라고 합니다.***

마명과 용수 두 분이 아함부를 부연해서 얘기했는데, 자기가 얘기했다고 하지 않고 '부처님이 얘길 했다'고 말했습니다.

---

* 《원각경》은 아슈바고샤나 나가르주나와 직접 관계가 없다. 또《원각경》의 본 이름은《대방광원각수다라요의경(大方廣圓覺修多羅了義經)》이다.《화엄경》의 유래 또한 불분명하며, 한역으로 된〈용수보살전〉과 티베트어본 〈용수보살전〉에 나가르주나가 바닷속 용궁에 갔다가《화엄경》을 외워서 가져왔다는 설화 같은 이야기가 전한다.

사람들이 묻기를 "그러면 이 책이 어디서 났느냐? 여태까지 우리가 전혀 보지 못한 것이 아니냐?" 그렇게 물으면, 그분들은 "아함부에서 말씀한 것인데, 아함부는 오직 인간 사이의 일개 수도자의 얘기라면, 이것은 우주적이다"라고 말했답니다.

[예를 들어 《화엄경》 같은 책은] 바닷속에, 용궁에 있었다고 말했답니다. [나가르주나가] 용궁에 잠깐 갔다가 당신의 기억으로 외워 가지고 온 것을 써 놓은 것이라고 했더랍니다. "그 용

** 알렉산더가 북인도를 침입한 것은 기원전 326년인데 병사들의 반발로 이 듬해 회군했고, 메난드로스 1세(Menandros, 팔리어로 밀린다Milinda, 한 역으로 미란타彌蘭陀 또는 미란다) 왕이 인도 북서부의 헬레니즘계 왕조인 인도-그리스 왕국의 국왕으로서 북인도를 통치한 때는 기원전 155년경~ 기원전 130년경이라서 알렉산더가 인도를 침략한 후 최소 170년이 지난 때이다. 당시 메난드로스 1세와 문답을 나눈 것으로 알려진 인도 승려는 나가세나(Nagasena, 한역으로 나선那先 또는 나가서나那伽犀那)이며 기원 전 150년경의 사람이므로, 서기 약 150~250년 사이에 살았을 것으로 추 정되는 나가르주나(용수)와는 별개의 인물이다. 그리스계 왕 메난드로스 1세가 당시의 인도 승려 나가세나에게 불교의 진리에 관해 문답을 나눈 내 용을 후대에 팔리어로 기록한 것이 《밀린다팡하(Milinda Pañha, 밀린다 왕의 질문)》로 남아 있다. 이를 한문으로 옮긴 것이 《나선비구경(那先比丘 經)》이며 《밀린다왕문경(Milinda王問經)》 또는 《미란다왕문경(彌蘭陀王 問經)》으로 부른다.

*** 《법구경(Dhammapada)》은 초기 불교경전의 하나로, '진리(dhamma)의 말씀(pada)'이란 뜻이다. 석가모니 입멸 후 여러 경로로 전해지던 부처님 말씀을 서기 원년 전후에 인도의 다르마트라타(Dharmatrata, 法救)가 묶 어서 펴낸 것으로 전해진다. 불교 수행자가 지녀야 할 덕목을 시의 형식으 로 엮었으며, 팔리어본·산스크리트어본·한역본이 존재한다. 이 강의 내용 과 달리, 《법구경》은 아슈바고샤, 나가르주나와 직접적인 관계가 없다.

궁에 있는 책이 전부 몇 권이더냐?" 물으니까 "이 우주 전통 (온통)이더라"라고 답했답니다. 당신은 그 우주 전통에서 조금 초역해서 가지고 왔다고 말해서, 그 뒤에 간혹 '대방광大方廣' 석 자가 붙은 경은 '불경佛經'이 아니라는 얘기도 많이 나왔었습니다. 그래서 《화엄경》 하면 용수를 주장하게 됐어요. 우리나라에서는 원효·의상을 주장하는데, 원효 스님의 제자였던 심상*이란 사람이 원효 스님 돌아가신 뒤에 일본에 가서 나라에 법륭사를 짓고** 《화엄경》을 논했다는 것입니다. 우리나라 사람이 불교의 종파를 하나 만들어서 일본에 보낸 것입니다.

부처님의 내력과 각종 경 얘기는 이제 그만하고, 《금강경》을 얘기해 보겠습니다.

부처님이 살아 계셨을 적에는 기록을 안 해 뒀어요, 뭐든지 [부처님께] 가서 직접 물어보면 되니까. 무슨 일이 있든지 가

---

* 심상(審祥, ?~742): 일본 화엄종(華嚴宗)은 신라의 심상이 도다이지(東大寺)에서 《화엄경》을 강설함으로써 비롯됐다. 심상은 당나라에서 중국 화엄종 3조 현수국사(賢首國師)로부터 화엄종을 전해 받고 724년 일본으로 건너갔다. 도다이지의 양변(良辯, 689~773)이 그에게 화엄경 강의를 여러 번 청하였고, 왕명을 받아 740년 12월부터 3년 동안 화엄경을 강설함으로써 일본에 화엄종을 뿌리내리게 되었다.

** 법륭사(法隆寺, 호류지)는 쇼토쿠 태자(聖德太子, 574~622)가 607년경 나라(奈良)에 지은 절이다. 심상 스님은 그 후 약 130년 뒤의 인물이며, 심상 스님이 일본에 절을 지었다는 기록은 없다.

서 물어보면 석가여래께서 얘기를 하셨는데, 그런 것이 대략 '계戒'가 되었을 겁니다. "그러지 마라. 그래라." 이런 말이 있을 것입니다. 처음에 "살생을 말라"는 얘기도, 또 "생물을 죽이지 말라"는 얘기도 아마 성도하신 지 한참 만에 했고. 또 사람을 제 것으로 하려고 하면, 그건 음심이라고도 말하는데 그런 것(음심에 관한 계율)은 성도하신 지 여덟 해 후에 제정하게 됐고…. 이런 것을 비나야Vinaya, 즉 계율이라 하지요. 그리고 석가여래가 직접 사람에게 [가르침을] 말씀하신 것은 수트라Sutra, 경經이라고 해요. 그리고 제자들이 석가여래 말씀에 부연(설명을 덧붙여 자세히 말함)한 것을 사스트라Sastra, 논論이라고 그러죠. 이 경장經藏, 율장律藏, 논장論藏 세 가지를 불교에서 '삼장三藏'이라고 합니다. 수트라·비나야·사스트라, 세 가지를 산스크리트어로 '트리피타카Tri-pitaka'라고 그럽니다. 트리tri라는 건 산스크리트어에서 석 삼三 자인데, 그래서 삼장이라고 해요. 경·율·논 삼장이라고.

불교의 경책에 '삼장법사三藏法師'라고 하는 것은 경장·율장·논장을 다 통달한 사람이라는 말인데, 이 칭호를 임금으로부터 받은 사람은 지나(중국)의 현장*이라는 사람입니다. 여러분들도 《서유기》를 보셔서 아시겠지만, 서유기의 주장되는 이(주인공)가 현장이지요. 그다음에 의정義淨(635~713)이라는 이가 있었는데, 현장이 인도를 다녀온 뒤 한참 만에 인도에 다시 가서, 외몽고로 해서 대몽고(지금 신강성新疆省)로 해서 아프가니스탄 동쪽으로 돌아 네팔을 통해 인도 대륙에 들어가 다니는데, 대략은 강가Gaṅgā(갠지스강) 유역으로 많이 다녔던 것입니다. 그분은 수마트라까지도 가고 아마 말레이반도까지 거쳐서 나중에 돌아올 적에는 산동성으로 돌아온 이인데, 그이 걸어 다닌 데가 대단히 많아요. 그래서 그의 기록을 가지고서 우리가 그 당시의 인도를 추측하게 되죠. 그런 분들을 다 삼장[법사]이라고 했던 것입니다.

석가여래 돌아가시고 나니까 우선 시급한 것이, 석가여래 당시에도 석가여래 말고는 제어하지 못하는 사람이 여섯 명 있었는데, 석가여래의 말꾼(마부)이었거나 석가여래를 모시고 산중에 갔던 권위 있는 사람들이었습니다. 그런 사람들은 규칙을 잘 지키지 않거든. 오직 석가여래가 불러서 "너 그러지 마라" 그러면 들을지언정, 다른 사람이 말해서는 듣지를 않

• 　현장(玄奘, 602~664): 중국 당나라 승려이자 번역가, 불교 법상종(法相宗)·구사종(俱舍宗)의 개조. 13세에 낙양 정토사에서 승려가 되었으며, 불교 경전의 원전을 연구하기 위해 629년(또는 627년) 몰래 인도로 떠나 쿠차와 투르판 등의 서역을 거쳐 아프가니스탄, 파키스탄 등을 지나 당시 세계 불교학의 중심이던 인도 날란다 사원에 도착하였다. 10여 년 동안 인도 전역을 돌면서 불교와 어학을 배우고 가르쳤으며, 641년 많은 경전과 불상을 가지고 귀국길에 올라 힌두쿠시산맥과 파미르고원을 넘어 645년 장안으로 돌아왔다. 이후 약 19년에 걸쳐 불교 경전의 한문 번역에 종사하였고, 자신의 인도 여행을 《대당서역기》로 정리하였다. 당 태종이 '삼장법사' 칭호를 내렸고, 명나라 소설 《서유기》 속 인물인 삼장법사의 모티브가 되었다.

았으니까. 할 수 없어서, 석가여래 돌아가실 때도 이 사람들에 대해 누가 물었어요. 그런 무리들이 여섯 가지*가 되는데, "그런 무리는 어떻게 통치하리까?" 물으니 "너희들이 공부를 잘하고 평소에 규칙을 잘 외워 두었다가 그들에게 얘기하라"라고 하셔서, 맨 처음 결집이 된 것은 아마 율부(律藏)였던 것입니다. 율부가 성립되고 나서, 남들한테 얘기한 그런 것(경장)을 결집하게 됐습니다.

---

* 이 강의에서 '부처님 사후 제어하지 못한 여섯 사람 또는 여섯 가지 무리'는 어떤 사람을 가리키는지 정확한 대상이나 출처를 확인할 수 없다.

금강반야바라밀경 강화

金剛般若波羅密經 講話

이것은 다 무슨 소리인고 하니, 자기 마음속의 망념을 자꾸 부
처님을 향한 마음으로 바꿨는지라, 실지로 제 마음속의 망념이
밝은 마음으로 바꾸어졌을 것 같으면 제 마음은 비었을 것입니
다. 제 마음이 빈다는 것은 곧 다시 말하자면 지혜가 난다는 것
입니다.

法會因由分 第一
법회인유분 제일

如是我聞하사오니 一時에 佛이 在舍衛國 祇樹給孤獨
여시아문   일시   불   재사위국 기수급고독

園하사 與大比丘衆 千二百五十人으로 俱하시다 爾時에
원   여대비구중 천이백오십인   구하시다   이시

世尊이 食時에 着衣持鉢하시고 入舍衛大城하사 乞食하실새
세존   식시   착의지발   입사위대성   걸식

於其城中에 次第乞已하시고 還至本處하사 飯食訖하시고
어기성중   차제걸이   환지본처   반사흘

收衣鉢하시고 洗足已하시고 敷座而坐하시다
수의발   세족이   부좌이좌

이와 같은 것을 내가 들으니, 한때에 부처님이 사위국 기수급고독원에서 비구 1,250명과 함께 계셨다.

이때 세존이 진지 잡수실 때〔가 되어〕 옷을 입으시고 바리때를 가지고 사위 큰 성에 들어가서 밥을 비는데, 그 성안에서 차례로 걸식을 마치고 당신 본처에 다시 돌아와서 밥 먹기를 마치시고, 의발을 거두시고, 발을 씻은 다음, 자리를 깔고 앉으셨다.

이와 같은 것을 내가 들으니

'이와 같은 것을 내가 들으니…' 이렇게 말했는데, 이것은 아난다Ānanda라고 하는 사람의 말입니다. 석가여래 사촌 동생입니다. 인도에서 '아난다'는 '경사스럽다'는 말인데, 그이가 석가여래 성도成道(도를 닦아 이룸)하시던 날 태어났거든. 그래서 석가여래 집안에서 [석가여래의 성도를] 경축한 이라고 해서 아난다라고 했어요. 그러니 그이가 어떻게 석가여래의 법문을 다 들었겠어요? 그이가 자라서 [석가여래께] 출가하여 온 것은 한참 후의 일이니까요. 석가여래 돌아가셨을 때는 그 [제자] 무리 중 젊은이였던 것입니다.

그런데 그이가 석가여래를 잘 따라다녔으니까 얘기를 잘 알 것이라고 생각을 했었는데, 뭐 처음부터 도무지 모르니까, [부처님 돌아가시고 최초 결집結集 때] 카사파*라고 하는 이가 있다가, 그이를 그만 내보내 버렸어요. "너는 능력도 없고, 그래서 안 되겠다"라고 하니 그이가 그만 분하고 서러웠지요. 석가여래 계셨을 적에는 자기가 모든 것을 옆에서 다 보고 들었는데, 이렇게 내보내지니까 분해서 강가Gaṅgā 강가에 가서 한 주일을 잠도 자지 않고 공부를 해서 마음이 밝아졌습니다.

---

* 마하카샤파(Mahākāśyapa): 한역 마하가섭(摩訶迦葉). 부처님의 상수 제자로 왕사성 최초 결집(結集)을 주재. 부처님의 정법(正法)을 부촉(付囑) 받음으로써 선종(禪宗) 제1조(祖)가 됨.

돌아왔더니 그때까지도 여러 사람이 모여 앉아서 어떻게 해야 하느냐고 의논만 하고 아직 결집하지 못했을 때입니다. 그럴 적에 별안간에 한 젊은이가 들어와서 떠억 높은 상에 앉아서 얘길 하는데, 꼭 석가여래 당시 그와 똑같단 말이야. '아니, 석가여래가 다시 젊어 가지고 왔나? 이게 누군가?' 이렇게까지 의심했더라는 것입니다. 그랬는데 처음 서두로 '이런 것을 내가 들으니[여시아문]' 하면서 자기는 오직 기억해 뒀다는 것을 표시했기 때문에 그가 아난다임을 알게 되었다고 했어요.

또 그 당시에는 대중이 여럿이었지만 석가여래가 그렇게 훌륭하다고 생각한 사람이 불과 얼마 안 됐어요. 석가여래가 쿠시나가라Kuśīnagar(또는 쿠시나가르)라고 하는 곳에 가셨을 때 돌아가셨는데, 인도에는 몬순monsoon(강우를 동반한 계절풍)이라는 게 있어서 3개월을* 그냥 비가 대창(대나무[竹] 창槍)같이 막 쏟아져요. 그래서 그 기간에는 석가여래가 다니지 말고 수도를 하라고 하셨어요. 당신이 돌아갈(열반) 때가 돼서는, 찾아볼 사람을 다 찾아보시기가 마땅찮은데, 고만 바쁘시니까 그렇게 몬순[에 의한 우기]임에도 불구하고 남방으로 백여 리를 나아가셨던 것입니다. 쿠시나가라라고 하는 데를 가셔서, 순타**라고 하는 사람을 만나 말씀을 해 주시고 그가 바친 음

---

* 인도의 계절은 크게 건기(겨울 11~12월), 혹서기(여름 3~6월), 우기(雨期, 6~9월)로 구분할 수 있다.

식을 잡수시고, 비는 대창같이 쏟아지는데 집도 없는 풀숲에 계시다가, 거기서 그만 돌아가셨거든. 그분이 돌아가셨다는 소식이 기사굴산耆闍崛山(영취산)***에 전해졌을 때는 거기에 오백 명의 제자가 남아 있었고, 그곳을 영도하던 사람은 카사파, 즉 가섭迦葉(마하가섭)이라는 사람이었습니다. 그래 가섭이 가자고 해서 제자들을 데리고 오는데, 밤을 새워서 같이 왔답니다. 그런데 그 오백 명 총중總中에 한 사람이 말하기를,

"왜 이렇게 밤중에 가느냐? 좀 쉬고 가도 좋지 않으냐?"라고 했어요.

"석가여래가, 선생님이 돌아가셨다는데 속히 가야 하지 않느냐?" 그러니까 그 사람 말이

"이제 큰 중이 죽었으니까 누가 나무라지도 않을 거고, 우리는 그저 당도하면 그만인데, 뭐 그렇게 바삐 갈 일이 있느

•• Cunda(춘다, 쭌다)의 한문 음사(音寫)가 순타(純陀, 淳陀)다. 붓다는 대장장이 춘다가 바친 '수까라맛다바(sūkara-maddava)'라는 음식을 먹은 후 심한 병에 걸렸다가 돌아가셨다고 한다. 이 음식은 돼지고기 요리라는 설과 버섯 요리라는 설, 쌀과 우유로 만든 음식이라는 설이 있다.

••• 석가모니 부처님이 설법했던 장소로 유명한, 인도 비하르주 라즈기르(Rajgir)시 근처에 위치한 산. 부처님 당시의 마가다국의 수도였던 라자그리하(왕사성) 동북쪽에 있는 산으로, 산스크리트어 Gdhraka 또는 Gijjhakūta/Gridhrakuta를 음역하여 기사굴산, 한역하여 영취산(靈鷲山, 또는 영축산)이라 부른다. 《법화경》 영산회상의 배경이자, 부처님의 많은 가르침이 펼쳐졌다고 전해지는 곳이다. 마하가섭(가섭)이 아라한과를 증득한 뒤 주로 수행하던 장소도 기사굴산의 삡팔라굴이었다.

냐?"고 했다*는 걸 볼 것 같으면, 그때 그 석가여래 제자라고 하는 분들도 석가여래가 얼마나 훌륭한 분인지 잘 알지 못했던 것입니다. 그래서 '이 같은 것을 내가 들었다' 하는 것은 아난다의 얘기입니다.

한때에

인도에는 옛날부터 기년紀年(어떤 연도를 기점으로 햇수를 계산함)** 하는 법이 없어요. 우리는 다행히 중국 사람들이 갑자甲子를 갖다 줘서 [해를 셀 수 있었지만, 그것도] 60년밖에는 기억을 못 해요. 61년도 못 해요. 그래서 61년 후 갑자인지 61년 전 갑자인지 전혀 모르죠. 그래도 우리는 중국 사람 덕에 60년

---

* 이 일을 계기로 부처님 가르침의 정리, 즉 '결집(結集)'을 시작하게 되었다고 한다. 다양한 문헌에서 다음 내용을 전한다: 우파난다 비구가 말하기를 "너희들은 근심하지 말라. 붓다가 멸도 하였으니 나는 자재함을 얻었다. 저 늙은이(붓다)가 항상 말하기를 이렇게 하라, 저렇게 하라 하더니, 지금부터는 내가 하고자 하는 대로 할 것이다"라고 했다. 이 말을 들은 마하카샤파(마하가섭)는 크게 슬퍼하면서 붓다의 가르침을 서둘러 집결하여 그 가르침과 규율에 의거하여 교단을 단속하고자 하는 결심을 내렸다. 이른 시일 내에 붓다의 설법과 규율을 정리하지 않으면 붓다의 가르침이 걷잡을 수 없이 흐려질 소지가 있음을 절감했던 것이다.

** 일정한 기원(紀元)으로부터 계산한 햇수[年數]. 우리나라의 단군 기원[檀紀], 불교의 불멸(佛滅) 기원[佛紀], 기독교의 서력 기원[西記], 이슬람의 헤지라 기원 등 민족·종교·문화에 따라 기준으로 삼는 해가 각기 다르다. 인도와 네팔 지역에는 부처님이 돌아가신 뒤 한참 후에 나름의 기원이 생겼으며, 현재 비크람 기원(기원전 56년), 사카 기원(서기 78년) 등이 있다.

단위로는 세웠지만, 인도 사람들에겐 그런 것도 없어요. 그래서 뭐라 하느냐고 하니, '그때' '그런 때(어느 때)'. 그래서 여기다 '일시一時'라고 했어요. '석가여래가 얘기할 그때'란 말이에요.

부처님이

'佛(불)'이라는 자는 인도 말(산스크리트어)로 '붓다Buddha'입니다. 'Buddha'는 '부드budh'라는 산스크리트어 동사의 과거분사예요. 'budh'는 '안다to know, to awaken'라는 말이에요. 그럼 budh의 과거분사는 '알았다'가 될 것입니다. 이 '알았다'라는 것이 석가여래, 즉 싯다르타의 존칭이 됐어요. 그럼 중국 사람들은 이 글자를 왜 깨달을 '覺(각)' 자로 번역을 하지 않고 글자 '佛(불)'을 만들었을까요? 중국 사람들은, 골치 속이 복잡하고 그 복잡한 것을 비교해서 판단을 내리는 것을 '안다, 깨닫는다'라고 했어요. 골치 속을 복잡하게 해 놓고, 그 밑에다 볼 견見을 할 것 같으면, 깨달을 각 자입니다. 그런데 이분(부처님)은 어떻게 했는고 하니, 골치 속을 탕탕 비워 버렸단 말이야. 그러면서 사람이 하지 않는 짓을 했거든. 사람은 탐심 내고[탐], 성내고[진], 제 잘난 생각[치] 하는 이런 생각과 경험을 잘 골라 가져서 지식을 얻는데, 이분은 그 세 가지를 다 없애 버리고 알았으니, 어떻게 알았느냐 말이야. '사람의 짓을 말고 알았다.' 그래서 사람 인人 변에 말 불弗을 해서

'불佛' 자이지요. 중국에 불교가 들어온 뒤에 특별히 이 글자를 만들어서, '석가여래(붓다)'라는 말을 대신하게 됐던 것입니다. 이 글자는 불교가 들어온 뒤 한漢나라 명제明帝 이후에 임금이 불경을 번역할 적에 쓰도록 지정해준 글자입니다. 우리는 '부처님 불' 하는데, 이걸 원문대로 말하자면 '붓다'라고 부르면 좋습니다.

그러면 '석가여래'란 어떤 말이냐? 그때 카필라성의 성주 슈도다나(정반)왕의 성이 '샤키야'*예요. 또 무니(또는 모니Muni)라는 것은 인도에서 '선생' 또는 '훌륭하다'라는 말이에요. 그래서 석가모니는 샤키야무니 즉 '샤키야의 선생님[聖者]'이라는 말이지요. '고타마'의 한자 음역이 '구담瞿曇'이라서, 한자 문화권에서는 '고타마 싯다르타'를 '구담실달瞿曇悉達'이라고도 해요.

　'석가모니'라고 하는 것은 개인을 말한 것입니다.

　'붓다'라는 말은 '누구든지 마음이 밝아서 모든 여러 사람을 제도할 수 있는 법과 능력을 갖춘 이'를 가리키고, 부처님 불 자로 표현했어요. 그래서 앞으로 경을 읽다 보면, '내가…'라고도 하고 '부처님이…'라고도 하며 '여래가…'라고도 하는 표현들이 나옵니다.

---

* 　샤캬(산스크리트어: Śākya) 또는 샤키야(팔리어)는 부처님이 속했던 민족의 이름이며, 인도아리아인 계열 중 하나다. 보통 '석가족(釋迦族)'으로 한역한다.

'여래如來'라는 말은 [이런 유래가 있습니다.] 당신이 성도해서 제도濟度하실 적에, 본래 그런 밝은 이들은 당신 부모를 제일 먼저 제도한답니다. 그래서 당신 아버지를 제도하러 아버지 계신 궁전에 갔더니 모든 사람이 반가워하면서 "어디서 오셨습니까?" 그러더랍니다. [부처님 대답이] "이렇게 왔다[여래如來]" 그러더라지요. 그다음 저녁 다 마치고 잘 때쯤 해서 당신이 쓰윽 나가니까, 아마 그때 왕궁 사람들도 그이를 붙들 수가 없었던 모양이야, 그이 마음 쓰는 걸. 그래 "어디로 가십니까?" 그러니까 또 "이렇게 간다" 그러더라지. 성 밖 풀숲에 가서 주무시고는 그 이튿날 또 식전에 들어오시는데 "어디서 오십니까?" 그러니까 "이렇게 왔다", 인도 말로 "타타가타 Tathagata" 그래. '타타아~가타'처럼 '아'를 길게 발음하면 '이렇게 왔다[如來]'는 말이 되고, '타타가타' 그러면 '이렇게 갔다 [如去]'가 되는 거예요.

사위국 기수 급고독원에서

사위국°이라는 건 중인도 코살라국의 도성입니다. 그 사위성 땅 어딘고 하니, '기수 급고독원'이라. 기수祇樹라면 '기타祇陀 태자의 나무[樹]'요, 급고독원給孤獨園은 '급고독給孤獨 장자長者

---

* 중인도 코살라국의 수도였던 슈라바스티(śrāvasti)라는 도시이며, 한자로 옮길 때 사위성(舍衛城) 또는 사위국(舍衛國)으로 음역한다.

의 동산[園]'입니다.

석가여래가 성불하신 후 그이를 매우 존경하는 이가 청해서 어딘가로 가시게 되었어요. 그 집에 딸이 하나 있어서 이웃 나라의 부자(급고독 장자)가 그 집과 혼인을 하기 위해서 며느릿감을 보러 왔는데, 그들이 모두 나와서 향을 뿌리고 청소를 잘하니까, 처음에는 이 부자가 '나를 위해서 이렇게 하나 보다' 생각했더랍니다. 그런데 한참 있어 보니까 자기를 위해서 한 것이 아니라 다른 무슨 일이 있나 보다 그렇게 생각이 되어서,

"너희 집에 이미 내가 이렇게 왔는데, 왜 계속해서 집을 그렇게 청결하게 하느냐?" 물으니까,

"내일 부처님을 모시게 돼서 그렇습니다."

"부처님이 얼마나 훌륭한 이냐?"라고 물었더니, 자기들이 참 찬송할 대로 찬송을 하더랍니다. "그럼 나도 좀 보자." 그러고는 속으로 '부처님이 얼마나 잘났는지는 모르나, 내가 봐서 뭐 그렇게 훌륭할 수가 있겠나?' 생각했답니다. 그 이튿날 석가여래가 자기 제자들을 데리고 오셨는데, 어떻게 그이가 무섭고 또 즐거운 마음이 나는지 "댁이 어디십니까?" 하고 물었답니다. 이러저러한 데라고 답하시는 말씀을 듣고

"거기는 계시기도 좁을 것이고 또 나무도 많지 않을 것이니, 제가 공원을 마련해 드리겠습니다." 그렇게 발원을 했답니다.

돌아가서 생각을 해 보니, 돈이 많이 들어야 하겠는데 이거

야단났거든. 그러나 그이는 국제적으로 유명한 사람인데 그렇게 약속해 놓고 그냥 말 수도 없었지. 그때 그 나라에 공원이 하나 있었는데, 그게 기타 태자라고 하는 [코살라 왕의 아들인] 태자의 동산이더랍니다. 급고독 장자가 기타 태자를 만나서 "제가 그 동산을 사겠습니다" 하니까, 기타 태자는 '아무리 부자놈이기로서니 자기같이 귀한 사람의 동산을 산다고 하는 것은 괘씸하다'라고 생각을 해서

"그 동산은 값이 비싸다" 그랬지.

"값이 얼마든지 내겠습니다" 하니까

"그 동산에다가 금을 쪽 펴라." 그렇게 말했어요. 그래 금을 펴겠다고 그러니까

"금을 펴고 나면, 진기한 나무가 많은데 그것에 대해서는 따로 값을 정할 것이다"라고 말했습니다. 그 부자가 자기 창고에서 금을 가지고 동산에다 쪼옥 폈는데, 한구석이 비었더라지요. 기타 태자가 가서 보고

"왜 여기는 안 채웠느냐?" 그러니 그때 그 장자長者의 재산은 거의 다 바닥이 났지만 그래도 살 욕심에

"지금 창고가 아직도 많이 남았는데 여기를 채울 만한 창고를 물색해서 마저 채우려고 그럽니다" 하니까, 그 소리를 듣고 기타 태자가

"너는 어떻게 너의 아까운 재산까지 희생해서 이것을 사려고 하느냐?" 그러니까 그 사람 말이,

"훌륭한 도인이 계시는데, 그 도인의 제자와 그분을 위해서

여기에 많은 목욕 시설이든지 유희 시설을 마련하려고 합니다"라고 하더랍니다. 그러니까 기타 태자 말이,

"나는 귀한 사람인데도 그런 생각을 못 했는데 너는 부자이면서 그런 생각을 냈으니, 이것(동산)을 그분에게 바치도록 해라. 나도 역시 이 나무를 그분에게 바치겠다."

그렇게 돼서 여기 기타 태자의 나무요, 급고독 장자의 동산이라고 해서 '기수 급고독원祇樹給孤独園'*이에요. 인도 말로 '제타Jeta, Jetta, Jatr, Jata' 태자라서 한자로 '기타祈陀' 태자입니다. '급고독 장자'는 원래 말로 '수닷타Sudatta'라고 합니다. 'Su'는 '좋다'는 말이고 'datta'는 '고독한 사람'이므로 '고독한 사람을 위안해서 좋게 해준다'라고 해서 급고독 장자예요. 부처님이 [금강경을 설법하실 때에] '사위국 기수 급고독원'에 계셨다는 설명입니다.

비구 1,250명과 함께 계셨다.

'비구比丘'라는 것은 수도자, 석가여래 방법에 의지해서 수도하는 사람입니다. 산스크리트어 비크슈bhiksu, 팔리어 비쿠bhikkhu에서 나온 말이에요. 여기에 여성형 니ni를 붙이면 비크슈니bhiksuni, 비쿠니bhikkhuni 곧 '비구니比丘尼'입니다. 출가

• '기수급고독원정사(祇樹給孤獨園精舍)' 또는 줄여서 흔히 '기원정사(祇園精舍)'라고도 부른다.

해서 자기 일을 경영하지 않고 오직 밝은 이의 일을 경영하는 사람을 비쿠와 비쿠니라고 했습니다. 자기 일도 경영해 가면서 밝은 일 하는 사람을 산스크리트어로 남자는 우파사카upāsaka, 여자는 우파시카upāsika라고 했는데, 한자로는 각각 '우바새優婆塞'와 '우바이優婆夷'로 부르고, '청신사淸信士'와 '청신녀淸信女'라고도 했죠. 이 '비쿠'의 번역을 또 어떻게 했는고 하니, 빌 걸乞 자, 선비 사士 자. 빌어서 생활하는 수행자다 해서 '걸사乞士'. 왜 그런고 하니 석가여래가 [자신을 따라 출가한 사람에게는] 농사를 짓지 않게 하시고, 하루 한 번 밥 먹고, 또 한 나무 밑에 한 번만 자고 두 번을 하지 말라고 말씀을 하셔서, 그런 식으로 사는 사람을 걸사, 비구라고 부르게 됐어요.

부처님이 《금강경》 설하실 적에 그들이 대략 이십여 년이 됐어요. 석가여래 성도하신 지 이십여 년 만에 아마 대중이 일천이백오십 인이 됐던 것입니다. 이 1,250인 중에는 가섭의 도당徒黨(떼를 지은 무리)이 오백 명, 부루나의 도당이 이백오십 명 등, 한 댓 사람의 권속眷屬(거느리고 사는 식구)을 합쳐서 총 일천이백오십 인이니까, 석가여래 자기 제자는 아마 댓 사람밖에 안 됐던 모양이에요.

**이때 세존이 진지 잡수실 때[가 되어]
옷을 입으시고 바리때를 가지고**

'세존世尊'이란 '세상의 높은 이'인데, 제자들이 부처님께 열 가지 이름(여래십호)*을 붙였더랍니다. 열 가지 이름은 이렇습니다.

(1) 여래如來: 이렇게 왔다.

(2) 응공應供: 남의 공양을 받을 수 있다. 응당 응應 자, 받들 공供 자.

(3) 정변지正遍知: 바로 두루 아신다.

(4) 명행족明行足: 그이의 행동이 아주 참 밝다.

(5) 선서善逝: 잘 가신 이.

(6) 세간해世間解: 세상일을 아는 이.

(7) 무상사無上師: 위 없는 스승.

(8) 천인사天人師: 하늘과 사람의 스승. 하늘[天]이라는 것은 사람보다 탐심과 성내는 마음(진심)과 치심이 적은 이, 몸뚱이 없이도 능히 작용하는 이. 인도 말로 '데바Deva'라고 하지요.

(9) 불佛: 깨친 이.

(10) 세존世尊: 세상의 높은 이.

---

*   여래10호(如來十號): 부처를 일컫는 열 가지 호칭. 깨달은 이가 지니는 10가지 뛰어난 공덕을 보여준다. 이 강의에서 언급한 10가지 외에 '조어장부'도 여래십호에 넣는 경우가 많다. 경전과 논서에 따라 여래를 제외하거나, 정변지를 정등각(正等覺)이라고 하거나, 세간해와 무상사를 하나로 하거나, 무상사와 조어장부를 하나로 하거나, 불과 세존을 하나로 하여 열 가지로 각기 정리한다.

※ 조어장부調御丈夫: 중생을 잘 조복제어調伏制御해서 열반으로 인도하는 이.

남을 제도하자면 자기 위신을 차려야 되고, 위신을 차리자면 옷을 갖춰 입어야죠. 그때의 옷이라는 것은 네모반듯한 피륙을 잘라서 몸뚱이를 감는 거예요. 오래 수도한 이는 해진 조각을 이어 붙여서 여러 조각이 나 있겠지요. 당시에 옷이 세 가지가 있었습니다. 석가여래가 몸에 감으신 옷은, 스물다섯 조각으로 이십오 조條 천을 모아서 만든 옷이라서 '대의大衣'라고 해요. 칠 조 천으로 만든 것을 '중의中衣', 오 조로 만든 것을 '하의下衣'라고 합니다.* 한 조각으로 만든 옷을 '만의縵衣'라고도 하는데, 인도에서 천 하나로 온몸을 두른 옷은 사리saree라고 불러요. 사리를 입을 때는 한쪽 팔을 드러내게 되는데, 요즘 인도 외교관들은 사리 위에 저고리를 입어서 그 팔을 덮기도 하지요. 인도 사람들은 자기가 믿는 것이 있으면 얼굴에다 표시하고 다닙니다. 불교 믿는 이들이 [지금

---

* 승려가 입는 옷인 '가사(袈裟)'는 산스크리트어 Kasaya(카사야)의 음역으로, 직사각형의 작은 천 조각을 이어 붙인 네모난 긴 천으로 만든다. 이음새의 세로로 나뉜 것을 '조(條)'라 하는데, 5~25조 중에서 홀수에 해당하는 수만큼의 천을 모아 직사각형의 포(布)를 만들고 이를 옷으로 짓는다. 가사는 크게 대의·중의·하의의 3가지로 구분하여 이를 '삼의(三衣)'라고 하는데, 대의는 의례복, 중의는 일상 의례복, 하의는 일상복 용도다. 예전에는 승려의 지위에 따라 대의·중의·하의를 엄격히 구분해서 입었으나, 현재는 필요한 용도에 따라 골라 입기도 한다.

은] 인도에 별로 없지만, 인도 이외에 버마(지금의 미얀마)나 캄보디아, 실론(지금의 스리랑카), 태국 같은 곳의 불교 믿는 이들은 이마에다 점을 딱 찍었어. 비행기 타고 버마나 태국, 실론 같은 델 가면 사람들이 이마에 빨간 점을 찍고 다녀요. 옷 한 필로 몸을 칭칭 동이고 팔을 내놓고 걷는 사람을 볼 수 있습니다. 인도 사람들도 이마에 뭔가를 그려서 종교를 표시했습니다. 빨간 점을 찍는 종파도 있고 까만 점을 찍는 종파도 있는데, 까만 점 찍는 사람은 조그맣게 찍고, 빨간 점 찍는 이는 조금 크게 찍고 그래요. 그렇게 하는 것은 자기 마음을 속일까 봐서 그렇고, 남도 속이지 않으려고 그렇게들 합니다. 같은 종파 이외엔 서로 얘기도 하지 않아요. 그러니까 인도가 통일이 잘 안 된다는 겁니다. 이교도와는 애당초 얘기를 하지 않거든.

또 그때 당신과 제자들은 [밥을] 그릇에 하나씩 따로 받았어요. 자기 먹을 것은 거기 받아서 잡수었는데 그 그릇을 바리때[발鉢]라고 해요.

사위 큰 성에 들어가서 밥을 비는데

그때 석가여래와 제자들은 낮에 밥 먹을 때가 되면 도성에 가서 집집마다 다녔는데, 서서 그저 자기 온 것을 표시하면 [사람들이] 밥을 갖다 주었습니다. 그럼 그것을 받아 다시 당신 처소에 가서 앉아 잡수었는데, 이것은 여러 사람을 복 지어 주기 위해서, 곧 인연 지어 주기 위해서 그렇게들 했더랍니다. 그런데 그들 가운데 옳지 못한 사람이 있었어요. 온종일 밥벌이만 하러 다니는 사람도 있는 거야. 그러니까 [부처님이] '그거 안된다' 그래서 [걸식은] 일곱 집만 해라 하고 계율을 정하셨어요. 만약 밥을 얻으러 갔는데, 그 집에 싸움이 났거나 초상이 났거나 빈집이거나 하면 안 되잖아요. 그래서 일곱 집까지 밥을 빌 수 있[게 했]다는 겁니다. 여기 걸식乞食이라는 것은 일곱 집까지 빌어서 하루 한 끼 먹는 것을 말합니다.

그 성안에서 차례로 걸식을 마치고

'일곱 집 [걸식]을 다 했다'는 의미입니다.

당신 본처에 다시 돌아와서 밥 먹기를 마치시고,
의발을 거두시고

남에게 공양을 받는 자는 자기 위의威儀를 정제整齊하지 않으면 안 되니까 옷을 입었는데, 사실 그때 인도는 더워서 옷 입는 것이 아주 큰 일이에요. 그러나 그게 예절이니까 어쩔 수 없이 아마 입었던 것입니다.

발을 씻은 다음, 자리를 깔고 앉으셨다.

걸어 다니며 밥을 얻어 돌아왔으니, 발바닥에 묻은 것도 씻어야 했겠죠. 이런 것이 아마 그때 석가여래의 매일의 습관이겠죠. 자기 자리(앉을 때 바닥에 까는 물건)들은 자기들이 가지고 다녔어요. 그래서 자리를 깔고 앉았습니다.

아난다와 육사성취

아난다 존자는 부처님이 45년간 설법하신 내용을 기억해서 경전을 결집하는 데 중요한 역할을 담당한 제자였다. 부처님은 성도하신 뒤 20년간, 세상 나이 55세가 되기까지 시봉(가까이 모시고 시중드는 일)하는 사람, 즉 시자侍者를 두지 않고 대중과 똑같이 생활하셨다. 제자들이 시자 둘 것을 여러 차례 건의드렸지만, 부처님은 매번 거절하셨다. 그러나 부처님의 연세가 많아지고 교단과 신자들이 점차 불어나자, 마침내 시자를 두게 되었다. 이때 여러 대중의 천거를 받아 열반 때까지 부처님을 모신 이가 아난다였다. 그는 부처님의 사촌 동생으로, 어릴 때 사촌 형제인 아누룻다(아나율阿那律) 등과 함께 출가했다. 이때 아난다의 나이는 8세(또는 전승에 따라 16세)였다고 한다.

《앙굿따라 니까야》에서 부처님은 아난다를 이렇게 일컬었다.

"비구들이여, 많이 들은[多聞] 나의 비구 제자들 가운데서 아난다가 으뜸이다. 마음챙김sati을 가진 자들 가운데서 아난다가 으뜸이다. 총명한 자들 가운데서 아난다가 으뜸이다. 활력을 가진 자들 가운데서 아난다가 으뜸이다. 시자들 가운데서 아난다가 으뜸이다."

그는 무엇보다 뛰어난 기억력의 소유자였다. 그런데 부처님 시봉을 제안받은 아난다는 몇 번 그 요청을 사양했다.《중아함경》

〈시자경侍者經〉에 의하면, 목갈라나(목건련目犍連)를 위시한 여러 장로가 거듭 청하자, 다음의 세 가지 소원(조건)을 들어준다면 부처님의 시자가 되겠다고 약속한다.

(1) 부처님의 새 옷이나 헌 옷을 제가 입지 않기를 바랍니다.

(2) 따로 대접하는 부처님의 음식을 제가 먹지 않기를 바랍니다.

(3) 때가 아니면 부처님을 뵙지 않기를 바랍니다.

아난다의 세 가지 소원[三願]을 한국 불교에서는 다음과 같이 전하기도 한다.

"(1) 부처님께서 드시는 음식을 나에게 먹으라고 하지 마십시오. (2) 부처님께서 입으시는 옷을 나에게 입으라고 하지 마십시오. (3) 부처님 성도 후 지난 20년 동안 부처님께서 하신 설법과 정황을 나에게 다시 한번 알려주십시오."

한편 초기 경전의 주석서에서는 아난다가 다음의 여덟 가지 조건을 내걸었다고 전한다.

"(1) 부처님이 공양 받은 가사를 제게 주시면 안 됩니다. (2) 부처님이 공양 받은 맛있는 음식을 제게 주시면 안 됩니다. (3) 같은 거처에서 머무는 것을 허락하시면 안 됩니다. (4) 초청을 받으셨을 때 저와 함께 가시면 안 됩니다. (5) 그러나 저까지 초청을 받았을 때는 같이 가셔야 합니다. (6) 멀리서 온 비구들을 부처님께 안내하도록 허락하셔야 합니다. (7) 제게 의문이 생겼을 때 부처님께 질문하는 것을 허락하셔야 합니다. (8) 제가 부재중일 때 부처님께서 하셨던 법문은 제가 돌아오면 다시 들려주셔야 합니다. 이렇게 해 주시면 저는 세존의 시자가 되겠습니다."

부처님과 장로들은 아난다의 요구를 흔쾌히 받아들였다. 부처님을 시봉하다 보면 부처님께 올려지는 공양물을 함께 받게 되리라는 것을 쉽게 짐작할 수 있다. 그러다 보면 부처님과 같이 공양 받을 자격이 아님에도 불구하고 시자라는 이유로 분에 넘치는 생활에 빠질 위험이 있음을 스스로 경계한 것이다. 스스로 수행의 본분을 잊지 않고 정진할 수 있도록, 부처님의 옷과 음식을 절대 사용하지 않겠다는 것이다. 이후 아난다는 25년간 부처님을 가까이서 수행하며 시봉의 소임을 다했다. 부처님이 아난다를 시자로 삼으셨을 때, 부처님은 세수 55세, 아난다는 20세(다른 설에 의하면 35세) 정도였다. 부처님이 80세로 열반에 들었을 때 아난다는 45세(또는 60세)였으며, 120세에 열반했다고 한다.

부처님이 열반에 드신 후, 마하카샤파(마하가섭)가 주도하여 부처님의 45년 설법 내용을 정리하는 경전 결집을 시작했다. 부처님의 제자 중 깨달음을 얻은 아라한 500명이 마가다 왕국의 수도인 라자그리하 근처 칠엽굴에 모여 부처님의 말씀을 결집했다. 계율은 우팔리가, 교리는 아난다가 선창했다. 25년간 부처님을 모셨던 아난다가 부처님의 말씀을 먼저 암송하면, 나머지 500명이 그 내용을 검증하고 합송하는 방식으로 완성했다. 3개월 우안거 동안(5월 16일~8월 16일)에 삼장을 결집했는데, 이것이 불교의 1차 결집이다.

아난다가 부처님의 가르침을 읊을 때는 마치 부처님이 다시 살아 오신 듯했다. 아난다는 경전 결집 자리에서 이렇게 말했다.

"부처님께서 열반에 드시기 전에, 부처님 말씀을 어떻게 기록해야 할지를 여쭈었습니다. 그때 부처님께서 모든 경전은 육사六事를 성취하라고 하셨습니다."

육사란 여시, 아문, 일시, 불, 재, 여구인데, 이 여섯 가지 내용을 갖추어 부처님의 설법이 성립되므로 이를 육사성취라고 한다.

(1) 여시如是: '이와 같이'는 내용에 그릇됨이 없음을 밝히며, 믿음을 키우고 의심을 없앤다(신信 성취).

(2) 아문我聞: '나는 들었다'는 부처님 말씀을 빼거나 더하지 않고 그대로 재현함을 밝힌다(문聞 성취).

(3) 일시一時: '한때'는 부처님이 설법하신 때를 말한다(시時 성취).

(4) 불佛: '부처님'은 설법하신 분이 부처님임을 밝힌다(주主 성취).

(5) 재在: 법이 설해진 장소를 밝힌다(처處 성취).

(6) 여구與俱: 어떤 대중에게 하신 말씀인지를 밝힌다(중衆 성취).

불교 경전의 첫머리에 육사를 두는 것은, 부처님의 말씀을 당시 설법 현장 그대로 재현한다는 의미다. 《금강경》도 "이와 같은 것을 내가 들으니, 한때에 부처님이 사위국 기수 급고독원에서 비구 1,250명과 함께 계셨습니다"라며 육사성취의 원칙을 따르고 있다.

善現起請分 第二
선 현 기 청 분 제 이

時에 長老須菩提 在大衆中하야 卽從座起
시   장 로 수 보 리 재 대 중 중 하 야   즉 종 좌 기

하고 偏袒右肩하고 右膝着地하고 合掌恭敬하야
     편 단 우 견   우 슬 착 지   합 장 공 경

而白佛言하되 希有世尊하 如來 善護念諸菩薩
이 백 불 언   희 유 세 존 여 래 선 호 념 제 보 살

하시며 善付囑諸菩薩하시나니까 世尊하 善男子善女
     선 부 촉 제 보 살   세 존 선 남 자 선 여

人이 發阿耨多羅三藐三菩提心인데는 應云何住며
인   발 아 누 다 라 삼 먁 삼 보 리 심 응 운 하 주

云何降伏其心이니잇고 佛言하사되 善哉善哉라 須菩提야
운 하 항 복 기 심   불 언   선 재 선 재 수 보 리

如汝所說하야 如來 善護念諸菩薩하시며 善付囑諸菩薩
여 여 소 설 여 래 선 호 념 제 보 살 선 부 촉 제 보 살

하시나니라 汝今諦請하라 當爲汝說하리라 善男子善女人이
        여 금 체 청   당 위 여 설   선 남 자 선 여 인

發阿耨多羅三藐三菩提心인데는 應如是住며 如是降伏
발 아 누 다 라 삼 먁 삼 보 리 심 응 여 시 주 여 시 항 복

其心이니라 唯然이니이다 世尊하 願樂欲聞하나이다
기 심   유 연   세 존 원 락 욕 문

이때 장로 수보리가 대중 가운데 있다가 자리에서 일어나서 오른쪽 어깨를 드러내고 오른쪽 무릎을 꿇고, 합장하고 공경하며 부처님께 사뢰되,

"드물게 계신 세존님, 여래가 모든 보살을 잘 보호하고 생각하십니까? 모든 보살을 잘 부촉하십니까? 세존님, 착한 남자나 착한 여인이 아누다라삼먁삼보리심을 내려면, 응당 어떻게 머물며, 마음을 어떻게 가지며, 어떻게 그 마음을 항복받으리까?"

부처님이 말씀하시되,

"착하고 착하다, 수보리야. 네 말한 바와 같아서, 여래는 모든 보살을 두호하여 생각하시며, 모든 보살을 잘 부촉하시느니라. 너는 이제 자세히 들어라. 마땅히 너를 위해서 얘기할 것이다. 착한 남자나 착한 여인이 아누다라삼먁삼보리심을 내려면 응당 이렇게 머물 것이며, 이와 같이 그 마음을 항복받을 것이니라."

"참 그렇습니다, 세존님."

이때 장로 수보리가

'장로長老'라는 건 그중에 연치年齒(나이)가 많은 사람인데, 이이가 수부티Subhūti, 바로 수보리須菩提°예요. '수su'는 '좋다'는 말이고 '부티bhuti'는 '부드budh'에서 나온 것이니 '안다'는 뜻이 될 것입니다. 그래서 '수보리' 그러면 '다 잘 안다'라는 말이에요. 왜 이분이 이렇게 잘 아는고 하니, 이이가 숙혜夙慧(타고난 지혜)가 있어서 처음 날 때부터 지혜가 있더랍니다. 그런데 그때 연치가 상당히 많아서 장로라고 그랬어요.

대중 가운데 있다가 자리에서 일어나서
옷들을 오른쪽 어깨로 젖히고, 오른쪽 무릎은 꿇고,
합장하고 공경해서 부처님께 사뢰되

여기 보면 석가여래 당시에 아랫사람이 선생님께 물을 적에 어떻게 예의를 차린다는 것을 잘 알 것입니다. 자리에서 일어나 이쪽 어깨에 있던 것을 이쪽으로 젖히는 것°°은, 여기를 장애 없이 해서 어른한테 향하는 합장을 한 것이죠.

- 수보리는《금강경》이 설해지고 있는 기수 급고독원을 기증한 '급고독 장자' 즉 수닷타(Sudatta)의 조카다. 부처님의 10대 제자 중 '공(空)'을 깊이 잘 이해하여 '해공제일(解空第一)'이라 한다.
- '편단우견'은 오른쪽 어깨를 드러내고 왼쪽 어깨에만 웃옷을 걸쳐서, 상대방에게 공경의 뜻을 나타내는 모양새다.

드물게 계신 세존님, 여래가 모든 보살을 잘 보호
하고 생각하십니까? 모든 보살을 잘 부촉하십니까?

이것이 이분으로서 아마 한번 물어볼 문제겠지요. 그렇게 훌
륭한 당신 같은 이가 모든 마음 닦으려고 하는 이를 잘 보호
하고 생각해 주십니까? 또 모든 마음 닦으려고 하는 사람을
잘 부촉하십니까? 아마 그거 궁금한 일일 것입니다. 자기 혼
자만 그렇게 닦는지, 닦으려고 하는 우리 같은 사람을 가르
쳐 주려고 또 어떤 말씀을 했는지, 그것이 그분이 처음에 석
가여래에게 묻는 것입니다.

세존님 착한 남자나 착한 여인이
아누다라삼먁삼보리심을 내려면

'아누다라삼먁삼보리阿耨多羅三藐三菩提, anuttarā-samyak-saṃbodhi'*

---

* 산스크리트어 anuttarā-samyak-saṃbodhi(아눗따라 삼약 삼보디)를 소
리 나는 대로 옮긴 말. 한문의 음사 표기는 '阿耨多羅三藐三菩提(아누다
라삼먁삼보제)'인데, 한국 불교에서 한자 발음에 예외를 두면서까지 관습
적인 '아뇩다라삼먁삼보리'로 써왔다. 원어를 직접 확인할 수 있게 된 현대
에는, 원래 발음 및 한문 음사와 유사한 '아누다라삼먁삼보리'로 표기한다.
'아눗따라(anuttarā)'는 '더 높은 것이 없는[무상無上]', '삼약(samyak)'은
'적절한, 바르게 여겨지는[정등正等]', '삼보디(sambodhi)'는 '바른 깨달음
[정각正覺]'을 뜻한다. 즉, '위 없는 동등하고 바른 깨달음[무상정등정각無
上正等正覺]'을 의미한다. 무상정등각(無上正等覺), 무상정변지(無上正遍
智)로도 번역한다.

의 '아a'라는 것은 없다[無]는 말이고 '누다라nuttarā'라는 건 위[上]란 말입니다. '아누다라'는 '위가 없다'는 말이죠. '삼먁 samyak'의 '삼'이라는 건 '옳다'는 말이고, '먁'이란 건 '두루 한다'는 말이에요. '삼보디sambodhi'는 '옳게 안다'. 그래서 '삼먁 삼보리'는 '옳고 두루 하고 옳게 안다'라는 뜻이니 '지혜'란 말입니다.

그런 마음을 내자면 응당 어떻게 머물며, 마음을 어떻게 가지며, 어떻게 그 마음을 항복 받으리까?

이것은 참 중요한 물음이 됐고, 또 우리도 누구나 이것을 알아야 할 것입니다. 이것이 바로 석가여래로서 당신이 얘기해 주고 싶은 말인 모양이죠. 그래서 대답을 어떻게 하는고 하니….

부처님이 말씀하시되, 착하고 착하다, 수보리야.

이렇게 겹쳐 얘기하는 것은, 흔히 원시 민족들의 언어가 이렇게 됐고, 또 어린이의 언어가 역시 이렇게 됐습니다. 산스크리트어도 이렇게 말을 중복해 써서 뜻을 강조하는 것입니다. '좋고 좋다' 하는 것은 어린애들이 '좋아, 좋아', '와, 와', '자, 자', 이런 말, 또 '아빠, 아빠, 아빠', '엄마, 엄마, 엄마' 이런 말은 다 그 말이 힘지지 않으니까 두세 번을 해서 강조했던 것입니다. 옛날 말에도 이런 어법이 이렇게 많이 나오게

됩니다. 이것(선재선재, 착하고 착하다)은 당신이 좋았을 적에
[그 감정을] 여러 사람에게 표시하는 말인데, 산스크리트어에
서 흔히 어른이 배우는 사람을 향해 많이 쓰게 됩니다.

네 말한 바와 같아서 여래는…

자 여기서는 '여래如來'라고 합니다. 석가여래가 그 밝은 광명
을 얘기해 주시려고 하고, 당신 자체가 거기서 둘이 없을 적
에 이 여래라는 말을 많이 쓰셨습니다. '내가…' 그러지도 않
고, 또 '부처님이…' 그러지도 않고 '여래'라고 하는데, 이 여
래라는 곳에는 닦을 당처도 없고, 닦을 사람도 없고, 닦을 이
치도 없다는 것입니다. 그냥 원만히 둥글어 버리고 말았답니
다. 그래서 이 '여래'라는 글자가 나올 적에는 여기는 주목해
봐야 합니다. 이 여래라는 글자는 '부처님 불佛' 자와도 전연
다르고, 또 '나'라는 글자와도 전혀 다릅니다. 만약 '여래'라면
"천상천하 유아독존天上天下 唯我獨尊"이라는 소리도 안 할 것
입니다. 왜 그러냐? 자체가 그대로 밝아 있으니, 어떻게 누가
새로 만든 것이 아니니까….

여기서 참고로 여러분에게 얘기할 것은, 우리의 사색과 판단
은 모두 '아날리티컬 아 포스테리오리analytical a posteriori(분석
적이면서 후험적인 것)'라는 것입니다. 우리의 경험에 의지해서
그 경험을 잘 사정査定을 해서 아래위로 맞춰서 판단을 얻는

것을 '아 포스테리오리a posteriori(후험적)'라고 그래요. 아 포스테리오리는 라틴 말이지요. 여기서 '포스트post'는 '뒤'란 말이고, '포스테리오리'는 우리 인간의 판단, 경험에 의지한 판단입니다. 아 포스테리오리는 어떤 때에는 학문이 될 수 있지만 어떤 때에는 학문이 될 수 없는 때가 많이 있어요. 그리고 그건 사색을 하고 추리를 해 가는 것이기 때문에 반드시 아날리시스analysis, 즉 분석을 해야 하는 것입니다.

그런데 그 정반대로 '과학적'이라고 여러분들이 얘기하는데, 그럼 어떤 판단을 과학적이라고 그러느냐? '아 프리오리a priori'라는 것인데, 아 프리오리는 곧 '즉각卽覺'이다 그 말입니다. 왜 그러냐? 물건 자체를 그대로 판단한다 그 말입니다. 이제 그것은 대략 신세틱synthetic, 즉 종합이 되게 됩니다, 분석이 되지 않고. 예를 들면 수학에서 그런 것을 많이 발견할 수가 있어요. 여기 다섯이라는 독립된 수효가 있고, 즉 독립된 관념이 서 있고, 그다음에 일곱이라는 독립된 관념이 서 있다면 서로 융통이 되지 않습니다. 그러나 다섯(5)이라는 수

• 　일반적으로 '선험적(先驗的)' 혹은 '선천적'이라고 번역하는 아 프리오리는 아 포스테리오리(a posteriori, 후험적)에 대립하여 사용되는 인식론적 용어로서, 원래는 아리스토텔레스의 그리스어 proteron의 라틴어 번역이다. 이 용어는 이마누엘 칸트의《순수 이성 비판》(1781)에 의해 정착, 보편화되었다. 철학에서는 경험과 관계없이 알 수 있는 진리, 이를테면 논리법칙이나 수학의 정리(定理)를 '아 프리오리 한 진리'라 하고, 자연과학의 제반 법칙 등 경험을 통해 알 수 있는 진리를 '아 포스테리오리 한 진리'라고 부르는 것이 통례다. 그러나 이처럼 진리를 뚜렷하게 양분한다는 것에 대해서는 다소 논의의 여지가 있다.

효와 일곱(7)이라는 수효를 종합해 놓고 보면, 다섯이나 일곱과는 전연 관련이 없는 열둘(12)이라는 특별한 관념이 나오는데, 거기는 어떤 사색도 부칠 수 없고 어떤 설명도 부칠 수 없는, 그런 판단이 나오는 것을 '종합적 즉각'이라고 그래요. 도통한 이들의 생각은 전부가 그 종합적 즉각입니다. 이런 것은 종합이라는 이름도 붙일 수 없고 오직 '즉각'으로 나가요. 지금 이 얘기 시작이 전부가 그렇게 나갈 것입니다. 여기 '여래'라는 자는 바로 그 종합적 즉각으로 나오는 설명이 돼요.

여래는 모든 보살을 두호斗護(두둔하고 감쌈)하고
생각하시며, 모든 보살을 잘 부촉하시느니라.
너는 이제 자세히 들어라.
마땅히 너를 위해서 얘기할 것이다.
착한 남자나 착한 여인이
아누다라삼막삼보리심을 내려면
응당 이렇게 머물 것이며,
이와 같이 그 마음을 항복 받을 것이니라.

여기서 이야기 다 한 것입니다. 여기까지. 이제 이다음부터는 설명이 되는 것입니다. 여기서 얘기를 다 한 거예요. 그러니까 수보리는 그 소리를 듣고 말합니다.

참 그렇습니다, 세존님.

'세존世尊님'이라는 것은 '사람으로서 닦아서 밝아서 훌륭하다' 그 말입니다. 지혜 있는 사람으로서 그이를 존경하겠지요. 그런 의미에서 세존이고, '여래'라는 말은 앞뒤 뚝 떼고 미迷한 거 없이 그냥 밝은 광명 덩어리, 다시 미迷하지 않는 광명 덩어리…. 절에 가면 사람 형상에 금칠해 놓았는데, 왜 그렇게 해 두었나 하면, 사람으로서 마음을 닦아 다시 컴컴하지 않기가 금과 같다는 뜻입니다. 이렇게 여래라는 말의 뜻만 잘 해석해도 불교를 잘 알게 돼요. 세존, 여래, 불佛, 그런 말들을 구별해 보면 아주 다른 것입니다.

부처님으로 앉아서 [보실 때에] "닦는 사람들이 어떻게 마음을 가지며 또 어떻게 그 마음을 항복 받겠습니까?" 그것이 아마 마음 닦는 사람으로서는 대단히 필요한 물음일 것입니다. 그런데 다행히 그분(부처님)은 그거 좋다고, 그것은 내가 얘기해 줄 거라고 하시죠. 그래서 수보리가 "참 그렇습니다, 세존님. 원컨대 즐겨서 듣고자 합니다." 아마 이것이 《금강경》을 시작하는 하나의 원인이 될 것입니다.

　그런데 처음에 순전히 마음 항복 받는 것하고, 또 마음을 어떻게 가져야 하겠는가 그것을 물은 걸 보면, 아마 지금까지도 사람들이라면 누구나 '내 마음을 어떻게 조절을 할 것인가? 또 마음이 탈선될 때엔 어떻게 할 것인가?' 하는 것을

많이 생각해 봤을 겁니다. 이것을 세상에서 혹 노이로제라고
도 하고, 또 생각이 너무 과하면 정신분열증(조현병)이라고도
해서, 삼천 년 전에도 그런 의미였는데 지금 우리도 그런 의
문을 많이 갖게 되는 것입니다.

大乘正宗分 第三
대 승 정 종 분 제 삼

佛告 須菩提하사되 諸菩薩摩訶薩이 應如是降伏其心이
불고 수보리 제보살마하살 응여시항복기심

니 所有一切衆生之類 若卵生 若胎生 若濕生 若化生
소유일체중생지류 약난생 약태생 약습생 약화생

若有色 若無色 若有想 若無想 若非有想非無想을
약유색 약무색 약유상 약무상 약비유상비무상

我皆令入無餘涅槃하야 而滅度之하리라 하라 如是滅度
아 개 영 입 무 여 열 반 이 멸 도 지 여시멸도

無量無數無邊衆生하되 實無衆生이 得滅度者니라 何以
무 량 무 수 무 변 중 생 실 무 중 생 득 멸 도 자 하 이

故오 須菩提야 若菩薩이 有我相人相衆生相壽者相이면
고 수보리 약보살 유아상인상중생상수자상

則非菩薩이니라
즉 비 보 살

부처님이 수보리에게 이르시기를,

"모든 보살 마하살은 응당 이와 같이 그 마음을 항복 받을 것이니, 있는바 일체 중생의 무리, 그 중생의 무리가 알로 나는 것, 태로 나는 것, 습에서 나는 것, 화생이거나, 형상이 있는 것이거나 형상이 없는 것, 생각이 있는 것과 생각이 없는 것, 생각이 있지도 않고 생각이 없지도 않은 것, 이러한 중생을 내가 다 남음이 없는 열반에 들도록 해서 멸해 제도하리라 해라.

이와 같이 한량없고 수가 없고 가없는 중생을 멸해 제도하고 날 것 같으면, 실로 중생이 멸해 제도함을 얻은 자가 없느니라.

왜 그런고 하니 수보리야, 만약 보살이 나라는 생각이나, 남이라는 생각이나, 중생이라는 생각이나, 수자라는 생각이 있으면 곧 보살이 아니〔기 때문이〕다."

부처님이 수보리에게 이르시기를, 모든 보살
마하살은 응당 이와 같이 그 마음을 항복 받을 것이니

여기 '보살菩薩'이라는 것은 인도 말의 '보디사트바bodhisattva'
에서 나온 말인데 '보디'란 지혜란 말이고 '사트바'란 사람(존
재)이란 말입니다. 우리나라에서는 훌륭한 사람을 '위인'이라
고들 하는데 인도 사람들은 '지인智人'이라고 그랬던 것이죠.
또 여기 '마하살'이라는 것은 '마하사트바Maha-sattva'로, '마하'
는 크다는 말이고 '사트바'는 사람이라는 말이니까, 한문으로
번역하기를 대지인大智人, 혹 슬기로운 사람, 그 슬기로운 사
람 중에서도 제일가는 사람' 아마 이렇게 말할 수 있겠죠.

있는바 일체 중생의 무리…

인도 사람들이 흔히 말할 적에, 모든 꿈적거리는 생물은 이
'중생衆生'이라는 글자로 대표했던 것입니다. 그래서《우파니
샤드》나《베다》시대의 찬송 속에도 이런 글자가 많이 나오
게 됩니다. 모두 꿈적거리거나 혹 자기 생명을 (스스로) 보전
할 수 있는 무리를 다 중생이라고 그래요.

그 중생의 무리가 알로 나는 것…

알로 난 것[卵生]은 무엇이 문제 되는고 하니, 모체에서 자기

먹을 것과 자기 자신을 죄 껍데기 속에 넣어서 모체로부터 똑 떨어져 버려요. 떨어져서 자기가 필요한 온도와 자기가 필요한 습기만 가지면 그들은 그 속에서 자꾸만 성장을 해요. 그래서 그만 지가 알 껍데기를 벗고 나오면 부모 관계든지 뭐든지 전혀 알 수 없는 한 개체가 세상에 나오게 되는 것입니다.

무슨 원인으로 그런 물건이 이 세상에 나오게 되느냐? 남의 은공恩功을 알지 못하고 자기의 생체를 보전하겠다고 하는 마음이 그런 결과를 만든답니다. 배은망덕하는 마음이 결국은 알로 나는 결과를 받는 것입니다. 배은망덕하는 마음이 원인이라고 한다면, 그 결과는 알로 나는 보報로 나타나는 것입니다. 알로 난다는 것은, 아무런 남의 도움을 받지 않고 똑 떨어져서 나온다[는 것이죠]. 그래도 모체에서 제 먹을 것과 제 생명 보전할 것은 얻어서 나온다고 할 것 같으면, 아마 [똑 떨어져 나옴이] 철저하지는 못할 테지요. 자기도 부모를 요구할 때가 많기 때문에 그래요. 이런 것은 모두 원인이 잘못돼서 결과로 나타나게 되는 겁니다. 그래서 사람이 배은망덕하는 마음을 백 일만 연습해도 알로 태어나는 물건이 된다는 것입니다.

태로 나는 것…

그다음에 태로 난다[胎生]는 것은 무엇인고 하니, 이것은 순전히 모체의 습관을 받고 자란다는 것입니다. 모체 속에 씨가 가서, 그 씨가 붙어서 그 모체를 긁어 먹어서 자꾸 그게 자라고, 그게 자라서는 제 형상을 배 속에서 갖추어 떨어져서, 그 모체를 따라다니며 배워서, 그것이 대략 한 3년 즉 천 일쯤 돼서 그것이 [성체가] 된다는 거요.

예를 들면 사자는 태어난 지 천 일까지 그 부모의 얻어다 먹이는 것을 기다리게 돼요. 천 일이 지나면 사자는 따로 돌아다닌다는 것입니다. 사자는 [새끼를] 처음 낳으면 부부 일체가 되어 일부일처제가 돼요. 그 어린애를 기르기 위해서. 수놈이 물건을 주워다가는 새끼를 먹이고, 또 암놈이 새끼를 먹이고, 그렇게 얼마만큼 하다가 사자가 자꾸 자라서 몸뚱이가 충실해질 적에는, 아범이 얻어 오는 것이 적으니까, 좀 더 얻어 오라고 이놈이 심술을 부리고 아범하고 싸움하죠. 싸우면 고만 그 아범이 달아나 버리거든. 그다음에 이제 둘이 벌어다 먹이는 것도 충분치 못했는데, 어멈이 혼자 벌어다 먹이니까 [새끼가] 골이 나서 어멈을 물어 버리면 어멈이 또 달아나거든. 그다음에 이놈(새끼 사자)이 혼자 앉아 배는 고프고 그러면 할 수 없이 골짜기를 따라서 내려가요. 골짜기를 따라 내려가다가 조그만 짐승이라도 자기 앞을 향해서 오면 잡아먹질 않아요. 왜 잡아먹지 않는고 하니, 어멈이나 아범이 와서 늘 갔다 줬으니까. 그런데 옆으로 달아나는 놈이 있으면 딱 처먹거든. 그런 것이 아주 태로 난 물건(태생)의 대표가 될 것입니다. 그래서 아무튼지 남을 바라고 남을 의지하는 마음은 태로 나는 것이 된답니다.

습에서 나는 것…

습생濕生*은 물에서 난 것인데, 제 몸뚱이를 행여나 남한테 잃어버릴까 봐 늘 감추고 하던 습관으로 물고기가 된다죠. 참새나 꿩이 물속에 들어가서 조개로 변한다는 옛날이야기**는 이런 생각이 반영된 것이라 볼 수 있겠습니다.

화생이거나…

화생化生***이라는 것은 질펀한 곳에 습기 등 더러운 것이 모

- • 산스크리트어 Saṃsvedaja의 번역으로, '습한 곳에서 생기는 것'을 의미하며, 파리, 모기 등의 곤충류가 해당(때로 개구리, 뱀 등 습한 곳에 사는 생물도 포함)한다.

- •• 새가 변하여 조개가 된다는 생각은 '양이 극에 이르면 음이 된다'라는 사상과 관련된 것이다. 옛날 사람들은 한로 때 참새가 바닷물에 들어가면 대합조개 합(蛤)이 되고[雀入大水爲蛤], 입동 때 꿩이 바닷물에 들어가면 큰 조개 신(蜃)이 된다[雉入大水爲蜃]고 믿었고, 제비[燕]나 참새[雀]가 변해서 조개 개(蚧)가 된다[燕雀所化]고 상상했다. 새 조(鳥) 자를 붙여 조개(鳥蚧)라 부른다는 설도 있다.

- ••• 산스크리트어 upapāduka의 번역으로, '본래 없었는데 갑자기 태어나는 것, 어떤 것에도 의존하지 않고 스스로의 업력(業力)으로 태어나는 것'을 의미한다. 《구사론(俱舍論)》에 의하면, 육도(六道)의 중생은 난생·태생·습생·화생의 네 종류(사생四生)로 태어나며, 육도 중에서 천(天)과 지옥의 모든 중생, 축생 중 용·가루다 등 일부, 아귀의 일부는 화생한다고 한다.

여서 거기서 솟아나는 파리 같은 걸 말합니다. 그런 것은 '자기를 드러내겠다'라는 마음을 가진 자^者인데, 자기가 드러낼 자격이 못 되면서 드러낼 것을 자꾸 궁리하게 되면 그런 데서 생겨나는 것입니다.

형상이 있는 것이거나 형상이 없는 것,
생각이 있는 것과 생각이 없는 것, 생각이 있지도
않고 생각이 없지도 않은 것, 이러한 중생을…

'형상이 있는 것[有色]'은 형상은 있어도 내용이 시원치 않은 것이죠. '형상이 없는 것[無色]'은 형상이 없어도 작용을 하는 귀신 같은 것. 또 '생각이 있는 것[有想]'과 '생각이 없는 것[無想]', '생각이 있지도 않고 생각이 없지도 않은 것[非有想非無想]', 이런 것이 아마 모든 생물의 총 판단이 될 것입니다. 이러한 것을 중생衆生이라고 말하게 되죠. 우리의 몸 밖에 있는 중생이 모두 결과를 가진 중생이라고 할 것 같으면, 우리 마음속에 있는 중생은 모두 원인을 짓는 중생일 것입니다.

이런 중생을 내가 다 [하여금] 남음이 없는
열반에 들도록 해서 멸해 제도하리라 해라.

'열반涅槃'이라는 말 역시 불교의 전문 용어인데, 산스크리트 어로 '니르바나nirvāṇa'라고 그래요. '니르nir'란 '아니'란 말이고 '바나vana'라는 건 '아프다'는 말이에요. 즉 열반이란 '아프지가 않다'라는 말이지요.* 아프지 않다는 것은 몸뚱이에 대해서 자기가 능히 지배할 수 있다 그 말입니다. 그러니까 정신의 능력이 몸뚱이를 능히 지배할 수 있다는 것입니다. 그러면 그들이 모두 몸뚱이라는 껍데기 밑에서 고통을 받으니까 그들의 마음을 밝게 해서 몸뚱이라는 껍데기를 능히 이길 수 있게 하겠다는 것입니다.

그럼 이것이 무슨 소리인고 하니, '네 마음속에 있는바 모든 생각은 태로 난 것이나, 배은망덕한 마음이나, 또 남에게 바라는 마음이나, 또 숨는 마음이나, 그렇지 않으면 또 너를 자랑하려는 마음이나, 또 어째 정신이 이상스러워서 이랬다 저랬다, 저랬다 이랬다 하는 것들은 전부 네가 원인을 [지어] 가지고 [장래에] 형체를 이루기 쉬운 것이니까, 그것을 전부 밝은 이의 마음으로 바꿔라'라는 말입니다. 그래서 다 열반에 들어가서, 다 멸해 제도하리라 [하라]. 뭘 멸해? 망념을 멸해 제도하리라. 그렇게 마음을 항복 받는 것입니다.

• 산스크리트어 nirvāṇa(니르바나), 팔리어 nibbāna(닙바나)는 '불어서 끈 상태'라는 의미다. 어원상 'nir(out) + va(to blow)'로, 촛불 등을 불어서 꺼진 상태이며, 열반·적멸(寂滅)·멸(滅)·해탈(解脫) 등으로 번역한다. 불교에서는 '번뇌의 불을 꺼서 깨달음의 지혜를 완성한 상태'를 보통 의미하며, 종파에 따라 약간씩 다른 해석과 구분이 있다.

이와 같이 한량없고 수가 없고
가없는 중생을 멸해 제도하고 날 것 같으면,
실로 중생이 멸해 제도함을 얻은 자가 없느니라.

이것은 다 무슨 소리인고 하니, 자기 마음속의 망념을 자꾸 부처님을 향한 마음으로 바꿨는지라, 실지로 제 마음속의 망념이 밝은 마음으로 바꾸어졌을 것 같으면 제 마음은 비었을 것입니다. 제 마음이 빈다는 것은 곧 다시 말하자면 지혜가 난다는 것입니다.

　혹 여러분 경험이 있었잖아요? 예수교의 경전에도 보면 "마음이 가난한 자는 복이 있나니, 천국이 그의 것이다."• 이런 소리 같은 것. 마음에 [그러한] 모든 장래 껍데기 지을 원인이 될 그런 상태를 놔두지 않으면 이 세상을 직접 접촉할 수 있고, 세상을 접촉하면 그 사람에게는 그 어두운 증상이 나타나지 않을 것입니다.

　'밝은 마음이 원인이 되어서 결과로 오는 것'을 '복福'이라고 한다면, '컴컴한 마음이 원인이 되어서 오는 것'을 '화禍'라고도 말할 것입니다. 그럼 이런 네 망념을 전부 털어버리면, 털어버렸다는 마음도 없느니라. 《금강경》도 마찬가지입니다. 아무튼지 모든 이 중생을 모두 하느님 앞으로 가라고 했다고 하자. 다 가서 하나도 없다면 하느님 앞으로 가라는

• 　《신약성서》마태오 복음 5:3.

생각까지도 없을 것입니다. 이것이 시방 이 마음을 단속하는 한 방법일 것입니다.

왜 그런고 하니 수보리야, 만약 보살이 나라는
생각이나, 남이라는 생각이나, 중생이라는 생각이나,
수자라는 생각이 있으면 곧 보살이 아니다.

'중생'이라는 생각은 '마음이 아직 밝지 못했다'는 말이에요. '수자壽者'˙˙라는 것은 '경험이 많다'는 말이지요. 이런 생각이 있으면 곧 보살이 아니다. 왜 그러냐? 제 마음속에 있는 분별을 제 마음이 아니라고 한다든지, 또 남의 마음이라든지, 누구 때문에 그렇게 됐다든지 이런 생각, 또 그건 옳지 못한 생각이라든지, 그건 또 좋은 생각이겠다든지, 이런 분별을 낼 것 같으면 영원히 그 마음이 항복 받아지지 않기 때문입니다.

보살은 나라는 생각이나 남이라는 생각이나, 자기 마음속의 생각 전부가 자기 것이지, 남의 것이 있을 턱이 없습니다. 아무개 때문에 내가 속이 상했다[고 곧잘 하는데], 제 마음이 약하니까 [속상하고] 괴롭지, 왜 아무개 때문에 상할 이치가

• 산스크리트어 jīva(지바)의 역어로, 목숨·생명·영혼의 의미. 자이나교에서는 업(業)이 지바에 달라붙으므로, 고행을 통해 업을 닦아 내면 지바(수자)가 순수한 제 모습을 드러낸다고 생각했다. 《금강경》에서는 순수 영혼이 있다는 생각도 '수자상(壽者相)'이라고 설명한다.

있겠습니까?

　그러니까 자기 마음속에는 자타自他가 전연 없는 줄 알아야 (이게) 닦아지지, 만약 자타가 여기서 생긴다면 마음은 닦아질 수 없을 것입니다.

妙行無住分 第四
묘 행 무 주 분 제 사

復次須菩提야 菩薩은 於法에 應無所住하야 行於布施니
부차수보리 보살 어법 응무소주 행어보시

所謂不住色布施며 不住聲香味觸法布施니라 須菩提야
소위부주색보시 부주성향미촉법보시 수보리

菩薩은 應如是布施하야 不住於相이니 何以故오 若菩薩이
보살 응여시보시 부주어상 하이고 약보살

不住相布施며는 其福德은 不可思量하리라 須菩提야
부주상보시 기복덕 불가사량 수보리

於意云何오 東方虛空을 可思量不아 不也니다 世尊하 須
어의운하 동방허공 가사량부 불야 세존 수

菩提야 南西北方四維上下虛空을 可思量不아 不也니다
보리 남서북방사유상하허공 가사량부 불야

世尊하 須菩提야 菩薩의 無住相布施福德이 亦復如是
세존 수보리 보살 무주상보시복덕 역부여시

하야 不可思量이니라 須菩提야 菩薩은 但應如所敎住니라
불가사량 수보리 보살 단응여소교주

"다시 수보리야, 보살이 내가 얘기해 준 이 법칙에도 응당 주하지 말고 보시를 행할 것이다. 이른바 형상에 머물러서 하지 마라. 수보리야, 보살은 응당 이와 같이 보시를 해서 상에 머물지 말 것이다. 왜 그런고 하니, 만약 보살이 상에 머물지만 않고 보시한다면 그 복덕은 불가사량이다. 수보리야, 어떻게 생각하는가? 동방 허공을 가히 생각하고 헤아릴 수 있느냐?"

"아닙니다, 세존님."

"수보리야, 남쪽 서쪽 북쪽, 사유 상하 허공을 가히 생각하고 헤아릴 수 있느냐?"

"아닙니다, 세존님."

"수보리야, 보살이 상에 머물지 아니하고 행동을 직접 할 것 같으면, 그 복덕은 사방 아래위 허공과 같아서 그 복이 한량 없다. 수보리야, 보살은 응당 이렇게 나 가르쳐 준 대로 마음을 머물러 둬 두느니라."

다시 수보리야, 보살이 법에…

법 법法 자는 이상스러워요. 보통 법이라고 하면 법률이나 규칙, 약조라고 말할 수 있는데, 인도 사람들의 이 법이라는 것은 '우주를 통일하는 어떤 원칙'이 되지 않나 그렇게들 생각하는 것 같아요. 불교에서도 석가모니 교주教主, 즉 '붓다'가 말한 그 수행하는 방법을 '달마/다르마Dharma'라고 해서, 그걸 '법'이라고 그랬어요. 그다음에 그 달마를 실행하는 사람을 '승가僧伽'라고 말했어요. 이 법이라는 것은 다시 말하자면, 자기 선생님이 자기 마음을 닦게 해 주는 방법이라고 하는 것이 좋겠죠. 그렇다고 만일 그 법에도 구애가 될 것 같으면 퍽 어렵기 때문에, 그 마음 쓰는 것을 시방 얘기하는 것입니다.

다시 수보리야, 보살이 내가 얘기해 준 이 법칙에도
응당 주하지 말고 보시를 행할 것이다.

'마음이 어디에도 주住(머무름)하지 말고 보시를 하라'에서 이 '보시布施'라는 글자가 우리들에게 아주 문제를 제공하는 말이에요. 내가 예전에 불교가 고苦와, 또 고를 뭉쳐서[집集], 또 없애서[멸滅], 결국은 성리性理*가 밝는다고 그랬어요. 고苦, 뭉치는 것, 멸하는 것, 닦는 것[도道], 그렇게 네 가지를 얘기했는데, 이십 년 후의 석가여래 생각에는 이 한마음을 닦는 데

여섯 가지 방법이 있더랍니다. ['육바라밀' 설명은 뒤에서 합니다.]

이 책의 이름을《금강반야바라밀경金剛般若波羅蜜經》이라고 해요. '금강金剛'이란 인도 말로 '바즈라vajra'라고 하는데, 우리 말로 하자면 금강석金剛石, 백보석白寶石이 좋겠죠. '반야般若'라는 건 '지혜'라는 말이고, '바라밀다波羅蜜多'라는 것은 '저 언덕에 간다'는 말이지요. 여기 '여섯 가지의 저 언덕에 가는 방법[육바라밀六波羅蜜]'이 나옵니다. 저 언덕에 가는 여섯 가지 방법 중에 제일 먼저 있는 것이 '보시'입니다. 보시를 행한다는 것은 곧 '행동한다, 실행을 한다' 그 말입니다. 여태까지 얘기해 온 것이 이론일 것 같으면, 여기 와서는 이제 실행을 해 보겠다 그 말인데, 그럼 이 '보시'라는 것은 무엇이냐?

인도 말에서는 '다나dana'라고 해요. 석가여래 아버지 이름이 '다나'라고, 슈도다나Suddhodana라고 그랬죠. 그거 마찬가지로 다나라고 그래요. '좋게 해 준다'라는 말이지요. 이 말이 희랍(그리스)으로 돌아서, 로마를 돌아서, 시방 영어에서는 '도네이션donation(기부)'이라고 해요. '남을 돕는다' 그 말입니다. 여태까지 현대 말에도 그대로 나타나게 되죠. 보시의 의미는 '마음을 항상 널찍하게 쓴다', 말하자면 '자기 탐심을 제除

• 본래 인간의 본성 또는 마음의 본성을 이르는 말이다. 백성욱 박사는 '육신을 벗어나 육신을 객관적으로 보고 그것을 거느리는 주체적 정신(마음)'이라 하였다. 그래서 보통은 마음이 육신에 묻혀 살며 몸뚱이 심부름을 해 주다 가는 것이 대부분인데, 잘 닦으면 마음이 육신을 벗어나 성리가 된다.

(없앰)하자'는 것입니다. 자기가 필요치 않은 물건 여둬 두었다가 남 줄 줄 아는 것, 다시 말하자면 물건에 대해서 넉넉한 마음을 연습하는 것, 이것이 바로 탐심을 제하는 거요.

내가 산중에 있을 적에 여러 사람에게 말하기를, "감자 농사를 지어도 남을 먹이는 마음이면 떳떳해요." 그때 감자는 한 말에 십 전 했고 쌀은 한 말에 일 원 했어요. [감자의] 열 배 되는 쌀밥[을 먹는 사람]이라도, 남의 것을 얻어먹으려고 하면 거지 마음이고 마음이 궁핍해요. 이것이 아마 탐심 닦는 데에 퍽 절절한 말일 것입니다. 누구를 향해서 줄 적에, 자기 마음을 연습하기 위해서, 탐심을 제하기 위해서 한다면 좋겠지만, 누구를 준다고 하는 상대가 있다고 할 것 같으면 자기 마음이 요공要功*이 됩니다.

"시은어불보지인施恩於不報之人"이라, 은혜는 갚을 수 없는 사람에게 베풀어 주라는 말이 있어요. 상대가 갚을 수 있는 사람이면 그날 그 물건 줄 때부터 자기는 노예 상태를 면치 못할 것입니다. '저놈이 이걸 가지고 갔으니 갚아야 할 텐데' '그 사람이 잘돼야 하겠는데', 잘된 뒤에는 '그거 잘됐는데 왜 나한테 갚질 않나?' 이런 것은 모두 남에게 마음을 얹는 것이기 때문에, 자기는 자유가 전혀 없게 됩니다. 남을 상대할 때 어떻게 좋은 마음을 쓰는가를 알려 준 것입니다.

• 　자기의 공을 스스로 드러내고 자랑하여 남이 칭찬해 주기를 바람.

이른바 형상에 머물러서 하지 마라.

형상形相이 이쁘다고 물건을 주는 마음은 [옳은 게] 아니다, 자기 마음을 연습할지언정. 그 사람 소리가 좋아서 거기다가 마음을 준다든지, 그 사람 냄새가 좋거나 냄새 맡기 좋아서 [마음을 준다든지], 장래에 삶아 먹기 위해서 또 먹인다든지, 이런 식으로 오관伍官을 통해서 마음 쓰는 것은 전혀 하지를 말아야 한다 그 말입니다. 오관을 통해서 하는 것은 모두 보수 報酬(고마움을 갚음)를 요구하게 되니까, 자기 마음을 연습하는 데는 하등의 간여(도움)가 되지 않으니까 [그렇게 알고] 여기서는 우선 마음을 [닦기를] 연습하자는 것입니다.

수보리야, 보살은 응당 이와 같이 보시를 해서
상에 머물지 말 것이다.

물건에 대해서는 마음을 항상 널찍하게 쓰는 것이 그 탐심을 제除하는 한 방법이 됩니다. '했다'라는 생각도 하지 말고, 그때그때 자기의 악착齷齪(좁고 끈질김)한 마음을 제하기 위해서 닦았을지언정, '누구를 주었다'는 마음은 절대로 일으키지 마라.
　예를 들면 사람이 여름에 한창 목마를 때에는 자기 목을 축이기 위해서 물을 아주 갈구합니다. 그런데 그 물을 먹고 남으면, 아주 다시 안 먹을 것같이 화악 내버립니다. 그 화악 내버리는 마음은 곧 돌아서 다시 목마른 마음이 돼요. 그러니까 자기가 목마른 마음을 고치자면, 그 남은 물을 감사하게 생각할 수 있어야 해요. 맑은 데다가, 참 정淨하디정한 데다가 부으면서 '목마른 이 먹어라' 하는 마음이 계속된다면, 그 사람은 아마 그렇게 목이 말라서 타 죽을 만한 일은 당하지 않을 줄 알아요. 그것이 오직 자기 마음이기 때문에.

왜 그런고 하니, 만약 보살이 상에 머물지만 않고
보시한다면 그 복덕은 불가사량이다.

왜 그러냐? 탐심을 제하면 곧 위장병이 생기지 않을 것이니까, 그 사람은 건강을 유지할 것이다. 또 탐심을 제하면 모든 물정을 알 수 있으니 지혜가 날 것입니다. 만약 어떤 요구가 있어서 된다면 그런 지혜는 전혀 날 수가 없습니다. 보살이 무슨 행동을 할 적에 상相에 머물지 않고, 무슨 한다는 생각이나 상대를 하지(두지) 않고 자기 일을 할 것 같으면, 자기 마음이 닦아지니까, 거기 의지해서 무한대로 발전이 될 것입니다. 다시 말하자면 "마음이 가난한 자는 복이 있나니…" 그것이 무엇이냐? 자기 마음을 항상 너그럽게 쓰니까. 그러면 그 사람은 어떻게 복이 있느냐? "천국이 그의 것이니라." '천국'이란 가장 자유스럽고 제한이 없다는 것입니다. 내가 예수교 하는 사람, 전문가에게 그게 무슨 소리냐고 물어보니, 그는 '겸손을 꾀하라'라는 소리로 알아들었다고 그래요. 겸손을 꾀하라는 소리가 아니라, 자기 몸뚱이 그놈의 물건에 대한 관심을 제(없앰)하는 것입니다. 그것이 모든 고의 근본이 되기 때문에. 상相에 머물지 않고 보시한다면, 자기 마음이 넉넉해지므로 살아가기가 편안할 것입니다.

수보리야, 어떻게 생각하는가? 동방 허공을 가히 생각하고 헤아릴 수 있느냐?

아닙니다, 세존님.

인도 사람들은 북쪽을 부동방不動方(움직이지 않는 방위)이라고 말해요, 북쪽은 어떻게 할 수 없는 데라고. 인도 북쪽은 아주 높은 산이 요렇게 병풍같이 떠억 서 있어요. 그래서 옛날 사람들이 그 산 너머는 도저히 생각을 못 했죠. 꼭대기가 전부 하얀 눈이고 얼음인 그 산맥을 '히말라야Himalayas'라고 해요. [산스크리트어로] '히마hima'라는 것은 눈이란 말이고, '라야'라는 것은 산이라 그랬으니* 적당합니다. 병풍같이 쪽 펴져 있지요. 그 산맥 너머는 서장西藏(티베트)이라고 하는데 순전히 고원 지대입니다. 거기는 얼음과 눈이 아주 많아요. 인도의 접경에서 서장 수도 라싸Lhasa 근처에 '에베레스트Everest'라는 세계에서 가장 높은 산이 있습니다. 그 고원 지대를 한참 지

• 산스크리트어로 '눈[雪]'을 뜻하는 히마(himá)와 '거처(居處)'를 뜻하는 알라야(ālaya)의 합성어. '눈이 사는 곳'이라는 뜻.

나면 신강성이라는 데가 나타나는데, 그게 서장의 북쪽입니다. 거기에 비로소 한 이천 리 되는 분지가 하나 있습니다. 지금 그 분지는 물이 말라서 일부는 사막이 되어 있어요. 인도 사람들은 히말라야 꼭대기가 하늘에 닿은 줄로 알았고, 또 하늘까지 얼음이 차서 도저히 갈 수 없다고 생각했습니다.

수보리야, 남쪽 서쪽 북쪽, 사유 상하 허공을
가히 생각하고 헤아릴 수 있느냐?

북방의 허공을 사량(생각하여 헤아림)할 수 있느냐? 그건 잘 안 될 거다, 그 말입니다. 그 대신 인도에서 동쪽은 아주 무한대로 발전된 줄 알아요. 그런데 인도 동쪽에는 정글이 있어서 사람들이 통행하질 못해요. 그 정글 속에서 물이 상당히 많이 나오는데, 예를 들면 히말라야산맥 뒤의 서장 고원에서 흐르는 물이 모두 동쪽으로 흐르고 다시 남쪽으로 흘러, 벵골만으로 들어오는 브라마푸트라Bramaputra 같은 강*들이 있게 됩니다. 그래서 그들은 동쪽에서 모든 생명이 온다고 생각을 해요. 동쪽은 가 볼 수는 없지만 아주 좋은 세상이고, 태양도 떠오르는 곳이고. 그래서 동쪽을 많이 이야기하게 되는 것입니다.

---

* 브라마푸트라강은 티베트고원에서 발원하여 동쪽으로 흐르다가 히말라야산맥 동쪽 끝에서 남쪽으로 방향을 바꾼 다음, 다시 서남쪽으로 흘러 갠지스강의 삼각주 동부를 형성하며 벵골만으로 흘러 들어간다.

그들이 동쪽으로 올 수만 있었다면, 아마 세계의 지도가 완전히 달라졌을 것입니다. 왜 그러냐? 알렉산더가 인도까지 온 적이 있어요. 아삼Assam 지방의 고원이 하도 높고 북쪽은 얼음 덩어리니깐 갈 마음을 못 냈고, 동쪽으로 좀 나오려고 하니까 시퍼렇고 검은 산에 한 발자국만 들여도 온통 독한 뱀과 호랑이·사자·코끼리 같은 것이 많아서 그만 오질 못했어요. 그래서 원통하게 돌아갔다는 말이 있지요.

그들 인도 사람이 혹 중국으로 오려고 하면 어디로 오는고 하니, 브라마푸트라강을 타고 쭉 올라와서 서장 고원 지대를 지나 거기서 다시 양자강 계곡으로 해서 그렇게 많이 왔습니다. [1948년 유엔 한국임시위원단] 인도 대표로 우리나라에 온 메논K. Menon이라는 사람(인도 정치가)도 얘기하기를, 아삼 지방 바로 밑 부탄 근처에 달라이 라마가 넘어온 그 길을 따라서 사천성 중경重慶까지 갔었는데, 꼬박 20여 일이 걸리더랍니다. 그것은 대상隊商들이 많이 다녔던 길일 것입니다.

옛날 인도 사람들은 동쪽을 아주 신비한 방위로, 광명이 올 수 있는 방위로, 아주 대단히 행복스러운 방위로 생각했어요. 석가여래도 인도 사람들에게 얘기해 주자니까 물론 그렇게 말했지만….

아닙니다, 세존님.

동쪽은 희망의 방향이고, 남쪽은 자기들이 바다까지 갈 수 있는 데니까 가장 잘 아는 방향이었겠지요. 서쪽은 인더스강을 거쳐서 페르시아만으로 빠지는데, 거기는 자기들 상인들이 많이 다니는 데니까 역시 잘 알 것이고요. 북쪽은 잘 다니는 방향이 아니었고, 혹 상인들이 바위 틈바구니로 용케도 당나귀 하나를 겨우 끌고 다니는 그런 통상로가 있어서 달라이 라마도 그런 길로 인도로 넘어왔던 것입니다. 동·남·서·북 이렇게 네 군데가 되죠. 거기에 사유四維(서북·서남·동북·동남), 위·아래 해서 시방十方이 되겠지요.

수보리야, 보살이 상에 머물지 아니하고
행동을 직접 할 것 같으면, 그 복덕은
사방 아래위 허공과 같아서 그 복이 한량없다.

그건 왜 그러냐? 자기 마음을 직접 닦으니까 그 마음이 넓어지겠죠.

수보리야, 보살은 응당 이렇게 나 가르쳐 준 대로
마음을 머물러 둬 두느니라.

이것이 '어떻게 그 마음을 머물러 두리까?' 하는 수보리 질문에 대한 답이죠.

여기까지 《금강경》이라고 해도 좋을 것입니다. 석가여래가

《금강경》을 얘기할 적에, 많은 사람이 있어서 들어왔다가 나갔다가 하므로, 이 경經 중에《금강경》을 세 번 얘기하게 된 것이 나타납니다. '그 마음을 어떻게 항복 받으리까? 또 마음을 어떻게 두리까?' 하는 물음에 대해서 여기까지 얘기한 것입니다.

如理實見分 第五
여 리 실 견 분 제 오

須菩提야 於意云何오 可以身相으로 見如來不아 不也
수 보 리　　어 의 운 하　　가 이 신 상　　　견 여 래 부　　불 야

니다 世尊하 不可以身相으로 得見如來니 何以故오
　　　세 존　　불 가 이 신 상　　　　득 견 여 래　　하 이 고

如來所說身相이 卽非身相이니이다 佛告 須菩提하사되
여 래 소 설 신 상　　즉 비 신 상　　　　불 고 수 보 리

　凡所有相은 皆是虛妄이라
　범 소 유 상　　개 시 허 망

　若見諸相이 非相이면 則見如來니라
　약 견 제 상　　비 상　　　즉 견 여 래

"수보리야, 어떻게 생각하는가?
가히 몸뚱이로써 여래를 보느냐?"
"아닙니다, 세존님. 몸뚱이로써 여래를 볼 수 없습니다.
여래가 말씀하신 몸뚱이라는 것은 곧 몸뚱이가 아닙니다."
부처님이 수보리에게 이르시되,
"무릇 있는바 상이 다 허망한 것이다.
모든 형상을 상 아닌 것으로 볼 것 같으면,
그때에 완전한 우주의 밝은 빛인 여래를 볼 수 있느니라."

여기부터는 그때 자기들이 직면한 문제를 얘기하게 되지요.

수보리야, 어떻게 생각하는가?
가히 몸뚱이로써 여래를 보느냐?

'여래如來'라고 하는 것은 석가여래 당신의 상태를 말하는 것
입니다. 다시 말하자면 '주세불主世佛'*이라고 하는데, 탐貪·
진瞋·치癡 삼독三毒을 모두 닦은 그것이 결과를 일으켜서,
그 결과에 의해서 여러 사람을 가르쳐주는 그, 법이 선 것
을 여래라고 그럽니다. 그 뜻, 글은 어디 다른 원인과 결과로
부터 온 것이 아니라, 오직 밝은 데서 왔다고 해서 '이렇게
왔다[如來]' 하는 것입니다.

석가여래가 '이렇게 왔다' 하는 말은 다시 말하면 우주의 밝
은 기운이 사람으로서 닦아서 되지만, 막상 그 순간에는 '사
람'이라는 생각도 없고, '닦아서 된다'라는 생각도 없는 절대
로 밝은 것을 말하게 되는 것입니다. 그 '여래'라고 하는 말
은, 이 '우주의 참 절대 밝은 그 자리'를 말하는데, 그것이 절
대 밝다면 우리가 '여래'라는 말도 못 하겠죠. 그러나 사람이
닦아서 그 지위에 가게 되고, 그 지위에 갈 때까지는 닦는다

---

* 법당에 모신 부처 가운데 가장 으뜸인 부처를 이르는 말. 주불(主佛)·본존
  (本尊)이라고도 한다. 때로 '구세주'의 의미로도 쓰인다.

는 분별이 있지만 막상 그 지위가 되면 닦는다는 분별조차
없어지는 것이니까 그것을 '여래'라고 말하게 됩니다. 그러니
까 뭐 몸뚱이를 가지고 시방 내 몸뚱이 이것이 여래냐, 그 말
입니다.

아닙니다, 세존님.
몸뚱이로써 여래를 볼 수 없습니다.

그건 왜 그러냐? 몸뚱이는 여래가 될 수 없소, 그 말입니다.
밝겠다는 생각까지도 없는 것이 여래니까 어떻게 몸뚱이 가
진 이를 여래라고 하겠소? 아마 부처님이라고는 하겠지요.

여래가 말씀하신 몸뚱이라는 것은
곧 몸뚱이가 아닙니다.

당신이 그 몸뚱이를 가졌으니까 우리를 제도하지만, 실지로
우리 마음에 비춰 주실 것은 그 몸뚱이가 아니라 당신의 밝
은 마음일 것입니다.

여기까지 아주 간단하게 이《금강경》에 대해서 한 번을 말하
는 것입니다. 이것이 아마 솔직한 심정이고 석가여래로서 이
세상에 대해서 아마 떳떳이 외칠 만한 말인데, 이 말 들으면
우리는 조금 어이가 없어요. 왜 어이가 없느냐고 하니, 우리

자신이 몸뚱이를 가졌는지라.

부처님이 수보리에게 이르시되,
무릇 있는바 상이 다 허망한 것이다.

우주의 모든 것은 한 생각 일으켜서 그 생각의 결과로써 된
것이다. 그러면 그 결과가 다시 원인을 일으키느냐? 일으킨
다고 하더라도 현실의 결과는 전혀 다른 것이다. 그러니까
이것은 허공에 핀 꽃과 같은 것이다. 이것은 동굴 속에 뜬 달
과 같은 것이다. 그렇게 말하게 되는 것이죠. 이것은 다 허망
한 것이다. 그러니까 모든 형상 자체가 허망한 줄 알면, 여기
다 애착을 붙이지 않지 않겠느냐? [하는 것입니다.]

모든 형상을 상 아닌 것으로 볼 것 같으면,
그때에 완전한 우주의 밝은 빛인
여래를 볼 수 있느니라.

이것이 불교도들에게 가장 이상적이고 석가여래로서 아마
이 세상에 대해서 대담히 얘기할 수 있는 것입니다. '나를 위
함이라면, 불교라는 것이 세상에 존재할 필요가 뭔가?' 그렇
게들 느낄 것입니다. 그러나 불교는 이 원리를 가르쳐 주기
위한 집단이라고 말할지언정, 불교 자체가 이것은 아니라는
것입니다. 그래서 부처님이 수보리에게 이르시되,

"무릇 있는바 상相은 다 허망한 것이다. 만약에 모든 상을 상 아닌 것[非相]으로 볼 것 같으면, 곧 여래를 볼 수 있을 것이다."•

이것이 《금강경》 한 벌을 설說해 마친 것입니다.

• 凡所有相 皆是虛妄 若見諸相非相 卽見如來 : 무릇 형상이 있는 것은 모두 다 허망하다. 만약 모든 형상을 실제가 아닌 것으로 보면, 곧 여래를 보는 것이다.

正信希有分 第六
정신희유분 제육

須菩提 白佛言하되 世尊하 頗有衆生이 得聞
수 보 리 백 불 언　　세 존 하　파 유 중 생　　득 문

如是言說章句하고 生實信不잇가 佛告 須菩提하사되
여 시 언 설 장 구　　생 실 신 부　　불 고 수 보 리

莫作是說하라 如來滅後後五百歲에 有持戒修福者
막 작 시 설　　여 래 멸 후 후 오 백 세　　유 지 계 수 복 자

於此章句에 能生信心하야 以此爲實하면 當知
어 차 장 구　　능 생 신 심　　이 차 위 실　　당 지

是人은 不於一佛二佛三四五佛 而種善根이라
시 인　불 어 일 불 이 불 삼 사 오 불　이 종 선 근

已於無量千萬佛所에 種諸善根하고 聞是章句하고
이 어 무 량 천 만 불 소　　종 제 선 근　　문 시 장 구

乃至一念이나 生淨信者니라 須菩提야 如來悉知悉見
내 지 일 념　　생 정 신 자　　수 보 리 야　여 래 실 지 실 견

是諸衆生이 得如是無量福德이니 何以故오 是諸衆
시 제 중 생　득 여 시 무 량 복 덕　　하 이 고　　시 제 중

生은 無復我相人相衆生相壽者相이며 無法相이며
생　무 부 아 상 인 상 중 생 상 수 자 상　　무 법 상

亦無非法相이니라 何以故오 是諸衆生이 若心取相이면
역 무 비 법 상　　하 이 고　시 제 중 생　약 심 취 상

則爲着我人衆生壽者며 若取法相이라도 卽着我人衆生
즉 위 착 아 인 중 생 수 자   약 취 법 상   즉 착 아 인 중 생

壽者니 何以故오 若取非法相인데는 卽着我人衆生壽者
수 자   하 이 고   약 취 비 법 상   즉 착 아 인 중 생 수 자

니라 是故로 不應取法이며 不應取非法이니 以是義故로
      시 고   불 응 취 법   불 응 취 비 법   이 시 의 고

如來常說하사되 汝等比丘는 知我說法을 如筏喩者니
여 래 상 설   여 등 비 구   지 아 설 법   여 벌 유 자

法尙應捨온 何況非法이라
법 상 응 사   하 황 비 법

수보리가 부처님께 사뢰되,

"세존님, 자못 어떤 중생이 이런 얘기를 얻어듣고서 '정말 그렇다'고 할 수 있을까요?"

부처님이 수보리에게 이르시되,

"그런 소리 하지 말아라. 여래가 몸뚱이가 없어진 뒤, 후 오백세에 계행을 가지고 복을 참 다듬는 자가 이런 말에 '참 그것이 옳다'고 그렇게 해서 그것이 진실이라고 생각할 것 같으면, 마땅히 알거라. 이 사람은 한 부처나 두 부처나 셋 넷 다섯 부처에게 선근을 심은 것이 아니라, 이미 한량없는 천이나 만 분의 부처 있는 곳에서 모든 선근을 심고, 또 이런 얘기를 들었었고, 그래서 거기서 '참 당신 말이 옳습니다' 그렇게 했던 자니라.

수보리야, 여래는 다 아시고 다 보시느니라. 이 모든 중생, 요렇게 마음먹은 중생이 이와 같이 한량없는 복과 덕 얻은 것을.

왜 그런고 하니, 이 모든 중생은 다시 나라는 생각과 남이라는 생각과 중생이라는 생각과 수자라는 생각, 법이라는 생각이나 법 아니라는 것, 그런 것이 다 없기 때문이다.

왜 그런고 하니, 이 모든 중생이 만약 마음에 상을 취하기만 하면, 곧 나라는 생각과 남이라는 생각과 중생이라는 생각과 수자라는 생각이 있게 된다. 만약 법상을 취해도, 역시 나라는 생각과 중생이라는 생각과 수자라는 생각이 있게 된다. 〔만약 법상이 아닌 것을 취해도, 나라는 생각과 중생이라는 생각과 수자라는 생각이 있게 된다.〕

이런고로 응당 법을 취하지 말 것이며, 또 법 아닌 것도 취하지 말아라.

이런 뜻인 고로 여래가 항상 너희들 비구에게 말하기를, 내가 설한바 법은 마치 강을 건너가는 데 배 조각이나 널조각 같다."

수보리가 부처님께 사뢰되, 세존님,
자못 어떤 중생이 이런 얘기를 얻어듣고서
'정말 그렇다'고 할 수 있을까요?

자기가 처음 들을 적에 아주 어이가 없어서 하는 소리입니
다. 이거 이렇게 말하면 '이거 꼭 옳다'고 그럴 사람이 있을까
요? 그 말입니다.

부처님이 수보리에게 이르시되, 그런 소리 하지 말아라.
여래가 몸뚱이가 없어진 뒤, 후 오백세에 계행을 가지고
복을 참 다듬는 자가 이런 말에 '참 그것이 옳다'고
그렇게 해서 그것이 진실이라고 생각할 것 같으면,
마땅히 알거라. 이 사람은 한 부처나 두 부처나
셋 넷 다섯 부처에게 선근을 심은 것이 아니라,
이미 한량없는 천이나 만 분의 부처 있는 곳에서
모든 선근을 심고, 또 이런 얘기를 들었었고, 그래서
거기서 '참 당신 말이 옳습니다' 그렇게 했던 자니라.

왜 그러냐? 이 말 곧이들으면 곧 마음을 밝힐 수 있으니까.
누구든지 마음을 밝히려고 할 것이니까. 그러니까 이 사람은
곧 밝을 수 있는 사람이다. 그러면 이번에만 그런 것이 아니
라 전에도 많이 들었을 것이다.

수보리야, 여래는 다 아시고 다 보시느니라.
이 모든 중생, 요렇게 마음먹은 중생이 이와 같이
한량없는 복과 덕 얻은 것을.

이 말대로 해서 자기 성리가 꼭 밝을 것을, 여래는 다 아시고
다 보시느니라. (그 사람들) 마음에 망념이 없으면 곧 여래의
마음과 그대로 통하게 되니까.

왜 그런고 하니, 이 모든 중생은 다시 나라는 생각과
남이라는 생각과 중생이라는 생각과 수자라는 생각,
법이라는 생각이나 법 아니라는 것,
그런 것이 다 없기 때문이다.

우주 밝은 속과는 '나'라는 간격이 없으면 그냥 통할 것이다.
'중생이라는 생각'은 '모른다', '수자라는 생각'은 '경험이 많
다' 그 말입니다. 또 '이건 불법佛法이다' 이렇게 해 두면 간격
이 생기니까, 법 아니라는 것이다. 만약 [법이라는 것도] 그것이
있으면 간격이 생기고 만다.

왜 그런고 하니, 이 모든 중생이
만약 마음에 상을 취하기만 하면,
곧 나라는 생각과 남이라는 생각과
중생이라는 생각과 수자라는 생각이 있게 된다.

만약 법상을 취해도,
역시 나라는 생각과 중생이라는 생각과
수자라는 생각이 있게 된다.
〔만약 법상이 아닌 것을 취해도,
나라는 생각과 중생이라는 생각과 수자라는 생각이 있게 된다.〕

왜 그러냐? '이건 이것이 옳은 것이지' 그런 마음만 먹어도
옳다는 한 생각이 밝은 기운을 막으니까. 만약 '그게 법이 아
니지' 그러더라도 그 생각 티끌 하나만 일어나면 나라는 생
각과 남이라는 생각이 일어나니까 밝을 수 없다는 것입니다.

이런고로 법을 취하지도 말 것이며,
법 아닌 것[非法]을 가지지 말아라.

말 들었거든 그대로 실행을 하지, 그것이 무슨 좋은 것이라고
하지도 말라. 왜 그러냐? 마음 닦는 방법도 가지지 말라는데,
마음 닦지 않는 방법을 가졌다간 더 안 되겠죠. 그래서 옛날
사람들이 이렇게 말했어요.•"유불처에 부득주[有佛處不得住]"
하고, 즉 부처 있는 곳에도 머물지 말고, "무불처에 급주과

• 《복원석옥공선사어록(福源石屋琪禪師語錄)》권지상(卷之上): 有佛處不
得住. 樓臺月色雲收去. 無佛處急走過. 池塘荷葉風吹破. 부처 있는 곳
에 머물지 말라. 누대에 비친 달빛을 구름이 가려 버리네. 부처 없는 곳에
서는 급히 달아나라. 연못의 연잎이 바람에 날려 흩어지네.

[無佛處急走過]"하라, 즉 부처 없는 곳에서는 급히 달아나라. 무슨 뜻인고 하니, 부처를 상대하면 자기 마음이 가린다. 어떻게 가려지는고 하니, "누대 월색을 운수거[樓臺月色雲收去]", 즉 좋은 집에 달이 비쳤는데 [구름이] 그 달빛을 막아 버리는 것과 같다는 뜻입니다.

'부처님' 생각을 해도 그래요. 그러니까 내가 부처님을 생각한다면 [부처님과 오히려] 더 멀어지겠지, 뭐.

그럼 부처 없는 데는 어떻게 하나? 그건 아주 탐진치 삼독이 그대로 있어서 컴컴한 마음이니까, 그것은 근본 닦을 형편이 없게 돼요. 그것을 "지당하엽이 풍취파[池塘荷葉風吹破]"라, 즉 연못의 연잎이 바람에 날려 흩어진다고 했습니다. 연꽃의 연잎은 더러운 물에서 나도 거기 물들지 않으니까 마음 닦는 토대로 자주 말하는데, 그것을 바람이 불어 흩트려 버렸으니 애당초 형편없을 것입니다. 이것이 아마 마음 닦으려고 하는 자에게 가장 적절한 말일 것입니다.

이런고로 응당 법을 취하지 말 것이며,
또 법 아닌 것도 취하지 말아라. 이런 뜻인 고로
여래가 항상 너희들 비구에게 말하기를,
내가 설한바 법은 마치 강을 건너가는 데
배 조각이나 널조각 같다.

• '수거(收去)'는 거두어 가는 것.

마음이 다 밝으면, 즉 강을 건너갔으면 배를 내버려야 되는데, 강 건너가고도 여전히 배를 타고 있으면 어떻게 되느냐 그 말입니다. 그런데 배는커녕 배보다도 더 나쁜 것이라면 어떻게 되겠니 하는 말입니다. 법도 오히려 버려야 되겠는데 하물며 법 아닌 걸 그대로 끼고 있다면, 그거 곤란하지 않겠느냐? 이런 것을 몇 번씩 이렇게 말씀하는 것은, 곡진하게 알아들으란 말이겠죠.

無得無說分 第七
무득무설분 제칠

須菩提야 於意云何오 如來 得阿耨多羅三藐三菩提耶아
수보리 어의운하 여래 득아누다라삼먁삼보리야

如來有所說法耶아 須菩提言하되 如我解佛所說義로는
여래유소설법야 수보리언 여아해불소설의

無有定法을 名阿耨多羅三藐三菩提며 亦無有定法을
무유정법 명아누다라삼먁삼보리 역무유정법

如來可說이니 何以故오 如來所說法은 皆不可取며
여래가설 하이고 여래소설법 개불가취

不可說이며 非法이며 非非法이니이다 所以者何오
불가설 비법 비비법 소이자하

一切賢聖이 皆以無爲法에 而有差別이시니이다
일체현성 개이무위법 이유차별

"수보리야, 어떻게 생각하는가? 여래가 아누다라삼먁삼보리를 얻었느냐? 여래가 설한바 법이 있느냐?"

수보리가 말하기를,

"제가 부처님이 설한바 뜻을 아는 것 같아서는, 어떠한 일정한 법이 있지를 않은 것, 그것을 성리가 밝은 것이라고 말하겠습니다. 이것이 아누다라삼먁삼보리입니다. 또 일정한 법이 없다는 것도 아닐 것입니다. 왜 그런고 하니, 여래가 설하신바 법은 다 취할 것이 못 되며, 불가설이며, 법도 아니고 또 법 아님도 아닙니다. 왜 그런고 하니, 일체의 현인이나 성인이 다 〔꼭 해야〕 함이 없는 법에서 차별을 뒀기 때문입니다."

수보리야, 어떻게 생각하는가?
여래가 아누다라삼먁삼보리를 얻었느냐?
여래가 설한바 법이 있느냐?

내가 너희들에게 말한 것은 마음 밝으라고 그랬지, 말 자체가 있는 것이 아니다.* 만약 말 자체가 있다면 그것은 좋지 않을 것이다. 그래서 여래가 아누다라삼먁삼보리를 얻었느냐, (그래서) 내가 밝았다고 하느냐? 아니다, 그 말입니다. 너희 업장 분별을 보고 내가 얘기해 줬지, 여기서 업장 분별을 보는 좋은 것이 있다고 내가 생각하지 않았느니라.

수보리가 말하기를, 내가 부처님이 설한바 뜻을 아는 것 같아서는, 어떠한 일정한 법이 있지를 않은 것,
그것을 성리가 밝은 것이라고 말하겠습니다.
이것이 아누다라삼먁삼보리입니다.
또 일정한 법이 없다는 것도 아닐 것입니다.

그때그때에 마음 닦았던 중생에게 그것을 터 주고, 그것을 터 주다 보니 이렇게 여러 말이 됐단 말이지, 실지로 어떠한 일정한 방법이 있다고는 생각하지 않습니다.

• '내 말은 마음 밝히는 목적을 위한 뗏목과 같은 수단이지, 말 그 자체가 목적이거나 중요한 것이 아니다. 그것은 가지고 집착할 것이 못 된다'라는 의미.

왜 그런고 하니, 여래가 설하신 바 법은 다 취할 것이
못 되며…

왜 그러냐? 자기 정도에 부치는 놈은 안 하고….

또 불가설이며…

가히 얘기할 수 없으며[다 얘기할 수 있는 것은 아니며]….

법도 아니며…

왜 그러냐? 그 사람 탐심 있을 적에 탐심 닦는 것이 법이니까,
탐심 다 닦았(을 것 같)으면 그 사람에게 법이 아닐 것입니다.

또 법 아님도 아닙니다.

왜 그러냐? (그것이) 바로 이 정도에 맞을 적에는 또 법도 되
니까.

왜 그런고 하니, 일체의 현인이나 성인이 다 (꼭 해야) 함
이 없는 법에서 차별을 뒀기 때문입니다.

절대로 밝게 해 주기 위해서 그때그때 방법을 썼을지언정,

[꼭 절대 틀림없어서 언제라도 꼭 지켜야 하는] 어떤 준칙準則이 있다고 그러면 옳지 않을 것입니다.

依法出生分 第八
의 법 출 생 분 제 팔

須菩提야 於意云何오 若人이 滿三千大千世界七寶로
수 보 리 　 어 의 운 하 　 약 인 　 만 삼 천 대 천 세 계 칠 보

以用布施하면 是人의 所得福德이 寧爲多不아
이 용 보 시 　 시 인 　 소 득 복 덕 　 영 위 다 부

須菩提言하되 甚多니다 世尊하 何以故오 是福德이 卽非
수 보 리 언 　 심 다 　 세 존 하 　 하 이 고 　 시 복 덕 　 즉 비

福德性일새 是故로 如來說 福德多니이다 若復有人이
복 덕 성 　 시 고 　 여 래 설 복 덕 다 　 약 부 유 인

於此經中에 受持乃至四句偈等하야 爲他人說하면
어 차 경 중 　 수 지 내 지 사 구 게 등 　 위 타 인 설

其福이 勝彼니 何以故오 須菩提야 一切諸佛과 及諸佛
기 복 　 승 피 　 하 이 고 　 수 보 리 　 일 체 제 불 　 급 제 불

阿耨多羅三藐三菩提法이 皆從此經이 出이니라 須菩提야
아 누 다 라 삼 먁 삼 보 리 법 　 개 종 차 경 　 출 　 수 보 리

所謂佛法者는 卽非佛法이니라
소 위 불 법 자 　 즉 비 불 법

"수보리야, 어떻게 생각하는가? 만약 어떤 사람이 삼천대천 세계에 가득히 찬 일곱 가지 보배를 가지고서 보시하면 이 사람의 얻은바 복덕이 차라리 많으냐?"

수보리 말하되,

"심히 많습니다, 세존님. 왜 그런고 하니, 이 복덕이라는 것은 곧 복덕성이 아닙니다. 〔그래서 여래께서 복덕이 많다고 하신 것입니다.〕"

"만약 다시 어떤 사람이 이 경 가운데서 내지 네 글귀 게송을 가지고 다른 사람을 위해서 얘기하면, 그 복은 저 복보다 많다. 왜 그런고 하니 수보리야, 일체의 모든 부처님과 또 모든 부처님의 아누다라삼먁삼보리법이 다 이 경으로부터 나오기 때문이니라.

수보리야, 이른바 불법이라고 하면 곧 불법이 아니니라."

수보리야, 어떻게 생각하는가?
만약 어떤 사람이 삼천대천세계에 가득히 찬
일곱 가지 보배를 가지고서 보시하면
이 사람의 얻은바 복덕이 차라리 많으냐?

여기 삼천대천세계라는 것, 불경에 이런 소리 나와서 답답하다고들 그러는데, 인도 사람들이 이 세상을 어떻게 봤는고 하니, 자기들 있는 데서 히말라야를 쳐다보니까 히말라야 산 중턱으로 해가 돌거든. 동쪽에서 해가 나와서 서쪽으로 돌아가는 것을 보니까. 해가 있고, 히말라야 중앙이 있고, 바다가 있고, 그 바다 좌우 쪽에 이렇게 네 군데가 있는 것을 '사천하四天下'라고 했어요. 남쪽에는 남섬부주, 북쪽에는 북구로주, 서쪽에는 서구다니, 동쪽에는 불바제 그런 네 군데가 바다 위에 떠 있어서, 그것을 '한 사천하'라고 해요. 한 사천하에 해가 하나 있고, 달이 하나 있고, 산이 하나 있으면 [그것을 일세계라 하고], 그것을 단위로 해서 그것이 천이 되면 소천小千이라고 해요. 소천세계가 천이면 중천中千이고, 중천세계가 천이면 그것을 대천大千이라고 해요. 그래서 세 번 천한 대천세계라. 그러면 거기 해와 달이 뜨는 것이 한 백억 개 되는 것을 아마 대천세계라고 말하죠. 그래서 사실은 삼천대천세계*가 아니라, 그냥 대천세계인데 이것을 또 겹쳐서 더

---

* 소·중·대 세 가지 천세계(千世界)로 이루어지는 대천세계.

알아듣게 하기 위해서, 세 번 천 한 [대천세계라고 해요]. 소천, 요건 홑천이죠. 또 천이 천이면 밀리언, 백만이 되는 거죠. 그게 중천. 또 이제 백만씩 천이니까 밀리언의 밀리언이죠. 그러니까 십억이라고 할까, 빌리언이라고 할까 그렇게 되는 게요.

그 세상에 그 가득히 찬 일곱 가지 보배로…

'보배'라는 건 뭔고 하니, 그걸 가지면 먹을 걸 많이 줘요. 먹을 것을 많이 짊어지고 다니는 대신에 요만한 거 가지고 다니면, 그것을 보배라고 그러거든. 일곱 가지 보배라는 것은, 강이 흐르면서 [드러나는], 곤륜산 흙덩어리 속에 파묻혀 있던 다이아몬드 같은 것, 루비나 홍보석, 황보석 같은 것을 얘기하는 것입니다.

그럼 이것이 어떻게 돼서 그런가? 곤륜산(문맥상 히말라야산맥)*은 애당초에 왜 겹이냐? 필리핀과 인도네시아 근처에 가면 아주 깊은 바다가 있어요. 그 바다의 깊이가 4천~6천m인데 그 깊이와 지금 이 히말라야산맥 높이가 재 보면 꼭 맞아

---

* 이 강의에서 '곤륜산'은 히말라야산맥 또는 에베레스트산처럼 '지구에서 가장 큰 산, 산 중의 산'을 가리키는 관용적 의미로 사용하고 있지만, 원래는 중국 신화에서 모든 산의 뿌리이며 신선이 살고 있다고 믿은 신성한 산의 이름이다. 티베트고원 북부에 위치한 곤륜산맥이 신화 속 곤륜산과 지리적 특성이 가장 비슷하다고 여겨진다.

요. 그래서 그 화산이 그리 밀려가서 그게 곤륜산 꼭대기에 가서 죽 빠져나가는데, 불이 빠져나가면 반드시 물이 따라옵니다. 그래서 곤륜산 꼭대기에는 못이 있답니다. 백두산 꼭대기에 못이 있고, 저 제주 한라산 꼭대기에 못이 있는 것처럼 거기 못이 있어요. 그 못의 물이 동쪽으로 흐른 것이 황하이고 양자강인데, 그 물이 또 동쪽으로 흘러 가지고 다시 인도양으로 들어가게 된 것이 브라마푸트라강입니다. '브라마'라는 건 천상신이라는 말이고 '푸트라'는 아들이라는 말이에요. '하느님 아들'이란 말이지요.

《금강경》에 '항하恒河'라는 강이 많이 나오는데, 인도의 강가Gaṅgā강이에요. 갠지스강이라고도 하죠. 히말라야산맥에서 시작해서 인도 북부를 동쪽으로 흐르다가 벵골만으로 빠지는 큰 강입니다. 동쪽에서 오는 브라마푸트라강과 [강가강이] 합류하면서 벵골만으로 들어가요. 벵골만에 가면 언제든지 물이 누르퉁퉁해서 마치 우리나라 황해 같아요. 강가라는 강이 저 곤륜산 표면에서 흘러서, 이것이 캐시미르(카슈미르)의 조그만 계곡으로 흘러서 네팔과 캐시미르 사이로 해서, 인도 남쪽으로 해서는 지금 뉴델리라고 인도의 서울을 통과해서 동쪽으로 흘러 벵골만으로 빠지는 거예요.

왜 황해, 황해도라고 그러는지 아세요? 황하가 아마 곤륜산에서, 신강성 근처에서 흘러내리는 겁니다. 거기서 일만육천 리를 흘러가는데, 흙 속으로 자꾸 흘러내렸어요. 그러니까 뭐 잔뜩 흙물이 됐죠. 그 흙물이 어디로 한 줄기가 빠지는고

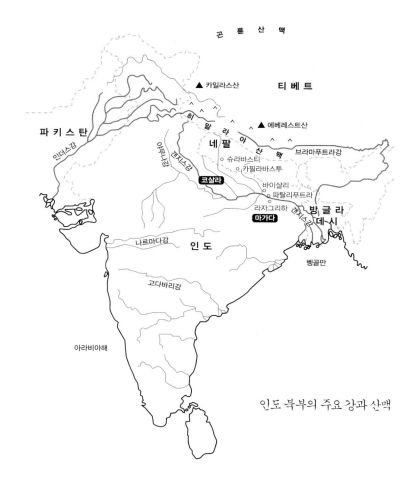

곤륜산맥

▲ 카일라스산 　티 베 트

파 키 스 탄

인더스강

히 말 라 야 산 맥

▲ 에베레스트산

네 팔

○ 슈라바스티

브라마푸트라강

코살라

○ 카필라바스투

바이샬리

파탈리푸트라

라자그리하

마가다

방 글 라 데 시

나르마다강 　인 도

고다바리강

벵골만

아라비아해

인도 북부의 주요 강과 산맥

하니 천진으로 빠져요. 그걸 백하白河라고 그래요. 흰 백白 자.
흙물이 돼서 백하예요, 물이 맑아서 백하가 아니라. 흙물이
되니까 시커먼 땅에 아마 그 흙물이 허옇게 뵈니까 그랬던
게지요. 그것이 내려와서 여순 앞으로 해서…. 또 우리나라
압록강은 그래도 그건 더러운 물은 아니니까 그 바다가 누르
퉁퉁하죠. 그래서 황해도라고 그래요. 우리나라 동해는 물이

파랗지 않아요? 바다가 본래 그렇게 파란 건데, 왜 바다가 누르겠어요? 곤륜산에서 일만육천 리를 흐른 그 흙물(황하)이 섞여서 그렇게 된 겁니다. 동영東營이라는 곳이 있는데, 바로 하북성과 산동성 사이로 황하 하류가 바다로 빠져나가는 지역입니다. 지금 산동성이라는 곳은 황하 하류의 삼각주에 지나지 않아요. 염분이 많아서 산동성에서는 농사를 밀 농사밖에 안 하죠. 그래서 산동성 사람들은 밥을 먹지 않고 밀떡을 먹어요. 거긴 염분이 많아서 과실이 커도 맛이 없어요.

인도의 벵골만 물은 황하보다 더 누르퉁퉁해요. 배를 타고 싱가포르를 떠나서 두어 주일을 넘게 가야 인도양에 도착해요. 싱가포르를 떠나 캘거타(콜카타) 지나서 봄베이(뭄바이)까지 큰 배를 타고 가는데, 한 주일을 가도록 물빛이 누르퉁퉁해요. 곤륜산이 참 멀었던 것만은 사실이에요. 그러니까 그 화산이 수마트라 앞 그 풀빛 바다에서 쭉 올라와서 곤륜산 꼭대기 가서 이제 그렇게 해서 흐르는 물입니다. 북쪽으로 강이 있어 북빙양으로 들어가는데 그것도 저 곤륜산에서 흐른 거지요. 남쪽으로는 강가강, 인더스강이 되고, 서쪽으로 아프가니스탄으로 흐르는 것이 있고, 동쪽으로는 황하, 양자강, 그리고 안남安南(베트남)으로는 메콩강이 흐르죠. 태국쪽으로는 살윈강이 흐릅니다.

그 계곡에서 흙이 떨어지고, 거기서 화산이 폭발할 적에 모든 광물이 불에 튀겨져서 광석이 되는데, 흑연 같은 탄소 화

합물에 엄청난 고압과 고온이 가해졌을 때* 그게 백보석(다이아몬드)으로 바뀌기도 한답니다. 지금도 버마 근처나 살윈강 계곡 하류에 가면 그냥 모래가 시뻘게서, 반지에 넣어 쓰는 홍옥(루비) 같은 보석이 아주 많이 있어요. 거기서는 일곱 가지 보배**를 치는데, 그 일곱 가지 보배에 금, 은, 차거, 마노, 유리, 또 그런 등속이 있어요. '일곱 가지 보배'라는 건, 인도 사람들이 이걸 가지고 다니면 음식을 많이 먹을 수 있다는 겁니다.

우리가 6·25 전쟁 중에 부산에 갔더니 [음식을] 잘 안 줘요. 그래서 어떻게 하느냐? 사람들 보면, 모두 보석 반지를 하나

---

* 천연 다이아몬드는 대부분 지하 120~250km의 깊은 암석권 맨틀 하부에서 맨틀의 교대작용(metasomatism)의 의해 만들어진다. 전압(전기)과는 관련이 없으며, 흑연(다이아몬드와 탄소 동소체)이 산소가 거의 없는 환경에서 아주 긴 시간 초고압·고온 속에 산화·환원 작용이 이루어져야 형성된다. 대부분 땅속 150km 정도 아주 깊은 곳에서 이미 만들어진 다음, 폭발적인 화산 분출과 함께 짧은 시간 내에 지표 근처로 분출되어야 발견할 수 있다. 인공 다이아몬드는 두 가지 방법으로 주로 만드는데, 첫 번째는 탄소에 초고압·고온(10만 기압, 2천~3천 도)을 가해서 만드는 고온고압법이고, 두 번째는 작은 다이아몬드 조각을 놓고 메탄과 수소가스에 고온을 가해 플라즈마 상태로 만든 다음 진공용기 속에서 다이아몬드 크기를 키우는 화학기상증착법CVD이다.

** 불교 경전에서 언급하는 일곱 가지 보석. 경전에 따라 종류가 조금씩 다르다. 보통 금, 은, 거거(硨磲, 차거. 하얀 산호 또는 조개껍데기), 마노(瑪瑙), 유리(투명한 현대의 유리가 아니라 청금석)는 공통으로 들어가고, 나머지는 파리(玻璃, 파려. 투명하거나 하얀 수정), 적주(赤珠, 붉은 진주), 산호(珊瑚), 매괴(玫瑰, 붉은 옥 또는 붉은 보석), 호박(琥珀) 중 두 가지를 꼽는다.

씩 끼었어요.

"너, 왜 보석 반지를 꼈냐?" 그러니까

"허, 처음에 부산 오니까 쌀 한 말도 안 줍디다."

"그래 어떡했니?"

"이걸 끼고 다니면, 그다음에 이것만 빼 주면 쌀 주지 않아요?"

그게 보석의 유래일 것입니다. 말하자면 그 조그만 물건(보배)을 가지면 먹을 것을 많이 준다는 뜻이겠죠. 이 일곱 가지 보배라는 것은 세상 사람 마음을 탐심으로 끌 수 있는 것이라 할 수 있어요.

수보리 말하되, 심히 많습니다, 세존님.
왜 그런고 하니, 이 복덕이라는 것은 곧 복덕성이
아닙니다. 〔그래서 여래께서 복덕이 많다고 하신 것입니다.〕

당신이 말씀하신 '복덕'이라는 것은 곧 '성리가 밝는다'라는 것을 말하는 것입니다. 그러니 어떻게 복덕성일 수가 있습니까? 이것은 '마음이 밝아졌다'란 말이니까 여래가 복덕이 많다고 말했습니다.

만약 다시 어떤 사람이 이 경 가운데서 내지 네 글귀
게송을 가지고 다른 사람을 위해서 얘기하면
그 복은 저 복보다 많다.

만약 먹는 것 얻는 그것(보배)을 가지고 복이라고 할 것 같으면, 계곡 속에 가서 주우면 많이 얻을 수 있겠죠. 그러나 정신이 맑은 것은 보석 가진 것보다 아마 더 가치가 있겠지요. 그러니까 이 경 가운데 단지 네 글귀 게송(사구게)이나마 받아서 남한테 얘기해 준다면, 그 일곱 가지 보배로 세상을 꽉 채워서 남한테 보시한 것보다 나을 것이다.

왜 그런고 하니 수보리야, 일체의 모든 깨친 이(부처님)와 또 모든 부처님의 아누다라삼먁삼보리(깨친) 법이 다 이 경으로부터 나오기 때문이니라.

그러니까 이제 여기서 또《금강경》한 번을 얘기하는 거예요.

수보리야, 이른바 불법이라고 하면 곧 불법이 아니니라.

내가 시방 얘기해 준 이 법이 여기서 마음 닦는 방법이라고 [집착]하면, 그것은 마음 닦을 수 없는 것이 된다, 그 말이야. 왜 그러냐? 이 '불법佛法'이라고 하는 뜻이 '마음 밝히는 방법'이라는 말이겠지, 만약 이것을 가지고 마음이 컴컴하다면 그것은 불법의 뜻이 아닐 것이다. 그래서 "수보리야, 말한바 불법이라는 것은 곧 불법이 아니니라"했던 겁니다.

히말라야산맥의 형성

히말라야산맥은 화산폭발로 생긴 것이 아니라, 인도 대륙이 아시아 대륙 쪽으로 판이 이동하면서 두 개의 거대한 땅덩어리가 서로 부딪쳐서 융기하여 생겼다.

가장 깊은 바다와 가장 높은 산

관측한 가장 깊은 바다는 태평양 서부의 마리아나 해구로 평균 수심 7천~8천m이며, 여기에서 가장 깊은 곳인 비티아즈 해연Vityaz Deep은 깊이 11,034m(약 11km)이다. 히말라야산맥에는 평균 7천m가 넘는 산들이 모여 있으며, 그중 가장 높은 산이 에베레스트산(높이 8,848m)이다.

곤륜산 꼭대기의 못

힌두 신화 속 우주의 꼭대기인 메루산 또는 수미산 정상에 있다는 호수를 가리키는 것으로 보인다. 신화 속 수미산 꼭대기의 호수를 실제 지형에서는 카일라스산 근처의 마나사로와르Manasarowar 호수로 보는 견해가 많다. 카일라스산은 불교 경전 속 수미산과 지형적으로 가장 비슷하다고 여겨진다. 이 강의에서는 힌두 신화 속 메루산(수미산)과 중국 신화 속 곤륜산, 현실 지형인 히말라야산맥 또는 곤륜산맥을 모두 동일한 산으로 혼재하여 설명하지만, 이들은 각각 다른 신화적·지리적 개체다. 티베트 남쪽의 히말라야산맥과 티베트 북쪽의 곤륜산맥 모두 '꼭대기에 못이 있는 산'이 발견되지 않았다. 본 강의 속 곤륜산의 발생과 바다와의 관계, 곤륜산 꼭대기 못의 존재, 여러 강의 발원 등은 실제 지리적 현실과 차이가 있다.

一相無相分 第九
일 상 무 상 분 제 구

須菩提야 於意云何오 須陀洹이 能作是念이면
수 보 리   어 의 운 하   수 다 원   능 작 시 념

我得須陀洹果不아 須菩提言하되 不也니다 世尊하
아 득 수 다 원 과 부   수 보 리 언   불 야   세 존

何以故오 須陀洹은 名爲入流로되 而無所入하야
하 이 고   수 다 원   명 위 입 류   이 무 소 입

不入色聲香味觸法이 是名須陀洹이니이다 須菩提야
불 입 색 성 향 미 촉 법   시 명 수 다 원   수 보 리

於意云何오 斯陀含이 能作是念이면 我得斯陀含果不아
어 의 운 하   사 다 함   능 작 시 념   아 득 사 다 함 과 부

須菩提言하되 不也니다 世尊하 何以故오 斯陀含은 名이
수 보 리 언   불 야   세 존   하 이 고   사 다 함   명

一往來로되 而實無往來일새 是名斯陀含이니이다 須菩提야
일 왕 래   이 실 무 왕 래   시 명 사 다 함   수 보 리

於意云何오 阿那含이 能作是念이면 我得阿那含果不아
어 의 운 하   아 나 함   능 작 시 념   아 득 아 나 함 과 부

須菩提言하되 不也니다 世尊하 何以故오 阿那含은
수 보 리 언   불 야   세 존   하 이 고   아 나 함

名爲不來로되 而實無不來일새 是故로 名이 阿那含이니
명 위 불 래   이 실 무 불 래   시 고   명   아 나 함

이다 須菩提야 於意云何오 阿羅漢이 能作是念이면
　　　수보리　　어의운하　　아라한　　능작시념

我得阿羅漢道不아 須菩提言하되 不也니다 世尊하
아득아라한도부　수보리언　　불야　　　세존

何以故오 實無有法을 名이 阿羅漢이니이다 世尊하
하이고　실무유법　명　아라한　　　세존

若阿羅漢이 作是念하되 我得阿羅漢道라 하면 卽爲着
약아라한　작시념　　아득아라한도　　즉위착

我人衆生壽者니이다 世尊하 佛說我得無諍三昧하야
아인중생수자　　세존　불설아득무쟁삼매

人中最爲第一이라 하시면 是第一離欲阿羅漢이니이다
인중최위제일　　시제일이욕아라한

世尊하 我不作是念하되 我是離欲阿羅漢이니다 世尊하
세존　아부작시념　아시이욕아라한　　세존

我若作是念하되 我得阿羅漢道라 하면 世尊則不說
아약작시념　아득아라한도　　세존즉불설

須菩提 是樂阿蘭那行者니 以須菩提 實無所行일새
수보리　시요아란나행자　이수보리　실무소행

而名須菩提 是樂阿蘭那行이니다
이명수보리　시요아란나행

"수보리야, 어떻게 생각하는가? 수다원이 능히 이런 생각을 짓는다면 내가 수다원이 돼서 비로소 이런 소리를 했느냐?"
수보리가 말하되,
"아닙니다, 세존님. 왜 그런고 하니 수다원이라는 것은 이름〔의 뜻〕이 '이제 공부 시작한다' 그 말입니다."
"수보리야, 어떻게 생각하는가? 사다함이 '내가 사다함과를 얻었다'는 생각을 하겠느냐?"
수보리 말하되,
"아닙니다. 세존님. 왜 그런고 하니, 사다함이란 것은 '몸뚱이를 한 번 받는다'는 말입니다."
"수보리야, 어떻게 생각하는가? 아나함이 '내가 아나함과를 얻었다'는 생각을 하겠느냐?"
수보리 말하되,
"아닙니다. 세존님. 그 이름이, '오지 않는다, 다시 몸뚱이를 받지 않는다' 그 말입니다."
"수보리야, 어떻게 생각하는가? 아라한이 '내가 아라한도를 얻었다'는 생각을 하겠느냐?"

수보리 말하되,

"아닙니다, 세존님. 왜 그런고 하니, 이 아라한이란 것은 실로 무슨 생각도 관념도 붙이지 않습니다. 그러니까 아라한입니다.

세존님, 만약 아라한이 '내가 아라한도를 얻었다'라는 생각을 짓는다면, 아마 '내'란 것, '얻은 내'가 있고 '얻지 못한 남'이 있고 또 '알지 못하는 중생'이 있고 또 '경험이 있다는 수자'가 있을 것이니까, 이것은 몸뚱이 착이 그냥 그대로 있는 게 되겠습니다. 세존님, 부처님이 설하시되, 제가 남과 다툼이 없는 삼매를 얻어서 사람 가운데 제일이라고 하시면 이것이 이욕아라한일 것입니다. 세존님, 내가 만약 이런 생각을 하되 '내가 아라한도를 얻었다' 하면 아마 부처님은 날 보고 아란나행을 좋아하는 사람이라고 하시지 않았을 것입니다.

그러나 수보리는 실로 그런 짓을 도무지 안 했기 때문에 '수보리가 아란나행을 좋아한다'라고 말씀하셨을 것입니다."

여기서 잠깐 '여섯 가지 바라밀'을 얘기하고 가겠습니다.

(1) 첫 번째, 보시布施바라밀. 보시바라밀이란 마음을 항상 널찍하게 쓰고, 또 자기가 필요치 않은 것은 여퉈 뒀다가 남 줄 줄 아는 것입니다. 중국 사람들이 말하기를 "은혜는 갚을 수 없는 사람에게 베푼다"라고 합니다. 물건 주고 물건을 받는 것은 장사는 될지언정, 자기 마음을 밝히고 닦는 데는 필요치 않을 것입니다. 그러나 여기서는 자기 마음을 닦기 위해서 이것을 시설합니다. 탐심을 백 일만 연습하면 위병이 들어 죽어요. 그 대신에 탐심을 백 일만 닦을 것 같으면 몸이 아주 건강해지는 것입니다. 왜 그러냐? 모든 바라는 마음은 고생의 근본이 되기 때문에. 그래서 이 고생을 여의면 그 사람은 건강해질 것입니다.

(2) 두 번째는 지계持戒바라밀. 이것은 성내는 마음을 위해서 말씀한 것입니다. 성내는 마음은 제 몸뚱이에 의지했기 때문에도 생기고, 제 몸뚱이 바깥의 변두리 관념 때문에도 생기는 것입니다. 이것을 없애기 위해서 무엇이 필요한고 하니, 모든 미안未安한 마음*은 용납하지 않는 것입니다. 미안한 마음이라는 것을 [가지고 있으

---

* 미안한 마음이란, 문자 그대로 평안(平安)하지 않은[未] 모든 마음을 말한다.

면] 벌써 불구자가 되고 병신이 되는 것입니다. 만일 여기 다리 병신을 하나 떠억 갖다 놓으면, 그 다리 병신은 '다리 병신'이라는 마음이 있어서 불구자가 벌써 됐다 그 말입니다. 그러나 다른 데는 그 사람이 불구가 아니거든. 그래서 다리만 빼놓고는 "네 팔이 병신이다, 눈깔이 병신이다, 살갗이 나쁘다" 그래도 성을 안 내요. 왜 그러냐? 그런 데는 건강하기 때문에.

'건강'이란 무엇이냐? 남이 뭐라고 하는 말쯤 가지고는 흔들리지 않는 것을 건강이라고 한다면, 그건 잘 안 되거든. 그래서 "다리도 성치 못한 녀석이 괜히 그래" 그러면 그 사람이 성을 벌컥 냅니다. 그건 왜 그러냐? 제 마음에 미안했기 때문이지요. 그러니 제 마음에 미안한 것을 두는 것은 곧 정신에 불구자를 형성하는 것입니다.

요새 뇌 병원 같은 데서는 정신분열증이니 뭐 그런 소리도 많이 하겠지요. 제 마음에 미안한 일은 염두에 두지도 말고, 또 미안한 짓 하지도 말고, 또 후회할 일을 하지 말고. 후회할 일을 가지게 되면 더 괴로운 것이니까. 이런 것들은 성내는 마음을 닦는 데 필요한 것입니다. 성내는 마음을 안 하면 바로 알 수 있는 것입니다.

"진시심중화瞋是心中火", 즉 성내는 것은 마음속 불이니, "능소공덕림能燒功德林"이라, 즉 모든 공덕을 다 해치게 되는 것이다. 지계라는 건 계행戒行인데, '뭣 마라, 뭣 마라' 그러는 것은 도무지 '미안한 일을 하지 말아라' 그 말입니다. 자기 마음에 미안한 일을 하지 않는 것.

(3) 세 번째는 인욕忍辱바라밀. 어리석은 마음을 위해 말씀하신 거예요. 어리석은 마음[癡心]이란, 제 잘난 생각입니다. 제 잘난 생각이면 우주가 정지되니까, 항상 자기가 못난 줄 알고, 자기가 자꾸 배우려고 들면, 지혜가 무한대로 발전이 돼요. 자기가 배우는 마음을 가지려면, 남이 무슨 말을 하든지 탓하지 말아야 되겠다. 그것이 욕된 것을 참는 방법[즉 치심을 닦는 인욕바라밀]이다.

(4) 네 번째, 욕된 것을 참을 수 있어서 이 세 가지의 재산이 자꾸 무한정 발전될 수 있거든, 그때에 부지런해라. 그것이 정진精進바라밀입니다.

(5) 다섯 번째, 부지런하고 나면 어떻게 되느냐? 마음이 안정이 됩니다[선정禪定바라밀].

(6) 지혜가 나고 아니까. 마음이 안정되면 그때에는 지혜가 생긴다[반야般若바라밀].

이것이 여섯 가지 바라밀다[六波羅蜜多]입니다. 이 여섯 가지로 컴컴한 언덕에서 밝은 언덕으로 간다는 것입니다. 초기불교가 네 가지 법문[四諦法門, 고집멸도]에 의지해서 여러 사람의 마음을 밝게 했다면, 21년 후의 반야회상에서는 여섯 가지 바라밀다를 얘기해서 특별한 사람들에게 '네 마음 밝아라'

한 것입니다.

여기까지가 《금강경》을 한 번 해 마친 것이 됩니다. 왜 그런고 하니, 석가여래 얘기하실 적에, 늘 먼저 얘기 듣던 사람이 나가게 되고, 또다시 새 사람이 들어오게 되고 그래서, 대략 경을 볼 것 같으면 두 번씩 말한 것이 있는데 두 번씩 말한 게 있더라도 그 뜻은 퍽 순일하게 나갑니다. 왜 그러냐 하면 석가여래 일생에 말씀하신 것이 아주 시종일관하기 때문입니다. 그러나 한 번 말할 때마다 뭐가 다르게 되는고 하니, 당시 인도 사람들의 사상 관념에 의지해서 그 많은 술어가 나오게 돼요.

보통 말하기를, 자기 몸뚱이를 건사하고 그다음에 집안을 건사하고, 그다음에 동네를 건사할 줄 알고, 이렇게 해서 소위 "수신제가 치국평천하修身齊家 治國平天下"라고 얘기하지요.

당시 인도 사람들의 상황을 한번 볼까요? 인도 대륙 북쪽의 곤륜산(문맥상 히말라야산맥) 꼭대기 뒤쪽 고원 지대에서 브라마푸트라라는 강물이 내려옵니다. 브라마라는 것은 대범천왕이라고 번역하는데, 하늘님이란 뜻입니다. 그 '하늘님의 아들'이라는 뜻의 강이 동쪽 계곡으로 흘러 다시 남쪽으로, 서쪽으로 꼬부라져서 그것이 벵골만으로 들어가게 된 것입니다. 그리고 동시에 네팔과 캐시미르 사이, 그 산악 지대에서 흐르는 물이 인도 중부 대륙을 통해서 다시 동쪽으로 가서 벵골만에서 브라마푸트라와 합수가 되어서 바다로 통하게 됐다고 어저께 대략 얘기했어요. 그렇게 되니까 그 계곡에서는 보석 같은 것을 많이 얻게 되어 일찍이 보석 감별하는 법이 많이 발달했습니다. 이 지역은 원체 하류 지역이라서 물이 엉기게 되니까 강들이 많게 됐어요.

인도에는 일 년에 한 번씩 몬순에 의한 우기가 있는데, 백 일을 그냥 죽죽 댓살처럼 비가 막 쏟아져요. 그렇게 석 달이 지나면 그득히 물이 차게 됩니다. 물이 차니까 석 달 동안에는 풀도 많이 생기고, 독한 짐승도 많이 생기고, 뱀도 아주 많아요. 그랬다가 그것이 딱 그치면 들이 타기(뜨겁기) 시작하는데, 백 일 동안 났던 풀도 뿌리까지 다 없어져요. 그래서 연년이 홍수도 나고, 타서 죽기도 하고, 흉년이 지고…. 그러니 거기서는 사실 몸뚱이 가지는 것이 큰 고생입니다. 그래서 무슨 학문이거나 몸뚱이를 해결하는 것이 그들에겐 아주 큰 문제가 됐던 것입니다.

또 하나, 곤륜산(문맥상 히말라야산맥)이라는 큰 산이 [인도 대륙 북쪽을] 동에서부터 서로 쭉 [연결]했기 때문에, 그곳 사람들은 밤중이라는 것을 해가 남쪽에 있다가 북쪽으로 돌아가는 줄 알았어요. 지구가 돌아서 서쪽으로 간다고 생각을 하지 못해. 해·달이라는 것이 순전히 곤륜산을 끼고 돎으로써 주야(밤낮)가 된다고 생각했습니다. 한편으로는 "남주에 개문호

[南洲開門戶]" 하면, 즉 남쪽에서 아침이 되어 문을 열면, "북주에 타삼경[北洲打三更]"이라, 즉 북쪽에서는 정 밤중이 됐다는 소리*를 하는 겁니다.

수보리야, 어떻게 생각하는가?
수다원이 능히 이런 생각을 짓는다면
내가 수다원이 돼서 비로소 이런 소리를 했느냐?

이제 새로운 술어가 나오는데 '수다원須陀洹'입니다. 수다원은 그 뜻이 '자기 마음을 닦는다'라는 것이지요. 자기 마음을 닦아서 몸뚱이의 고생을 여읜다는 것입니다. 그런데 그 사람의 [닦은] 정도는 일곱 번을 [더] 죽었다 살았다 해서 일곱 생을 닦아야 '아라한阿羅漢'이 된다는 것입니다. 아라한의 '아'는 '없다'라는 뜻이고, '라한'이란 '적敵'이란 말로 '(적과 같이 해로운) 탐심이 전혀 없다' 그 말입니다. 탐심이 없도록 자기 마음을 닦아서, 실지로 몸뚱이가 탐심의 고생을 안 느낄 수 있는

---

* 《기신본말오종(起信本末伍種)》에 "南洲日卓吾 西洲開門戶 北洲打三更 東洲入歸去(남주일탁오 서주개문호 북주타삼경 동주입귀거)" 즉, "남주(남섬부주)가 정오가 되면 서주(서우화주)에서는 아침 문을 열고, 북주(북구로주)에서는 한밤중이며, 동주(동승신주)에서는 저녁때라 집으로 돌아가네"라는 구절이 있으며, 《질의록(質疑錄)》에도 이와 유사한 "南洲日卓吾 北洲打三更 東洲柴門掩 西洲鷄唱聲(남주일탁오 북주타삼경 동주시문엄 서주계창성)"이란 말이 전한다. 장소에 따라 시간이 상대적이라는 것을 의미하는 내용이다.

단계의, 공부 처음 하는 사람이 '수다원'인데, 수다원은 일곱 생을 닦아야 비로소 아라한이 된다는 것입니다. 그때 석가여래도 자기가 아라한이라고 그랬어요. 왜 아라한인고 하니 자기는 탐심이 없다는 뜻입니다.

수보리가 말하되, 아닙니다, 세존님.
왜 그런고 하니 수다원이라는 것은 이름(의 뜻)이
'이제 공부 시작한다' 그 말입니다.

[수다원의] 입류入流는 이제 공부를 시작[한다는 것]이지 [성자의 계열에] 들어간다고 생각해서는 안 됩니다. 사실은 형상이든지 소리든지 냄새든지 맛이든지 또 보드라운 것이든지, 이것들은 이 오관을 통한다 그 말입니다. 눈으로 형상을 볼 수 있고, 귀로 소리를 들을 수 있고, 코로 냄새를 맡을 수 있고, 혓바닥으로 맛을 볼 수 있고, 몸뚱이로 부드러운 걸 해 보기도 하는 그 다섯 가지를 통칭해서 '법法'이라고 합니다.

그러면 실제로 마음에 부딪힌 것을 자꾸 닦[아야]지, 어떤 것은 하고 어떤 것은 안 한다면 수다원이 될 수 없습니다. 이렇게 무릇 모든 형상이 있는 것, 모든 관념이 있는 것은 다 고생이다. 이것은 다 허망한 것이다. 왜 그러냐? 자기 탐심이 있고, 자기 성내는 마음이 있고, 제 잘난 생각이 있어서 형성된 것이니까 그것은 다 허망한 것이다. 그러면 '그것을 제쳐놓고, 자기의 몸뚱이 착 관념을 떼고 보는 것이 정당한 지혜니라', 그렇게 말한다면 어떻게 수다원이라 하겠습니까? 그 말입니다.

수보리야, 어떻게 생각하는가?
사다함이 '내가 사다함과를 얻었다'는
생각을 하겠느냐?

수보리 말하되, 아닙니다. 세존님.
왜 그런고 하니, 사다함이란 것은
'몸뚱이를 한 번 받는다'는 말입니다.

'사다함斯陀含'은 무엇인가? 이 사람은 얼마나 공부가 순수했는고 하니, 수다원은 일곱 번(생)을 닦아야 아라한이 되는데, 사다함은 한 생만 닦으면 아라한이 된다는 것입니다. 이것은 그때의 인도 사회에서 수신修身의 둘째 계급˚으로서 불교문전에서는 제2과, 둘째 결과라고도 합니다. 그러면 한 번 받는 그 중간에서 자기의 탐심으로 또 성내는 마음으로, 어리석은 마음으로 된 것을 정화한다는 말이지, '내가 한 번[만] 죽었다

˚　초기불교와 부파불교에서 완전한 열반 또는 깨달음에 이르는 수행의 계위를 둔 것으로, 4향4과(四向四果, four stages of enlightenment)·사문4과(沙門四果)·성문4과(聲聞四果)·4쌍8배(四雙八輩)라고 하며 줄여서 4과(四果)라고도 한다. 예류과(豫流果, 수다원과)·일래과(一來果, 사다함과)·불환과(不還果, 아나함과)·아라한과(阿羅漢果)의 네 경지[果]와, 이 각각의 경지에 이르기 위해 수행하는 네 단계[向]로 구분한다.

깨어나면 된다' 그렇게 [생각하게] 된다면 그것은 사다함이 아닐 것입니다.

수보리야, 어떻게 생각하는가?
아나함이 '내가 아나함과를 얻었다'는
생각을 하겠느냐?

수보리 말하되, 아닙니다. 세존님.
그 이름이, '오지 않는다, 다시 몸뚱이를 받지 않는다'
그 말입니다.

'아나함阿那含'은 자기 몸뚱이 착을 닦아서 그것을 실행해 가다가 목숨을 마치면 다시 몸을 받지 않는답니다. 그런 것을 아나함이라고 합니다. '아'란 '아니'란 말이고, '나함'이란 '몸뚱이를 받는다'라는 말이니까, '몸뚱이 받지 않는다'라는 뜻입니다. 실로 온다 안 온다는 생각도 없이 됐어야 아마 이게 아나함일 것입니다.

수보리야, 어떻게 생각하는가?
아라한이 능히 이런 생각을 짓는다면
내가 아라한도를 얻었느냐?

아라한은 탐심이 영원히 없다는 말입니다. 그럼 탐심이 없으면 그 사람 작용을 어떻게 하느냐? 반가운 사람을 만날 때, 어떤 사람은 손목을 붙잡고 있어도 마음이 놓이질 않고, 그걸 깨물어 먹어도 마음이 놓이질 않고, 또 꼴딱 삼켜도 마음이 놓이질 않는 그런 사람도 있고, 또 어떤 사람은 쓱 보기만 해도, 아유 그 사람 보니 그만 자기 마음이 다 풀어지고 좋아지기도 하고, 또 어떤 사람은 그 사람 이야기 목소리만 들어도 그만 자기 마음이 흡족하고, 또 어떤 사람은 그 사람의 기록만 읽어도 마음이 만족하게 되는 것 같은 것은, 자기 탐심의 정도가 그만큼 얇거나 두텁다는 것입니다. 인도 사람들은 그 몸뚱이에 대한 고를 여의려고 각방으로 연구했던 것입니다. '아라한' 같은 말들이 이렇게 경전에 나와 있으니까 다 불교 말 같지만, 실지는 인도에서 브라만교들이 많이 사용한 것입니다.

수보리 말하되, 아닙니다, 세존님.
왜 그런고 하니 이 아라한이란 것은
실로 무슨 생각도 관념도 붙이지 않습니다.
그러니까 아라한입니다.
세존님, 만약 아라한이
'내가 아라한도를 얻었다'라는 생각을 짓는다면,
아마 '내'란 것, '얻은 내'가 있고
'얻지 못한 남'이 있고 또 '알지 못하는 중생'이 있고
또 '경험이 있다는 수자'가 있을 것이니까,

이것은 몸뚱이 착이 그냥 그대로 있는 게 되겠습니다.
세존님, 부처님이 설하시되,
제가 남과 다툼이 없는 삼매를 얻어서
사람 가운데 제일이라고 하시면
이것이 이욕아라한일 것입니다.

석가여래 당신이 나(수보리)에게 '저 사람은 몸뚱이 착을 완전히 여의었다. 여읜 증거를 말하자면, 누구와 다투질 않는다. 다투지를 않으니까 저 사람은 참 실제로 탐심을 제除한 사람이다' [이렇게] 부처님이 말씀하시면 그건 됩니다. 그러나 내가 [스스로] 그런 생각을 했다가는, '내가 탐심을 여의었다' 그렇게 하게 되니까, 거기서 모든 분별이 쏟아져 나오는 것입니다. 내가 이런 생각을 하지 않습니다. 내가 욕심을 여읜 아라한이 됐다고 그런 생각을 하지 않습니다. 그러나 당신께서 나더러 그렇다고 하시면 혹 그럴 수 있을 것입니다.

세존님, 내가 만약 이런 생각을 하되
'내가 아라한도를 얻었다' 하면
아마 부처님은 날 보고
아란나행을 좋아하는 사람이라고
하시지 않았을 것입니다.
그러나 수보리는
실로 그런 짓을 도무지 안 했기 때문에

'수보리가 아란나행을 좋아한다'라고
말씀하셨을 것입니다.

아란나阿蘭那*의 '아'는 '없다'는 말이고 '란나'는 '분주하다'는
말입니다.

---

* 산스크리트어 araṇā의 음역이며, 'a'는 '없음[無]', 'raṇa'는 '다툼[諍]'이
 므로 '다툼이 없다'는 의미다. '아란나행을 좋아하는 사람'이라고 음역한
 산스크리트어 araṇāvihārin은, 앞 구절에서 '무쟁삼매인(無諍三昧人, 남과
 다툼이 없는 삼매를 얻은 사람)'으로 의미 번역했던 말과 원전상 동일하다.
 산스크리트어 araṇya(출가자의 수행처)를 음역한 '아란야(阿蘭若)'와 발
 음이 비슷하여, 아란나를 '숲 등 조용한 장소'로, 아란나행을 '조용한 장소
 에서 수행하는 것'으로 종종 혼동하기도 한다.

수다원須陀洹

산스크리트어 Srota-āpanna의 음사. '(깨달음의) 흐름에 갓 들어갔다'라는 의미이며 '예류五流 · 입류入流'라고도 번역한다. 완전한 열반까지 최대 일곱 번만 다시 태어난다는 성자의 단계.

사다함斯陀含

산스크리트어 Sakṛd-āgāmin의 음사. '한 번 더 욕계欲界로 태어나 수행을 계속해야 완전한 열반을 성취할 수 있는 단계'라는 의미상 '일래一來'라고도 번역한다.

아나함阿那含

산스크리트어 Anāgāmin의 음사. 욕계의 수혹修惑을 완전히 끊어 다시 욕계로 되돌아오지 않는다고 하여 의미상 '불환不還'으로도 번역. 이 단계의 성자는 다시 욕계에 오지 않으면서 색계 · 무색계의 경지에 이르러 그곳에서 완전한 열반에 이른다고 한다.

아라한阿羅漢

산스크리트어 Arhat의 음사. '해탈하여 열반에 든 단계(의 성자)'를 뜻하고, 불교에서 원래 붓다[佛]와 동일한 최고의 경지를 이르는 말이다. 여래십호 중 하나인 응공應供 또한 Arhat의 뜻풀이에서 나왔다. 마땅히 공양 받아야 하므로 응공, 진리에 따르므로 응진應眞, 더 닦을 것이 없으므로 무학無學, 악을 멀리 떠났으므로 이악離惡, 번뇌라는 적을 죽였으므로 살적殺賊, 미혹한 마음을 일으키지 않으므로 불생不生이라고도 번역한다.

莊嚴淨土分 第十
장 엄 정 토 분 제 십

佛告 須菩提하사되 於意云何오 如來 昔在燃燈佛所에
불고 수보리   어의운하   여래 석재연등불소

於法에 有所得不아 不也니다 世尊하 如來 在燃燈佛所에
어법   유소득부   불야   세존   여래 재연등불소

於法에 實無所得이시니이다 須菩提야 於意云何오 菩薩이
어법   실무소득   수보리   어의운하   보살

莊嚴佛土不아 不也니다 世尊하 何以故오 莊嚴佛土者는
장엄불토부   불야   세존   하이고   장엄불토자

卽非莊嚴일새 是名莊嚴이니이다 是故로 須菩提야 諸菩薩
즉비장엄   시명장엄   시고   수보리   제보살

摩訶薩이 應如是生淸淨心하되
마하살   응여시생청정심

　不應住色生心이며 不應住聲香味觸法生心이며
　불응주색생심   불응주성향미촉법생심

　應無所住하야 而生其心이니라
　응무소주   이생기심

須菩提야 譬如有人이 身如須彌山王하면 於意云何오
수보리   비여유인   신여수미산왕   어의운하

是身이 爲大不아 須菩提言하되 甚大니다 世尊하
시신   위대부   수보리언   심대   세존

何以故오 佛說非身이 是名大身이니이다
하이고   불설비신   시명대신

부처님이 수보리에게 이르시되,

"어떻게 생각하는가? 여래가 옛날에 연등 부처님 처소에서 법에 얻은 바가 있었느냐?"

"여래는 연등 부처님 처소에 있을 적에 법에 실로 얻은 바가 없습니다."

"수보리야, 어떻게 생각하는가? 보살이 부처님 세계를 장엄할 수 있느냐?"

"아닙니다, 세존님. 왜 그런고 하니 부처님 세계를 장엄한다는 것은 곧 장엄이 아닐새, 이것의 이름이 장엄입니다."

"이런고로 수보리야, 모든 보살 마하살은 응당 이와 같이 조촐한 마음을 낼 것이니,

형상에 머물지도 말며, 또 그 사람의 목소리가 좋으니까, 그 사람이 참 냄새가 좋고 몸이 특별히 향결하니까, [말이나 짓이 옳고 좋으니까] 그래서 일러 줄 것도 아니다. 응당 머묾이 없이 그 마음을 낼 것이다.

수보리야, 비유하건대 어떤 사람의 몸뚱이가 마치 수미산과 같다면, 어떻게 생각하는가? 이 몸이 크다고 할 수 있느냐?"

수보리 말하되,

"심히 큽니다, 세존님. 왜 그런고 하니, 부처님이 말씀하신 '몸뚱이 아니다' 이것이 곧 큰 몸뚱이입니다."

부처님이 수보리에게 이르시되,
어떻게 생각하는가?
여래가…

여기 여래는 석가여래 자신도 아니고, 또 여기서 몸뚱이 받아 깨친 것도 아닙니다. 이 우주 안에 가득히 찬 그 밝은 정신, 그 정신에 (무엇이 아직 남았는고 하니) '남을 가르쳐 주겠다'는 생각이 남았다는 것, 이것을 '최후신最後身'이라고도 하고혹 '주세불主世佛'이라고도 합니다.

여래가 옛날에 연등 부처님 처소에서
법에 얻은 바가 있었느냐?

내가, 그 여래가 연등燃燈 부처님* 회상에서 수도할 적에, 다시 말해 '내'가 수도하는 것보다 '여래'가 수도할 적에, 무엇을 얻었느냐? 만약 '얻었다'고 할 것 같으면 한 관념이 일어났으니, 그 관념이 난생도 받을 것이고, 태생도 받을 것이고, 습생도 받을 것이라고 생각하는 것입니다.

---

* 　석가모니 부처님 이전, 아득한 과거세에 출현하여 석가모니에게 미래에 성불하리라고 예언했다는 부처. 연등(燃燈)은 '등불을 밝히는·전달하는 자'라는 뜻의 산스크리트어 Dīpankara의 의역이며, 정광(定光)·정광(錠光)·등광(燈光)·보광(寶光) 등으로도 번역한다.

여래는 연등 부처님 처소에 있을 적에
법에 실로 얻은 바가 없습니다.

아무튼, 어떤 관념을 가지지 않았었습니다.

수보리야, 어떻게 생각하는가?
보살이 부처님 세계를 장엄할 수 있느냐?

자, 이것이 시방 퍽 문제입니다.

아닙니다, 세존님.
왜 그런고 하니 부처님 세계를
장엄한다는 것은 곧 장엄이 아닐새,
이것의 이름이 장엄입니다.

《금강경》에서 자주 이렇게, 말하고는 그것을 다시 부인하고
해서 어렵다고 하는데, 사실 이 말은 아주 퍽 적절한 말이에
요. 왜 그런가? 만일 여러분이 신기한 소식을 들었다고 해요.
그 소식을 들어서 그 말을 남한테 이야기하고 싶어요. 왜 그
런고 하니 자기가 즐겁기 때문에. 닦는 사람 아니면 [남에게]
이야기하고 싶을 겁니다. 그 이야기를 하는데 듣는 사람이
반항한다면, 호의로 한 것이 원성이 날 것입니다. 성이 날 거
예요. 성이 난다면 아마 자기 즐거웠던 마음을 자기 스스로

가 부인하는 것이 되겠지요. 자기 스스로가 부인하게 되면, 자타가 없이 불안하게 될 것입니다.

그러니 이런 경우에 만일 보살이, 저 마음 닦는 사람이 '부처님 세계를 장엄(훌륭하게 꾸미고 장식)한다'라고 하면 아마 '부처님의 그 밝은 지혜에 의지해서 [다른] 사람도 역시 마음이 밝도록 하는 것이 아마 부처님 세계를 장엄하는 것'이라고 생각할 거예요. 그러나 그것도 '남을 가르쳐 주겠다'라고 하는 생각을 닦고 해야지, 만약 '가르쳐 주겠다'는 생각으로 일관하다가는, 안 되는 사람 만나면 서로 때리고 말 거예요. 때린다면 자기 몸뚱이 착이 있으니까, 아마 불사佛事는 되지 않을 것입니다. 불사가 되지 않는다면 아마 성리가 밝을 수는 없다는 뜻일 겁니다. 그래서 여기 '부처님 세계를 장엄한다'는 것은 곧 '제 마음에 분별이 없다' 그 말입니다. 그렇게 해야 장엄이 되니까. 장엄한다는 것은 제 마음의 분별을 없애기 위해서 한 것이니까, 실제로 분별이 없으면 아마 부처님 세계를 장엄하는 것이겠지요.

이런고로 수보리야,
모든 보살 마하살은 응당 이와 같이
조촐한 마음을 낼 것이니

그런데 이 조촐한 마음[清淨心]을 낸 결과에는

형상에 머물지도 말며

[곧] 그 사람의 모양이 단정하니까 내가 닦는 법을 일러 줄 것도 아니요, 또 그 사람의 목소리가 좋으니까 내가 거기다가 닦는 법을 일러 줄 것도 아니요, 그 사람이 참 (그 촉각이) 냄새가 좋고 몸이 특별히 향결하니까 [말이나 짓이 옳고 좋으니까] (그래서) 일러 줄 것도 아니다. 오직 자기더러 물을 때에 자기가 [자기의] 그 컴컴해서 고생했던 때 생각을 하고서 일러 줄 수 있다면, 그것이 곧 자기 마음을 스스로 항복 받는 것이 되겠지요.

이와 같이 그 마음을 내는 것을 바로 '청정심'이라고 해요. 왜 청정심이라 하는고 하니, 누구든지 이 탐내는 마음, 성내는 마음, 자기의 미안한 마음에 머물러 두지 않는 마음, 또 남이 자기에게 욕을 뵈는데 견딜 수 있는 마음(이기 때문입니다). 예를 들면 자기가 배우는 마음을 낼 것 같으면 제가 잘난 생각은 없어질 것입니다. 제가 잘난 생각이 없어지면 남이 욕보인다고 그다지 뭐 고통받을 일이 없을 것입니다. 이러한 생각들은 모두 우리가 몸뚱이를 가졌기 때문에 그런 일을 당하게 되는 것입니다.

6·25 전쟁 때 서울에 돌아왔더니 경찰국장 하나가 나에게 와서,

"장관 댁엔 다 괜찮으십니까?" 그래요. 내가 웃으면서,

"본래 뭐 안 괜찮을 것도 없지, 이 사람아. 그저 다 괜찮아!"

그랬더니

"아유, 저는 이번에 퍽 분했습니다."

"거, 왜 분했느냐?" 하니까

"처제더러 집을 좀 봐 달라고 그러고 [피란] 갔는데, 처제가 죄다 팔아먹었습니다."

"그럼 괜찮겠는데. 다른 사람이 팔아먹었으면 분하겠지만, 처제가 팔아먹었으니 그거 괜찮지 않은가?"

"어이구, 더 분하지요. 다른 사람이 가져간 것보다 더 분합니다."

"그거 어째서 더 분할까? 그 처제가 아는 사람이지?"

"아, 알고말고요. 오죽 잘 알아서, 믿고 부탁을 했겠어요?"

"그래, 너는 부탁을 하고 부산으로 피란 가고 처제는 여기 남았는데, 배고픈데 그것도 팔아먹지 말란 말이야?"

"어휴, 그렇게 마음을 잡수시면, 뭐 걱정이 없겠습니다."

"누가 본래 걱정을 하랬니? 너도 걱정할 일이 아니야. 처제가 팔아먹었으니 좋지, 다른 놈이 팔아먹었으면 분할 거 아니야?"

그런데 가만히 앉아 들어 보면, 들을 때에 제 마음 언짢으면 덮어놓고 괜히 언짢다고 그러더군요, 아무 생각도 없이.

바로 엊그저께 어떤 여자 선생님 한 분이 와서

"어저께 선생님을 뵙자고 한 것은 다른 것이 아니라, 이러저러한 일로 저희 대학엘 갔더니 월급을 반액만 줘요."

"그래서? 반액만 주는데…?"

"아, '왜 반액을 주느냐?' 하니까, 동국대학교 강사를 했으니 반액만 주고 두고 본다고 그럽니다."

"거, 왜 본다는 건가?"

"우리 학교에 아주 있을 것 같으면 잘 대접하고, 동국대학교로 갈 것 같으면 대접 안 한다고 그러더란 말이에요."

"그래서?"

"어찌나 분한지 선생님께 전화를 걸었지요."

"그러면 동국대학교에서 모두 먹여 살리란 말이야?" 그랬더니만,

"아니 글쎄 어떻게 그렇게 됐어요" 그래.

"그게 성내는 마음인데…. 그 학교에서 오죽 그대가 좋아서 그렇게 월급을 반감까지 해 가면서 의사를 표시하라고 그러니, 자기를 그렇게 값을 놓아 주니 고마울 텐데, '참 고맙습니다' 그럴 일이지. 성이 나는 것, 그건 어떻게 돼서 그럴까?"

그렇게 이야기해 본 적이 있는데, 사람들을 가만히 보면 그 얘기를 귀담아 잘 들어 두면 좋겠는데 왜 못 듣게 되는고 하니, 그때 성이 잔뜩 나 있으면 아무것도 다 싫다고 그래요. 누가 돈을 주러 가도 성이 잔뜩 나면 '나는 돈도 싫고 아무것도 싫다'라고 해요. 그 성이 풀어진 뒤에 '아까 그 돈 조금만 주시오' 이러니, 성이 나면 모든 것을 파괴하는 짓밖에 안 돼요. 그런 사람이 어떻게 제 마음을 닦을 수 있겠어요. 더군다

나 '허이구, 그 사람은 입이 뾰족해서 예쁘다, 그 사람은 눈이
빤짝빤짝해서 예쁘다' 이렇게 해서는 좀 더 어려울 것입니다.
그러니 도무지 어떻게 해? 그 말입니다.

응당 머묾이 없이 그 마음을 낼 것이다.

이것이 또 한 번, 두 번째로 《금강경》을 이야기하는 것입니다.
　"응무소주 이생기심應無所住而生起心."
　흔히 '불교는 몹시 어려운 것'이라고들 해요. '왜 어려운 것
이냐?' 물어보면, '어디든지 마음을 두지 말고 마음을 내라니,
그걸 어떻게 하는 거요?' 합니다. 허청다리 딛기지.
　일본에 가면 그런 게 있어요. 사람들이 많은 곳에 부처님
등상等像(형상)을 놓고 동전을 냅다 확 찍어 대요. 왜 그러냐
하면 복 짓는 것이니까. 그래 부처님 얼굴에 닿으면, 아 그렇
게도 복 된다고 그러거든. 그런데 그런 총중叢中에 어떤 사람
이 자기 재산을 전부 화악 팽개쳐요. 왜 그렇게 하느냐 물으
니까, "한다는 생각 없이 해야 된다"고 그래요. 한다는 생각
없이 제 재산을 갖다가 그렇게 팽개치는데, 그게 생각 없이
팽개쳐질까, 그게? 이것은 산 사람이 공연히 도깨비짓을 하
는 것입니다. 도깨비가 어떻게 마음이 밝아서 성불할 수 있
겠어요?
　"네가, 네가 좋다, 좋겠다" 그러면 곧이들리지 않아요. "내가
뭣이 좋아? 허, 기가 막혀! 내가 좋다고?" 그러면, 가만있거

라. 어떤 대통령을 좋게 해 주자면 어떻게 할까? 대통령은 이미 좋아진 사람이니깐 싱거워. 그럼 조금 잘난 사람, 잘난 사람 잘나라고 하면 곧이들리긴 곧이들리는데 싱겁고, '저를 잘나라!' 그러면 애당초에 그 근거가 없어서 믿어지지를 않고, 도무지 이것을 어떻게 하나? '밝은 이를 공경하겠다'라는 마음이 날 때, 그 순간은 제 몸뚱이라는 것이 잊어버려지더라 그 말입니다. 그 순간에. 그래서 그때, 그 순간을 주함(머무름)이 없이 그 마음을 내는 것이다.

육조혜능六祖慧能(638~713) 대사라고 하는 이는 구차한 집에 태어나서 어려서부터 나무장사를 하여 자기 어머니를 봉양했다고 합니다. 하루는 남송에서 왔다는 어떤 손님이 얘기하기를, "황매산에 도인이 한 분 있는데, 그 도인이 말하기를 '(응당) 머묾이 없이 그 마음을 내라'고 그렇게 말하더라. 그 소리가 좋긴 좋은데 내가 자세히 알 수가 없다."

　주막집 앞에 나뭇짐을 버텨 놓고 듣던 총각이 이 소리를 듣고는 '꼭 그렇다! 내가 그렇게만 되었으면 이렇게 태어나 나무해 오고, 이런 것 그런 것, 장차 어떻게 될까 (하는) 걱정은 안 할 텐데…. 참 그렇게 말한 사람도 있구나' 싶어서 그 사람에게

　"대체 당신은 그 소리를 어디서 들었소?" 그러니까 그 총각에게 대꾸하기를,

　"무식한 총각이 이 말을 대체 알아듣느냐?" 그러니까

"그것 좀 자세하고 분명히 이야기를 들었으면 좋겠으니, 말해 주십시오." 그러니까,

"네가 그렇게 골치가 좋다면 호남성 황매산에 가서 그이를 만나 보는 것이 매우 좋겠다." 그렇게 말하니까 그 총각 말이,

"내가 날마다 나무를 해서 팔십 노모를 봉양하는데, 황매산까지 갈 노자도 없고 갈 수도 없어서 걱정이오." 그러니까 그 사람이,

"내가 마침 돈이 있어서 네 어머니 살게 부담을 해 줄 것이니, 너는 그리 가거라."

그래서 그이가 비로소 황매산에 가서 법문을 듣고 자기 성리가 밝았다는 이야기가 있어요. 이런 것은 모두 실지로 닦아 보던 사람이 자기 몸을 다시 받은 후에 종종 있게 되는 것입니다.

그러면 이런 것을 어떻게 아느냐? 사람들이 말하기를, 이 고기 세포가 신진대사新陳代謝로 한 번 바뀌는 시간이 천 일*이 걸린답니다. 천 일이 걸린다면, 탐심과 성내는 마음과 어리석

---

* 지금까지의 연구결과에 의하면 피부세포는 2~4주, 근육세포는 15년, 뼈조직은 7~10년 정도 걸려서 완전히 새로운 세포로 교체되며, 뇌세포는 20대 중반 이후 새로운 세포가 거의 만들어지지 않는 것으로 밝혀졌다. 이 외에 인체 전체의 일반적인 세포는 평균 80일, 질량 기준으로는 평균 1년 반이면 대부분 새 세포로 교체된다고 한다.

은 마음을 천 일만 닦을 것 같으면, 이 고기 세포는 어떠한 지장이 없다는 것입니다. 몸뚱이 속의 뼈다귀 세포는 고기 세포가 한 번 바뀌는 시간의 세 배라고 해요. 그래서 뼈다귀가 한 번 신진대사로 바뀌는 데는 삼천 일이 걸린다는 것입니다. 사람의 몸뚱이 중에 제일 오랜만에 바뀌는 것이 대뇌인데, 대뇌는 [세포가 전부 바뀌는 시간이] 뼈세포가 바뀌는 시간의 세 배랍니다. 그래서 엄마 배 속에서 나와서 만 스물일곱 해가 되면, 엄마와는 완전히 독립하는 것입니다.

에이브러햄 링컨이 대통령으로 있을 때 어떤 친구가 험하게 생긴 젊은 사람 하나를 데리고 와서 이러더래요.

"이 사람 모양이 퍽 험하게 생겼지만, 마음은 아주 착하오. 그런데 이 사람이 서른둘이오." 그렇게 말하니까 링컨이 하는 소리가,

"그래 나이 서른 살이 되고도 모양이 그 꼴이면 부모 죄는 아니지."

이런 것 보면 에이브러햄 링컨이 그렇게 알아서 그 소리를 했는지, 아니면 별안간에 나왔는지는 모르지만, 여하간 여러 학자가 몇 해를 애서서 연구해 놓은 결과를 에이브러햄 링컨이 어떻게 그렇게 잠깐 사이 그렇게 말할 수 있었는지, 그게 요행으로 맞춰졌는지 혹 에이브러햄 링컨 자신이 그런 생물학자였는지 알 수 없지만, 여하간 그런 말 했다는 것을 보면, 사람 중에는 많은 세월을 가지고 연구해야 할 것을 그렇게

갑자기 말하는 사람들이 있는 것을 우리가 많이 보게 돼요.

"범소유상이 개시허망이니, 모든 상을 상 아닌 것으로 보면 곧 여래를 보느니라" 하는 말이나, "응당 주함이 없이 그 마음을 내라"는 이런 것은 아주 불교의 대간大幹(줄기) 되는 말이에요. 앞의 말이 순전히 네거티브negative로 소극적이라고 할 것 같으면, 뒤의 말은 순전히 적극성을 띤 것입니다. "모든 상을 상 아닌 것으로 보면 곧 여래를 보느니라" 하는 것은 자기 자체를 정화하는 것이고, "마음에 머묾이 없이 그 마음을 내라"는 것은 곧 적극성을 띠게 되는 것입니다. 그래서 '나라는 생각과 남이라는 생각이 없이 보시하면, 곧 그 복덕은 한량이 없느니라' 하는 이런 것은 결국 적극성을 이룰 수 있는 것이지요.

　그래서 불교는 처음에 자기를 정화하고 그다음에 세계를 정화한다고 하는 것입니다. 그래서 《원각경圓覺經》에 보면, "일신이 청정하면 다신이 청정하고[一身淸淨故多身淸淨]", 즉 한 몸뚱이가 조촐하면 많은 몸뚱이가 조촐하고, "일세계가 청정하면 다세계가 청정하다[一世界淸淨故多世界淸淨]", 즉 한 세계가 조촐하면 많은 세계가 조촐하다는 것 역시 이런 원리를 말한 것입니다. 그러면 "범소유상이 개시허망이니, 모든 상을 상 아닌 것으로 볼 것 같으면 곧 여래를 보느니라" 하는 것은 곧

•　　《원각경》〈보안보살장(普眼菩薩章)〉 내용.

자기 스스로가 안심安心을 얻을 수 있다는 말이고, 또 거기서 다시 어떤 데에 마음을 내지 않고 행동을 한다는 것이, 아마 요 뒷말이 되겠습니다.

중국에 황룡사심黃龍死心(1044~1115)* 선사라고, 죽을 사死 자, 마음 심心 자를 쓰는 이가 있었어요. 모든 분별을 쉬기 위해서 자기 이름도 사심死心이라고 했던 모양입니다. 호남성에서 제자를 한 이십 명 데리고 사는데 그 옆에 신당이 있어요. 그 신당이 어떻게 영검한지, 개를 가지고 가서 [제사를] 지내면 개 지낸 것만큼 덕화德化를 보고, 소를 가지고 가서 지내면 소 한 것만큼 덕화를 보니까, 날마다 소·양·돼지 울음소리, 귀신 소리가 났어요. 근 이십 년을 거기서 그렇게 들어앉았어요. 그런데 점점 시간이 지날수록 젊은 사람들, 즉 자기 제자들이 싸우더랍니다.

"아주 급히 싸웁니다."

"그러냐?"

"또 싸워서 한 놈이 죽었습니다."

"그러냐?"

"관원이 왔습니다."

"그러냐?"

---

* 송대(宋代) 임제종(臨濟宗) 황룡파의 스님. 소주(韶州) 곡강(曲江) 사람으로 28세에 출가했으며, 깨닫고 난 후에 자신의 이름을 死心으로 바꿨다.

"잡아갔습니다."

"그러냐?"라고 [했다지요].

그러다가 하루는 [사실 선사가] 쓱 일어나더니, 수좌 한 사람을 보고

"저 신당, 가서 헐어 버려라" 했답니다.

그 사당이 어찌나 영검한지, 개를 가지고 가서 [제사를] 지내면 개만큼 영검을 보이는데, 그걸 헐어 버리라니까 [제자가] 하도 어이가 없어서 빤히 보고 섰으니까,

"이놈아, 가 헐어 버리라는데 왜 안 헐어?" 그랬지. 그래도 좀체 안 헐어 버리거든. 할 수 없이 선사가 직접 가서 불을 질렀더니, 불에 탄 그 사당의 굴뚝 밑에서 시커먼 큰 뱀이 아가리를 벌리고 있더랍니다.

"내가 저 속에 뭐가 들었나 걱정을 했더니, 저놈이 들어앉아서 그런 못된 짓을 했구먼. 네 이놈!" 하고 소리를 지르니 그게 없어지더랍니다. 그건 왜 그러냐? 제 몸뚱이 착으로 제 복 지은 것을 받느라고 그런 일들이 많이 있게 되지요. 그런데 자기가 그 분별을 쉬니까 남의 분별을 쉬어 줄 수 있는 거예요.

절에 가면 부엌에다가 '조왕竈王(부엌신)'이라고 써 붙이고 거기다 뭐라고 했는가 하면, '몽피화상야자파蒙被和尙也自破'라. 그것이 무슨 소리인고 하니, 어떤 도인이 사는 옆에 신당이 있었는데, 그 신당도 그렇게 영검해요. 거기도 날마다 돼지며

소며 뭐 그런 것들 [제사로 바치기를] 한 삼십 년 했어요. 하루는 [도인이] 그 신당에 들어가 보니까, 기왓장과 진흙을 모아 놓고 [제사를 지내고 있더란 말이지요].

"이거 영검하긴 무슨 빌어먹을 영검이야. 깨져라! 부서져라!"

우지끈 와글와글했는데, [기왓장과 진흙 뭉치] 그게 부서지면서 그 속에서 형상이 하나 나타나더라지요. 수염이 난 중이 바리를 들고 나타나더니 절을 하면서 하는 소리가, "내가 이것을 내 집으로 알고 여태까지 있었는데, 당신이 와서 말씀하시는 걸 들어 보니 돌멩이와 흙으로 된 것에 불과했습니다. 이런 어리석고 못난 생각에 이걸 지키고 있었는데, 오늘 당신께서 이렇게 실지로 일러 주시니 나는 이것을 버리고 참고苦를 여의고 가겠습니다."

그러더라지. 그래 그 뒤부터 전부 부엌 귀신까지 제도했다고 하는데, 그 제자들 말이, "선생님, 당신을 이십 년이나 모시고 밥도 지어 드리고 빨래도 해 드렸는데, 나는 제도를 안 해 주고 부엌 귀신은 가서 제도하시는 거요?" 그러더랍니다.

"그럼 너희들도 다 들어서라" 해서 다 들여세운 뒤 저쪽으로 가서,

"깨져라! 부서져라! 깨져라! 부서져라!" 하고 소리쳤더니만 [제자들이 그냥] 빤히 보고 섰거든.

"이런 빌어먹을 놈들, 부엌 귀신은 고맙다고 그러는데 네놈들은 빤히 보고 섰다니. 이놈들아, 절이나 해!"

절을 하니까 자기 요량料量(잘 생각하여 헤아림)이 나더라는

거예요.

왜 그런가 하면, '뭐나 줄까?' 하고 바라는 마음에는, 깜깜해서 들려야지요 어디. 그러니까 그런 것은 모두 자기 분별을 제거함으로부터 모든 것이 해결되는 것입니다. 그것이 바로 '응당 주함이 없이 그 마음을 내라'는 것입니다.

나중에 황룡사심이 명주 땅엘 갔는데, 명주 자사가 어머니에게 효성이 지극했던 모양입니다. 중국에서 자사라는 것은 행정권·사법권·입법권 전부 가진 자니까 일종의 왕이지요. 자기 어머니의 행적을 오래 전하기 위해서 석가여래 행적을 쓰고 그 뒤에다가 자기 어머니 행적을 써서 비각을 해 놓았더란 말입니다. 사심 선사가 그 비각을 보니, 앞에 석가여래 행적을 써 놓은 것은 대단히 좋아서 봤는데, 그 뒤에다가 자사 어머니 사적을 써 놓았거든요. 훌륭한 도인의 말씀을 전해서 여러 사람의 성리가 밝으라고 한 것이 아니라, 결국은 자기 어머니 자랑을 하려고 했거든요. 가만히 생각하니 그놈의 업장이 참 땅 두께 같은 업장이란 말이야. '아, 이런 못된 놈의 생각이 어디 있을까?' "에잇!" 하고 한 번 소리를 질렀는데, 별안간 우르르하더니 벼락이 쳤거든. 벼락이 쳤으니 비각도 무너져야 하고 황룡사심 선사도 죽어야 했고 비석도 깨졌어야 할 건데, 벼락 친 뒤에 보니까, 자기도 섰고 비각도 멀쩡하고, 앞의 석가여래 행적도 멀쩡한데, 뒤의 명주 자사 어머니 행적만 싹 지워져 버렸어요. 그런 것은 다 주住함이 없이 그 마음을 낸 것이지, 자기가 몸뚱이 착_着으로 낸 것이 아닙니다.

엊그저께 여기 비 왔을 때 광나루에 벼락이 쳤습니다. 이상스럽게도 이 박사(故 이승만 대통령)가 거기 가서 노는데, 가자마자 벼락이 쳤어요. 거기 보초 병정 두 사람이 벼락을 맞았단 말이야. [그런데 벼락을 맞았으면] 그 망할 녀석이 맞고 죽었어야 문제가 없을 텐데 이놈이 벼락을 맞고 살았습니다. 허, 이런 성가신 노릇이 어디 있겠어요? 그러니 영감님(이 대통령)이 하는 소리입니다.

"옛날에는 벼락 맞고 살았다는 말 듣지를 못했는데, 그놈이 살았어? 한 놈은 어지럽다 하다가 일어나고, 한 녀석은 다리를 맞아서 화상만 입었단 말이지?" 그러니까 중대장 녀석이 와서

"모두 각하의 성덕_{聖德}입니다" 그래. 그러니 기껏 이 박사가 알고 싶어 하는 것도 그 말에 그만 없어져 버렸어. 그런데 그 중대장이 나더러 묻기를,

"그런 경우에 대답을 어떻게 하는 겁니까?" 그래. 그래서 내 하는 소리가,

"먼저 알아야지, 이 녀석아. 옛날에는 벼락을 맞으면 죽었는데 지금은 왜 벼락을 맞고 살았니? 그거 무슨 소린지 아니?"

영감(이 대통령)도 그것을 몰라서 알고 싶어 하는데 그 말은 안 일러 주고 "모두 각하의 성덕입니다" 하니 할 말 하나도 없거든. 왜 그러냐? 맞는지 안 맞는지 모르나, 더 할 말은 하

나도 없다 그 말입니다. 요새 또 항간에 그런 말이 있지 않아요? 대통령이 방귀를 뀌니까 어떤 내무장관이 "아이구, 시원하시겠습니다" 그랬다지. 그 중대장이라는 녀석도 그 식으로 하고 말아 버린 셈이지 뭐. 그러니 지혜가 일어날 수가 있나.

"그럼 그거 도대체 어떻게 된 것입니까?"

"그래, 봐라! 옛날 농부들은 바쁠 것도 없으니 무심코 앉아서 밭이나 매려고 하다가 소낙비가 오니까 몸이 선들선들하는데 별안간에 [벼락이] 번쩍하니까 혼이 번쩍 날아가 버렸단 말이야. 송장은 놓아두고 혼이 나갔으니까 그놈이 죽었지 뭐, 다시 살겠니? 그런데 군인들은 보초를 서자면 눈을 딱 부릅뜨고 있어야 할 판이니, 정신이 있으니 잠깐 쉬는 동안 도로 깨어나지, 그놈이 뭐 어디로 가겠니? 그 농부는 저희 집으로 가려고 달아나 버렸지만, 이 녀석은 갈 데가 없으니깐. 그러니까 '제 한마음이 있는 놈은 벼락을 맞아도 안 죽는다' 그 말이다."

그럼 그럴 때 대답을 어떻게 해?

"한 어른 공경하는 마음이나, 지가 의무감이 있는 자는 벼락에도 죽지 않는 것을 보니까, 과연 각하의 성덕聖德이 높습니다."

그랬으면 꼭 들어맞고도 첨諂(어른 비위에 맞춤)에 드는 것인데, 이게 그런 소리는 안 하고 밑구멍만 쓰윽 갖다 대니까, 글쎄 무슨 소린지는 모르나 할 말은 하나도 없지. '날 쳐 죽여라' 그런 말밖엔 안 된다 그 말이야.

수보리야, 비유하건대 어떤 사람의 몸뚱이가
마치 수미산과 같다면, 어떻게 생각하는가?
이 몸이 크다고 할 수 있느냐?

수보리 말하되, 심히 큽니다, 세존님.
왜 그런고 하니, 부처님이 말씀하신 '몸뚱이 아니다'
이것이 곧 큰 몸뚱이입니다.

곧 다시 말하자면, 무분별無分別 상태라고 하는 그 유분별有分別
은 참 고생이다, 그 말입니다. 그래 이것으로 이제《금강경》
또 한 번 마쳤지요.

無爲福勝分 第十一
무위복승분 제십일

須菩提야 如恒河中 所有沙數如是沙等恒河를
수보리   여항하중 소유사수여시사등항하

於意云何오 是諸恒河沙가 寧爲多不아 須菩提言하되
어의운하   시제항하사   영위다부   수보리언

甚多니다 世尊하 但諸恒河도 尚多無數은 何況其沙
심다   세존   단제항하   상다무수   하황기사

리니이까 須菩提야 我今에 實言으로 告汝하노니 若有善男
수보리   아금   실언   고여   약유선남

子善女人이 以七寶滿爾所恒河沙數 三千大千世界
자선여인   이칠보만이소항하사수 삼천대천세계

以用布施하면 得福이 多不아 須菩提言하되 甚多니다
이용보시   득복   다부   수보리언   심다

世尊하 佛告 須菩提하사되 若善男子善女人이 於此
세존   불고 수보리   약선남자선여인   어차

經中에 乃至受持四句偈等하야 爲他人說하면 而此
경중   내지수지사구게등   위타인설   이차

福德은 勝前福德하리라
복덕   승전복덕

"수보리야, 어떻게 생각하는가? 항하 가운데 있는바 모래
수, 이와 같은 모래만큼의 항하, 이 모든 항하의 모래가 차
라리 많으냐?"

수보리 말하되,

"심히 많습니다, 세존님. 그 모든 항하만도 매우 많은데 하
물며 그 항하에 있는 모래 수 같은 항하 그것[이야말로] 참 많
습니다."

"수보리야, 내가 이제 실다운 말로써 너에게 이르노니, 만약
착한 남자나 착한 여인이 일곱 가지 보배를 가지고서 이 항
하 모래 수 같은 삼천대천세계 안에 가득히 찬 일곱 가지 보
배로 남에게 준다면, 복 얻는 것이 많으냐?"

수보리 말하되,

"심히 많습니다, 세존님."

부처님이 수보리에게 이르시되,

"만약 착한 남자나 착한 여인이 이 경 가운데 다만 네 글귀
게송들이라도 받아 가지고 다른 사람을 위해서 이야기해 준
다면 이 복덕은 앞의 복덕보다 많으니라."

여기에 '항하恒河'라는 게 나와요. 한문으로 항恒 자를 썼지만, 인도 말로는 '강가Gaṅgā'라고 해요. 강가라는 강이 곤륜산 표면에서 흘러서, 캐시미르의 조그만 계곡으로 흐르고 네팔과 캐시미르 사이로 흘러, 인도 남쪽을 지나 뉴델리라는 인도의 서울을 통과해서 동쪽으로 흘러 뱅골만으로 빠지는 거예요. 인도 대륙에는 [이런 강이] 오직 이 하나밖에 없습니다.

석가여래가 네팔에서 태어났기 때문에 아마 뱅골까지는 채 안 갔고, 그저 한 이삼백 리로 강가를 다니면서 연설을 많이 했습니다. 그래서 거기 앉아서 연설하다 보면 내륙을 통과하는 곳이라 강가에 모래가 많고, 그 모래는 굵은 왕사王沙가 아니라 아주 가는 모래, 우리나라 동작동 근처에 있는 모래 같은 그런 거요. 우리도 어렸을 때 수효가 많으면 "동작리 모래톱 같다"라고 말했어요. 석가여래가 그 항하에서 말했기 때문에 수효가 많으면 항하의 모래 같다고 해요.

수보리야, 어떻게 생각하는가? 항하 가운데 있는바
모래 수, 이와 같은 모래만큼의 항하,
이 모든 항하의 모래가 차라리 많으냐?

말하자면 항하에 있는 모래, 그 모래 낱낱 수효대로의 항하.

수보리 말하되, 심히 많습니다, 세존님. (자못)
그 모든 항하만도 매우 많은데 하물며 그 항하에 있는

모래 수 같은 항하 그것〔이야말로〕 참 많습니다.

수보리야, 내가 이제 실다운 말로써 너에게 이르노니,
만약 착한 남자나 착한 여인이 일곱 가지 보배를
가지고서 이 항하 모래 수 같은 삼천대천세계 안에
가득히 찬 일곱 가지 보배로 남에게 준다면,
복 얻는 것이 많으냐?

수보리 말하되, 심히 많습니다, 세존님.

부처님이 수보리에게 이르시되, 만약 착한 남자나
착한 여인이 이 경 가운데 다만 네 글귀 게송들이라도
받아 가지고 다른 사람을 위해서 이야기해 준다면
이 복덕은 전 복덕보다 많으니라.

그건 그럴밖에. 이 우주 안에 아무리 좋은 보배라도 그게 형
상이 있는 이상, 참 마음, 즉 형상 없는 이 마음 밝히는 방법
이 아마 제일 크겠지요. 그러니까 이렇게 비유를 한 것입니
다. 여기 대해서는 뭐 별로 뜻이 없을 거고, 이게 이제 각각
부탁이에요.

尊重正教分 第十二
존 중 정 교 분 제 십 이

復次須菩提야 隨説是經하되 乃至四句偈等하면
부 차 수 보 리   수 설 시 경   내 지 사 구 게 등

當知此處는 一切世間天人阿修羅 皆應供養을
당 지 차 처   일 체 세 간 천 인 아 수 라   개 응 공 양

如佛塔廟은 何況有人이 盡能受持讀誦이랴 須菩
여 불 탑 묘   하 황 유 인   진 능 수 지 독 송   수 보

提야 當知 是人은 成就最上第一希有之法이니라
리   당 지 시 인   성 취 최 상 제 일 희 유 지 법

若是經典所在之處에는 則爲有佛커나 若尊重弟子
약 시 경 전 소 재 지 처   즉 위 유 불   약 존 중 제 자

니라

"또 수보리야, 어디서나 이 경을 말하되 이 경의 단지 네 글 귀 게송들만 따라 설한다면, 마땅히 알거라.

이곳은 일체 세상, 하늘, 사람, 아수라가 다 응당 그곳을 공양하기를 마치 부처님 탑묘와 같이 할 것이다.

그런데 하물며 어떤 사람이 이 경을 다 받아 가지고 읽고 외운다면, 수보리야, 마땅히 알거라. 이 사람은 참 가장 높은 제일 희유한 법을 성취한 것이다.

만약 이 경전이 있는 곳은 곧 부처님이 계시거나 그렇지 않으면 부처님의 가장 존중한 제자가 있는 곳이니라."

또 수보리야, 어디서나 이 경을 말하되 이 경의 단지 네 글귀 게송들만 따라 설한다면, 마땅히 알거라. 이곳은 일체 세상, 하늘, 사람, 아수라가 다 응당 그곳을 공양하기를 마치 부처님 탑묘와 같이 할 것이다.

여기 '하늘'이라는 것은 아까 이야기한 것처럼 우리 살림과 똑같은데, 우리보다 좀 나으리라고 인도 사람들이 생각했기 때문에, 히말라야 산중에 사는 사람들을 아마 얘기한 것일 겁니다. 인도 말로 '데바Deva'라고 하는데, 한문으로 번역을 하면 하늘 천天 자를 쓰게 돼요. 서양인들은 '갓god'이라고 해요. 그런데 [히말라야 산중에 사는 사람이라면] 보통 서장(티베트) 사람들이 거기 [데바에] 해당하는 사람인데, 서장 사람들이 어디 그렇던가요. 설인雪人이나 '어바머너블 스노우맨abominable snowman'이라고도 하는, 히말라야 산중에 사는 짐승 같은 사람들이 있다는데, 혹 그런 사람들이 그런 데 해당하는지 그건 모르겠으나, 인도 사람들은 그렇게 생각을 했던 거예요.

아수라阿修羅*에서 '아'란 없단 말이고 '수라'라는 것은 술이란 말인데, 왜 흔히 깡패들 보면 아수라라고 그러지요? 혹 수라장이라고도 하고. 일본 사람이 그렇게 하기 때문에 우리도 그대로 갖다 쓰는데, 그것 잘 모르고 쓴 거예요. '수라'라는 것은 술이란 말인데, 아수라는 '술이 없다' 그 말이에요. 그들이 본래 인도 신화에 보면 술을 썩 잘 마셔요. 몸뚱이가 아주 커서 늘 곤륜산 꼭대기에 있는 하늘[天神]하고 서로 싸워. 그래 싸워서 골이 나면 해 달을 (갖다가) 그만 꼭 집어넣어 버리는데, 그래서 야단이 나면 그만 하늘에서 벼락 쳐 내리는 것이 모두 그 아수라의 장난이라고 그래요. 형체는 하늘(천신)과 똑같은데, 있는 곳은 곤륜산 밑의 해중에 있다고 전해져서, 인도 사람들은 아주 퍽 어려운 것으로 압니다. 이렇게 이 《금강경》을 이야기하는 곳은 마치 일체 세상, 천이나 사람이나 아수라들이 다 응당 공양하기를 부처님 탑묘와 같이 할 것이니라.

그런데 하물며 어떤 사람이 이 경을 다 받아 가지고 읽고 외운다면, 수보리야, 마땅히 알거라. 이 사람은 참 가장 높은 제일 희유한 법을 성취한 것이다.

곧 자기가 마음이 밝아진 것이다.

만약 이 경전이 있는 곳은 곧 부처님이 계시거나

• 산스크리트어 asur 또는 asura를 음역한 말. 아소라(阿素羅)·아소락(阿素洛)·아수륜(阿須倫) 등으로 음사하며 수라(修羅)라고 줄여 쓰기도 한다. 의미상 비천(非天)·비류(非類)·부단정(不端正) 등으로도 번역한다. 인도 문화권에서 오래된 신 중 하나로, 다양한 맥락에서 조금씩 다른 의미를 지닌다. 불교에서는 '업에 따라 윤회하는 여섯 존재 세계'인 천(天)·아수라(阿修羅)·인간(人間)·축생(畜生)·아귀(餓鬼)·지옥(地獄)의 '6도(六道)' 중 하나로, '싸우기 좋아하는 신적인 존재'를 의미한다. 강의에서 "'아'란 없다는 말, '수라'는 술[酒]"이라 설명했는데, 실제 asura 자체의 어원이나 의미와의 연관성은 확인되지 않는다.

그렇지 않으면 부처님의 가장 존중한 제자가 있는 곳이니라.

이것이 이제 또 세 번째《금강경》을 이야기한 것입니다.

如法受持分 第十三
여 법 수 지 분 제 십 삼

爾時에 須菩提 白佛言하되 世尊하 當何名此經이며 我
이 시 수 보 리 백 불 언 세 존 당 하 명 차 경 아

等이 云何奉持니잇고 佛告 須菩提하사되 是經은 名爲
등 운 하 봉 지 불 고 수 보 리 시 경 명 위

金剛般若波羅蜜이니 以是名字로 汝當奉持하라
금 강 반 야 바 라 밀 이 시 명 자 여 당 봉 지

所以者何오 須菩提야 佛說 般若波羅蜜이 卽非
소 이 자 하 수 보 리 불 설 반 야 바 라 밀 즉 비

般若波羅蜜일새 是名般若波羅蜜이니라 須菩提야
반 야 바 라 밀 시 명 반 야 바 라 밀 수 보 리

於意云何오 如來 有所說法不아 須菩提 白佛言하되
어 의 운 하 여 래 유 소 설 법 부 수 보 리 백 불 언

世尊하 如來 無所說이시니이다 須菩提야 於意云何오
세 존 여 래 무 소 설 수 보 리 어 의 운 하

三千大千世界所有微塵이 是爲多不아 須菩提
삼 천 대 천 세 계 소 유 미 진 시 위 다 부 수 보 리

言하되 甚多니다 世尊하 須菩提야 諸微塵을 如來說
언 심 다 세 존 수 보 리 제 미 진 여 래 설

非微塵이 是名微塵이니라 如來說 世界가 非世界일새
비 미 진 시 명 미 진 여 래 설 세 계 비 세 계

是名世界니라 須菩提야 於意云何오 可以三十二相
시명세계   수보리   어의운하   가이삼십이상

으로 見如來不아 不也니다 世尊하 不可以三十二相으로
     견여래부   불야   세존   불가이삼십이상

得見如來니 何以故오 如來說 三十二相이 即是非相일새
득견여래   하이고   여래설 삼십이상   즉시비상

是名三十二相이니이다 須菩提야 若有善男子善女人이
시명삼십이상   수보리   약유선남자선여인

以恒河沙等身命으로 布施하고 若復有人이 於此經中에
이항하사등신명   보시   약부유인   어차경중

乃至受持四句偈等하야 爲他人說하면 其福이 甚多니라
내지수지사구게등   위타인설   기복   심다

이때 수보리가 부처님께 사루어 말하되,

"세존님 마땅히 뭐라고 이 경을 이름하며, 우리들이 어떻게 받들어 가질 것입니까?"

부처님이 수보리에게 이르시되,

"이 경 이름은 금강반야바라밀이니, 왜 그런고 하니 수보리야, 부처님이 설한 반야바라밀은 곧 반야바라밀이 아니다. 〔그 이름이 반야바라밀이다.〕 수보리야, 어떻게 생각하는가? 여래가 법을 설한 것이 있느냐?"

수보리가 부처님께 말씀드리기를,

"세존님, 여래는 말씀하신 것이 없습니다."

"수보리야, 어떻게 생각하는가? 삼천대천세계에 가득히 찬 티끌, 그것이 많으냐?"

수보리 말하되,

"심히 많습니다, 세존님."

"수보리야, 이 모든 미진은 여래가 설한 미진이 아니다. 여래가 미진이라고 말하지 않은 그것의 이름이 미진이다. 여래가 설한 세계는 세계가 아닐새, 이것의 이름이 세계니라. 수보리야, 서른두 가지 모양이 다르다고 해서 부처냐?”

“아닙니다, 서른두 가지 모양이 다르다고 해서 여래라고 하지 않습니다. 왜 그런고 하니, 여래가 말한 서른두 가지 상은 곧 상이 아닐새, 그 말이 서른두 가지 상입니다.”

“수보리야, 만약 착한 남자나 착한 여인이 항하의 모래 수 같은 몸뚱이와 목숨을 가지고 남한테 이익이 있게 했다고 하자. 만약 다시 어떤 사람이 이 경 가운데 내지 네 글귀 게 송만이라도 받아 가지고 다른 사람을 위해서 이야기한다면, 그 몸뚱이와 목숨을 〔여러 사람을 위해서 일해서〕 바친 것보다 훨씬 낫다.”

본래 석가여래가 경을 설하시면, [그 경 설하신] 뒤에는 반드시 그 경의 대체大體를 말하고 그 경의 이름 같은 것을 대략 이야기하게 되는데, 그 이야기한 것이 처음 열두 해는 그다지 흔적이 없었어요. 그건 왜 그러냐 하면 그 열두 해 중에 이야기한 것이 탐심 제하는(없애는) 방법과 성내는 마음을 제하는 방법과 어리석은 [마음 제하는] 방법, 그런 것을 [이야기하게 되어서 대략 열두 해를] 말했어요. 보시하며 탐심 닦는 법을 '시론施論', 미안한 짓 하지 않는 법을 '계론戒論', 어리석은 짓을 안 하게 되는 법을 '생천론生天論'이라고 했어요.˙ 대략 세 가지로 논을 했다고 말을 합니다.

이제 이 단계에 와서, 여섯 가지 바라밀다를 이야기하는 이 반야회상에 와서는, 아마 석가여래가 벌써 남한테 열두 해와 여덟 해, 즉 이십 년을 이야기하셨기 때문에, 여기서는 '당신이 이야기한 그것을 통틀어서 뭐라고 이름해야 하느냐?' 하는 것을 이야기한 것이, 아마 당신이 한 이십 년 이야기한 결과, 그것이 필요하다고 생각했던 거예요. 그래서 지금 이 반

˙ 탐·진·치 삼독 닦는 법을 설명하기 위해, 시론(施論)·계론(戒論)·생천론(生天論)의 '차제설법(次第說法)'을 인용. '야사'라는 청년을 부처님이 교화할 때, 당시 인도 사람들이 널리 믿고 있던 시론·계론·생천론을 인용하여 "보시를 실천하고(시론), 계율을 지키면(계론), 하늘에 나게 되느니라(생천론). 여러 애욕에는 환난과 공허와 번뇌가 있기 마련이니, 애욕으로부터 벗어나면 큰 공덕이 드러날 것이다"라고 차근차근 단계를 두어 설명(차제설법)함으로써 불교 교리에 익숙하지 않았던 야사를 설득하여 불교의 깊은 가르침으로 인도했다.

야경(금강경)에서도 역시 그걸 말합니다.

이때 수보리가 부처님께 사루어 말하되,
세존님 마땅히 뭐라고 이 경을 이름하며,
우리들이 어떻게 받들어 가질 것입니까?

그렇게 묻게 되었어요. 이 묻게 된 유래가, 그렇게 이십 년이
되어 대략 당신이 이야기하게 되거나 옆 사람이 묻게 되거나
그렇게 됐습니다.

부처님이 수보리에게 이르시되, 이 경 이름은
금강반야바라밀이니…

'금강'은 저번 시간에 이야기한 것과 마찬가지로 인도 말의
'바즈라'에서 나온 말인데, 가장 강하다는 뜻입니다. 요새 '금
강석'이라고 해요. 시방 공업 분야에도 많이 씁니다. 백색이
나 황색은 혹 수식품修飾品(꾸미는 물품)으로 쓰지만, 공업용으
로는 흑색 다이아를 많이 씁니다.* 바위 뚫는 광산 기계에도
둥그스름한 강철에 이걸 드문드문 박아서 암석에 비비면 잘
뚫어져요.

---

* 다이아몬드 생성 시 불순물의 포함 정도에 따라 보석용과 공업용이 나누
  어진다.

'반야'라는 것은 '지혜'라는 말이고 '바라밀다'라는 것은 '고생의 이쪽 언덕에서 고생을 여의는 저 언덕에 간다'는 것을 말합니다. 따라서 이 경 이름을 다시 말하자면 '마음을 닦아서 그 마음을 밝게 해서 다시 컴컴해지지 않는 법'입니다.

절에 가면 사람 모양에 금칠해서 부처님이라고 모신 것을 봤을 거예요. 그건 사람이 마음을 닦아서 다시 미迷해지지 않는다는 뜻입니다. 그러면 미해지지 않는데 왜 하필 금칠을 했느냐 그렇게 묻겠지요. 금이라는 게 그렇답니다. 쇠는 광석에서 나와서 오래되면 풍마우세風磨雨洗해서, 요샛말로 말하자면 러스트rust라고 하는 녹이 슬어서 그 원체가 그만 산酸이 일어나서(산화작용) 없어져요. 그런데 금은 조직이 치밀해서 그런지 산이 발생하지 않는 것*입니다. 그래서 금은 한번 광석에서 짜내면 다시는 없어지질 않아요. 사람 형상에 금칠해 놓은 것은, 사람이 탐심과 성내는 마음과 어리석은 마음을 닦아서 밝으면, [금처럼] 다시는 컴컴해지지 않는다는 비유를 해 둔 것입니다.

　그런 비유이기 때문에 [거기는 반드시 무엇이 있게 되는고 하니,] 밝은 것을 가리키는 손가락은 되지만, 부처님 등상等像(형상) 그 자체가 밝음 덩어리는 아니라는 것입니다. 그런데 요새

---

* 금(Gold, 원소기호 Au)은 원자를 둘러싼 전자들이 꽉 채워진 상태로 있어서, 물이나 공기를 포함한 물질 대부분과 접촉해도 화학반응을 일으키지 않기 때문에, 녹슬지 않고 오랫동안 보존될 수 있다.

선방에서는 부처님 등상에 공경심을 내지 않고 불경한 행동을 하는 때가 많아서, 그것을 많이 시비하게 됩니다. 부처님 모신 법당에서 사람의 몸뚱이에 금칠해 놓고 '부처님'이라 하는 것은, 사람의 밝은 마음, 형상 없는 그 당처를 가리키는 것으로 생각하면 퍽 좋습니다. 왜 하필 사람의 몸뚱이에 했느냐 그러면, 우리더러 이렇게 중심에다 대고 밝은 광명이라고 경의를 표하라고 그러면 아마 할 수 없을 것입니다. 그래서 사람 모양을 해 놓으면 우리의 마음이 거기 좀 안돈安頓할 수 있지 않을까 해서 그렇게 하게 됐다고 합니다.

단하천연丹霞天然(739~824)이라는 선사가 있었는데, 그이가 연치가 좀 어렸을 때예요. 마조도일馬祖道一(709~788) 선사 계신 데에 가서 나한상을 타고 앉았더랍니다. 그랬더니 마조도일 선사가 지나가다 보고 나무라지를 않고, "아자천연我子天然이라" 즉, "내 아들이 천연스럽구나" 그렇게 말했다지요. 그래서 단하천연 선사라고 그의 이름을 지었어요. 그런데 당시 어떤 절의 원주院主(절의 살림살이를 맡은 승려) 스님이 부처님 등상을 만들어 모시고, 거기에 몹시 마음을 쓴단 말이에요. 단하천연 선사가 그때 타심통이 되었던지, 보니까 그 중이 만들어 놓고 금칠한 거기(불상)다가 자기 마음을 푹 쏟아 버렸어요. 요샛말로 하자면 미신이지 그게. 혹 절에 가서도 그러지 않아요? 등상불等像佛(사람 형상으로 만든 부처상)이 뭐라고 말하리라 생각하면, 제 마음을 빼다가 등상에다가 걸게 됩니다. 등상은 아무 마음이 없어야 될 건데 거기다 제 마음을 빼다 걸었으니까, 저는 도깨비가 되지요. 저는 또 무슨 마음이 있어야 공경심이라도 낼 텐데, 제 마음을 빼다가 거기다 걸었으니까 허깨비가 되지요. 그래 허깨비하고 도깨비하고 둘이 만나면 아마 흉한 일밖에 안 되겠지요. 그러니까 그렇게 되는 것은 원 불법의 이치가 아닙니다. 그러나 그 사람 형상에 금칠한 것 말고, 달리 우리가 밝은 광명을 찾을 수만 있다면 좋지만, 찾을 수 없다면 (어려울 것이니까) 그 밝은 등상불에게 경의를 표하지 않을 수가 없습니다.

그런데 하필 왜 절을 하느냐? 사람의 부분 중에 제일 귀한 것이 대뇌예요. 과학 문명이 발전할수록 대뇌의 가치가 자꾸 커지겠지요. 시카고 대학의 소위 '전기두뇌'라는 것은 아주 부피가 커요. 전에 마닐라 은행에다 갖다 두었는데, 일본 사람들이 마닐라에 쳐들어갔을 때 그게 무슨 기계인지도 모른 채 동경에 옮겨 놨는데, 나중에 알고 보니 그게 계산기더라지요. 그런데 하버드 대학에서 세놓은 물건이라서, 그 뒤에 하버드 대학에다가 세를 주고 지금 일본 은행에서 쓴다는군요. 전국 통계를 내는 데 두어 시간밖에 안 걸린답니다. 사람의 두뇌와 똑같이 되었다 해서 '전자두뇌'라고도 하는데, 요즘에는 진공관에서 발전된 '트랜지스터'라는 게 적용되어서 부피가 퍽 작아졌어요. 이제 기술이 더 발전하면, 부피가 더 작아지고 사람의 두뇌처럼 될 겁니다. 아마 부피도 작고 더 사람의 두뇌처럼 될 거예요.

사람의 두뇌라는 것은 보기에는 두부같이 아주 우습지만, 그 조그만 세포 하나하나가 아주 완전하게 제 작용을 하게 된 것이 많이 모여서 또 완전하게 작용을 해서 사람 구실을 한답니다. 그러니까 그런 것을 보면 사람의 부분 중에 제일 귀한 것이 골치(머리, 뇌)일 거예요. 그래서 자기의 제일 귀한 것을 제일 천한 발 있는 데까지 내리는 '절'이, 우리의 경의를 표시한다는 것이겠지요. 불교의 종교의식이라는 것은, 어떤 최고의 신을 위한다는 것보다도 순전히 자기 마음 밝히기 위한 작용이라고 하는 것이 틀림없을 것입니다.

이 경 이름을 '금강'이라고 하는 것은 다시 다른 물체에 부서지지 않는다는 말이고, '반야'라는 것은 지혜란 말이고, '바라밀'이라는 것은 컴컴한 마음 가진 언덕에서 저 밝은 언덕으로 간다는 것입니다.

수보리가 물으니까 석가여래가 또 이렇게 대답을 했습니다. 이렇게 말하면, 다른 경 같으면, 여기 이것이 이만하면 아주 《금강경》을 다 마치게 되는 거예요. 그런데 여기서는 (그것을) 고루 이 한마음 밝히는 거로 이야기를 했습니다.

왜 그런고 하니 수보리야, 부처님이 설한 반야바라밀은 곧 반야바라밀이 아니다. 〔그 이름이 반야바라밀이다.〕

'부처님이 시방 이 반야바라밀, 지혜 닦는 이야기를 한 것은, 이야기한 것으로는 만족스럽지 않다. 이것을 실행할 수 있어야 곧 반야바라밀일 것이다.' 그런 말이 됩니다. 그래서 '부처님이 설한 반야바라밀은 곧 반야바라밀이 아니다. 그러니까 그것 이외에 또 반야바라밀이 있지 않을 것이다' 하는 말이에요.

수보리야, 어떻게 생각하는가?
여래가 법을 설한 것이 있느냐?

그럼 내가 지금까지 너희들에게 어떤 내 의견을 이야기했느냐? 오직 마음 닦는 것 이외에는 한 말이 없다 그 말입니다.

수보리가 부처님께 말씀드리기를,
세존님, 여래는 말씀하신 것이 없습니다.

'오직 네 마음 밝아라 했지, 그 네 마음 밝아라 하신 것을 말이라고 할 수는 없을 것입니다' 그 말입니다.

수보리야, 어떻게 생각하는가?
삼천대천세계에 가득히 찬 티끌 그것이 많으냐?

아마 이 세상이라고 할 것 같으면 땅을 연상하게 되고, 땅을 연상하면 그 땅이라는 것은 많은 티끌이 뭉쳐서 생성됐다고 생각할 거예요. 그러니까 그 전체, 세계 전체를 한 티끌 조합체로 보아도 될 테니까 여기서 하는 말입니다.

수보리 말하되, 심히 많습니다, 세존님.

수보리야, 이 모든 미진은 여래가 설한 미진이 아니다.

다시 말하자면, 내가 이 '세계' 하는 것은 너희가 활용하는 그 당처當處를 말한 것이지 세계 조직체에 대한 그 성분을 말한 것은 아니다, 그 말이겠지요. 그러니까 '내가 설사 이 성분을 말했다고 하더라도, 그것이 너희들 마음 닦는 방법에 필요하다니까 [하는] 말이지, 그 [성분] 자체를 내가 이야기하려 한 것은 아니다'. 이것은 여태까지 당신이 마음 닦는 방법을 이야기했는데, 그 방법 자체가 (독립해서 오히려) 마음 닦는 데 장애가 된다면 옳지 않다는 뜻이에요.

여래가 미진이라고 말하지 않은
그것의 이름이 미진이다. 여래가 설한 세계는
세계가 아닐새, 이것의 이름이 세계니라.

그러니까 이렇게 치고 보면 여래가 말한 '세계'라는 것은, 세계라는 데 뜻이 있어서 말한 것이 아니라, 마음 닦는 방법을 일러 주는 데 필요해서 이야기했던 것이다.

수보리야, (가히) 서른두 가지 모양이 다르다고 해서 부처냐?

여기 [32상이라는] 새로운 술어가 나옵니다. 마음이라는 것이 어떤 작용을 내느냐? 자기 몸뚱이가 있는지라 탐심貪心에 의지해서 작용을 내고, 또 자기 몸뚱이 보호한다는 입장에서 성내는 마음[瞋心]으로 자기를 보호하고, 또 자기를 자랑하기 위해서 어리석은 마음[癡心] 곧 자기가 안다는 그런 마음, 이 세 가지[三毒心]로서 자기를 나타내게 되니까, 만일에 그것을 바꾸면 모양이 다르겠지요.

예를 들면 너그러워서 남을 용서하는 마음이 많고 관찰하는 마음이 많으면, 저절로 눈썹과 눈썹 사이가 넓어진답니다. 그래서 관상쟁이는 눈썹과 눈썹 사이가 넓은 사람을 보면 이상스럽다고 하지 않고, '그 사람은 남을 용서하는 마음이 많군!' 그렇게 말할 수 있어요. 그와 마찬가지로 석가여래도 탐·진·치 삼독을 닦았으니까, 탐심으로 된 많은 분별을 닦으니까, 거기서 열[가지 공덕]이 생기고, 또 성내는 마음으로 많은 분별을 일으킨 것을 닦으니까 거기서 또 열 가지 공덕을 말하게 되고, 또 제 잘난 생각으로 나오는 많은 분별[을 닦아서 열 가지 공덕이 생기고…]. 이 많은 분별이란 것은 석가여래가 지정하기를 팔만 사천이라 그럽니다. 팔만 사천 가지 궁리를 낸다는 것이죠. 그렇게 해서 열이 세 번이니까 서른이고, 자기 줏대가 완전히 섰다는 뜻에서 거기서 둘을 치고, 그래서 '서른두 가지 모양[三十二相]'*이 이상스럽답니다. 아마 그거 그랬겠죠. 좀 덕기德氣 있는 사람도 얼굴을 보면 헌걸차게(매우 풍채가 좋고 당당함) 되고 눈이 독하지 않은데, 석가여래야 서른두 가지 특수한 모양이 났을 것입니다. 부처야 틀림없이 그렇게 됐지만, 남을 잘 통솔할 수 있는 임금도 모양이 그 근처는 갈 것입니다.

아닙니다, (가히) 서른두 가지 모양이 다르다고 해서
여래라고 하지 않습니다.
왜 그런고 하니, 여래가 말한 서른두 가지 상은
곧 상이 아닐새, 그 말이 서른두 가지 상입니다.

서른두 가지 상이 왜 나타나게 되는가 하면, 그 사람 마음이 밝아서 그 밝은 정신을 그 그릇에 담았으니까, 그 그릇 모양이 마음에 의지해서 그렇게 나타난 것이지, 그 그릇 자체 모양이 바로 그릇 속에 든 무슨 좋은 것이라고 생각할 수는 없습니다, 그런 말이겠지요. 그래서 '여래가 설하신 삼십이상은 곧 상이 아닐새…' 왜 그러냐? 마음이 밝아서 그렇게 됐으니까. 상이 아닐새…. 그러니까 마음이 밝으니까 그 결과 나타

---

* 붓다 혹은 전륜성왕(轉輪聖王)의 몸에 나타나는 32가지 특징.

났다고 할 것입니다.

수보리야, 만약 착한 남자나 착한 여인이
항하의 모래 수 같은 몸뚱이와 목숨을 가지고
남한테 이익이 있게 했다고 하자.

항하라는 것은 어저께 얘기했죠. 인도 대륙을 통과해서 벵골
만으로 빠지는 그 하수 가장자리에, 늘 연년이 비가 와서 물
이 넘치고 또 씻기고 그러니까, 그 가장자리에 모래들이 있
을 거예요. 그 모래가 퍽 가늘어요. 그래서 수효 많은 것을 항
하 모래라고 합니다.

　우리가 몸뚱이 단지 하나만 가진 줄 알지 이렇게 많은 몸뚱
이를 가졌으리라고는 생각지 못하는데, 우리보다 지혜 많은
이가 (생각해) 보면, 우리의 육신은 마치 먼 길을 가는 여객이
그 가는 중간에, 온종일 길을 걷고 저녁에 여관에 들어, 하룻
밤 묵어가는 것과 한가지예요. 영생으로 가는 길 중에 하룻
저녁 드새고 가는 여관이 지금 우리의 몸뚱이라고 할 것 같
으면, 아마 그들로서는 항하사 모래와 같은 몸뚱이와 목숨이
라고 이야기할 수 있을 것입니다. 그래서 그렇게 많은 몸뚱
이와 목숨을 가지고 남을 위해서 썼다고 말해요.

만약 다시 어떤 사람이 이 경 가운데
내지 네 글귀 게송만이라도 받아 가지고

다른 사람을 위해서 이야기한다면,
그 몸뚱이와 목숨을 〔여러 사람을 위해서 일해서〕 바친
것보다 훨씬 낫다.

그건 왜 그런고 하니, 몸뚱이로 아무리 일을 했어도 남의 성리를 밝게 해 주지 못하면 원만한 해결을 못 하는 것이니까…. 만약 남의 성리 밝혀 주는 일을 잠깐이라도 했다면, 참성리 밝히는 것은 가치가 있으니까, 그래서 그 복이 더 낫다고 그렇게 비교하는 것입니다.

爾時_에 須菩提 聞説是經_{하고} 深解義趣_{하고} 涕淚
이 시　　수 보 리　문 설 시 경　　심 해 의 취　　체 루

悲泣_{하야} 而白佛言_{하되} 希有世尊_하 佛説如是甚深經典
비 읍　　이 백 불 언　　희 유 세 존　　불 설 여 시 심 심 경 전

_{하시니} 我從昔來_에 所得慧眼_{으로는} 未曾得聞如是之經
　　　아 종 석 래　　소 득 혜 안　　　미 증 득 문 여 시 지 경

_{이니이다} 世尊_하 若復有人_이 得聞是經_{하고} 信心_이 清淨
　　　세 존　　약 부 유 인　득 문 시 경　　신 심　　청 정

_{하야} 則生實相_{하면} 當知 是人_은 成就第一希有功德
　　즉 생 실 상　　당 지　시 인　　성 취 제 일 희 유 공 덕

_{이니다} 世尊_하 是實相者 則是非相_{일새} 是故_로 如來説 名
　　세 존　　시 실 상 자 즉 시 비 상　　시 고　　여 래 설 명

實相_{이니이다} 世尊_하 我今_에 得聞如是經典_{하고} 信解受
실 상　　　세 존　　아 금　　득 문 여 시 경 전　　신 해 수

持_는 不足爲難_{이어니와} 若當來世後五百歲_에 其有衆生
지　　부 족 위 난　　　약 당 래 세 후 오 백 세　　기 유 중 생

_이 得聞是經_{하고} 信解受持_{하면} 是人_은 則爲第一希有_니
　득 문 시 경　　신 해 수 지　　시 인　　즉 위 제 일 희 유

何以故_오 此人_은 無我相 無人相 無衆生相 無壽者相
하 이 고　　차 인　　무 아 상 무 인 상 무 중 생 상 무 수 자 상

이니 所以者何오 我相이 即是非相이며 人相 衆生
　　　소 이 자 하　　아 상　　　즉 시 비 상　　　인 상 중 생

相 壽者相이 即是非相이니 何以故오 離一切諸相하
상 수 자 상　　즉 시 비 상　　　하 이 고　　이 일 체 제 상

면 則名諸佛이니이다 佛告 須菩提하사되 如是如是니라
　즉 명 저 불　　　　불 고 수 보 리　　　여 시 여 시

若復有人이 得聞是經하고 不驚不怖不畏하면 當知 是人
약 부 유 인　득 문 시 경　　불 경 불 포 불 외　　당 지 시 인

은 甚爲希有니 何以故오 須菩提야 如來說 第一波羅蜜
　심 위 희 유　　하 이 고　　수 보 리　여 래 설 제 일 바 라 밀

이 即非第一波羅蜜일새 是名第一波羅蜜이니라 須菩
　즉 비 제 일 바 라 밀　　시 명 제 일 바 라 밀　　　수 보

提야 忍辱波羅蜜을 如來說 非忍辱波羅蜜일새 是名
리　인 욕 바 라 밀　　여 래 설 비 인 욕 바 라 밀　　시 명

忍辱波羅蜜이니라 何以故오 須菩提야 如我昔爲歌利王
인 욕 바 라 밀　　　하 이 고　　수 보 리　여 아 석 위 가 리 왕

에 割截身體할새 我於爾時에 無我相 無人相 無衆生相
　할 절 신 체　　아 어 이 시　　무 아 상　무 인 상　무 중 생 상

無壽者相이니 何以故오 我於往昔節節支解時에 若有
무 수 자 상　　하 이 고　　아 어 왕 석 절 절 지 해 시　　약 유

我相人相衆生相壽者相이면 應生嗔恨하리라 須菩提야
아 상 인 상 중 생 상 수 자 상　　　 응 생 진 한　　　 수 보 리

又念하니 過去於五百世에 作忍辱仙人할새 於爾所世에
우 념　　 과 거 어 오 백 세　 작 인 욕 선 인　　 어 이 소 세

無我相 無人相 無衆生相 無壽者相이니 是故로 須菩提
무 아 상 무 인 상 무 중 생 상 무 수 자 상　　 시 고　 수 보 리

야 菩薩은 應離一切相하고 發阿耨多羅三藐三菩提心
　 보 살　 응 리 일 체 상　　 발 아 누 다 라 삼 먁 삼 보 리 심

일새 不應住 色生心이며 不應住 聲香味觸法生心이
　　 불 응 주 색 생 심　　 불 응 주 성 향 미 촉 법 생 심

며 應生無所住心이니 若心有住면 則爲非住니라 是故로
　 응 생 무 소 주 심　　 약 심 유 주　 즉 위 비 주　　 시 고

佛説 菩薩은 心不應住色布施니라 須菩提야 菩薩은 爲
불 설 보 살　 심 불 응 주 색 보 시　　 수 보 리　 보 살　 위

利益一切衆生하야 應如是布施니라 如來説 一切諸相
이 익 일 체 중 생　　 응 여 시 보 시　　 여 래 설 일 체 제 상

이 即是非相이며 又説一切衆生이 即非衆生이니라 須菩
　 즉 시 비 상　　 우 설 일 체 중 생　 즉 비 중 생　　 수 보

提야 如來는 是眞語者며 實語者며 如語者며 不誑語者며
리　 여 래　 시 진 어 자　 실 어 자　 여 어 자　 불 광 어 자

不異語者니라 須菩提야 如來所得法은 此法이 無實無虛
불 이 어 자　　　수 보 리　　여 래 소 득 법　　차 법　　무 실 무 허

니라 須菩提야 若菩薩이 心住於法하고 而行布施하면
　　　수 보 리　　약 보 살　　심 주 어 법　　　이 행 보 시

如人이 入闇에 則無所見이니라 若菩薩이 心不住法하고
여 인　　입 암　　즉 무 소 견　　　약 보 살　　심 부 주 법

而行布施하면 如人이 有目하고 日光이 明照하야 見種
이 행 보 시　　　여 인　　유 목　　일 광　　명 조　　　견 종

種色이니라 須菩提야 當來之世에 若有善男子善女人이
종 색　　　수 보 리　　당 래 지 세　　약 유 선 남 자 선 여 인

能於此經에 受持讀誦하면 則爲如來以佛智慧로 悉知
능 어 차 경　　수 지 독 송　　　즉 위 여 래 이 불 지 혜 로　　실 지

是人하시며 悉見是人이 皆得成就無量無邊功德이니라
시 인　　　실 견 시 인　　개 득 성 취 무 량 무 변 공 덕

이런 소리들을 모두 듣고 나더니, 수보리가 이 경의 심히 깊은 그런 뜻을 알고서 그만 눈물을 흘리고 울면서 부처님께 말씀드리기를,

"드물게 계신 세존님, 부처님이 이와 같이 심히 깊은 경전 설하신 것은 제가 옛날부터 여태까지 얻은 혜안, 내 지혜로는 일찍이 조금도 들어 보지 못했습니다.

세존님, 만약 어떤 사람이 이 경을 듣고 이대로 '참 그 말이 옳다'고 그래서 믿는 마음이 조촐해서 곧 '이렇게 닦으면 누구든지 성리가 밝겠군' 이렇게 한다면, 마땅히 〔알기를〕 이 사람은 제일 드물게 있는 공덕을 성취한 것이라고 하겠습니다. 이 실상이라고 하는 것은 곧 상이 아닐새, 이런고로 여래가 실상이라고 이름하셨습니다.

세존님, 제가 이제 이런 경전을 듣고서 믿고 알고 받아 가지는 것은 조금도 어렵지 않습니다. 만약 장차 오는 세상, 뒤 오백 년에 그 어떤 중생이 이런 경을 듣고 믿고 알고 받아 가지면 이 사람은 참 제일 드물게 있는 사람이 될 것입니다. 어찌 된 연고인고 하니, 이 사람은 '나라는 상'이나 '남이라

는 상'이나 '중생이라는 상'이나 '수자라는 상'이 없습니다. 왜 그런고 하니, 나라는 생각이나 남이라는 생각이나 중생이라는 생각은 곧 그 사람에게는 염두에도 없기 때문입니다. 다시 말하면 단적으로 무슨 특별한 다른 분별만 세우지 않고 자기 마음을 쓰면 아마 그건 그냥 부처님이니까요."

부처님이 수보리에게 이르시되, "그렇고 그러니라. 만약 어떤 사람이 이 경을 듣고서 놀라지도 않고 두려워하지도 않으면 이 사람은 참 심히 드물게 있느니라.

왜 그런고 하니 수보리야, 여래가 설하신 제일 바라밀은 곧 제일 바라밀이 아니요, 이름이 제일 바라밀이니라. 수보리야, 셋째 바라밀이 욕됨을 참는 바라밀인데 〔이것도 여래가 설하신 욕됨을 참는 바라밀이 아니요, 그 이름이 욕됨을 참는 바라밀이니라.〕

왜 그런고 하니 수보리야, 내가 옛날에 가리왕한테 몸뚱이를 베이고 끊기고 그랬다. 내가 그때에 '나라는 생각'도 없고 '남이라는 생각'도 없고 '중생이라는 생각'도 없고 '수자라는 생각'이 없었느니라.

왜 그런고 하니, 내가 옛날에 마디마디 긁히고 뽑히고 그럴 때에, 만약 나라는 생각이나 남이라는 생각이나 중생이라는 생각이나 수자라는 생각만 있었던들 내가 성이 났었을 것이다.

수보리야, 또 생각하니, 과거 오백 생 전에 내가 인욕 선인을 작해 있을 적에, 그때에 내가 참는 일을 했었는데, 그때 '나라는 생각'과 '남이라는 생각'과 '중생이라는 생각'과 '수자라는 생각'이 없었더니라.

그런고로 수보리야, 보살은 응당 일체의 모든 분별을 여의고 아누다라삼먁삼보리심을 내는 것이다.

그러니까 얼굴이 예쁘다고 거기 의지해서 마음을 내거나, 또 그 사람 소리가 좋다고 거기 의지해서 마음을 내거나, 또 냄새나 맛이나 또 살이 보드랍다거나 그런 걸 가지고 마음을 내지 않았으니까. 그럼 어떻게 하는가 하니, 어딘지 마음을 둬 두지 말고 그 마음을 낼 것이다.

그래서 만약 자기 마음에 어디 근거가 있게 마음을 낼 것 같으면 그것은 도저히 될 수 없다.

이런고로 부처님이 설하시되, 보살은 마음을 응당 색에 주하지 말고 보시하라고 하셨다. 여래가 설하신 일체 제상이라는 것은 상이 아니다. 그러니까 일체 중생이라는 것도, 뭐가 중생일 것이냐?

수보리야, 여래는 참말을 하는 사람이요, 실지로 있는 말을 하는 사람이요, 똑같은 말을 하는 사람이요, 속이는 말을 아니 하는 사람이며, 또 다른 변덕스러운 말을 하지 않는 자니라.

수보리야, 여래의 얻은바 법은 실다움도 없고 빔도 없다. 수보리야, 만약 보살이 마음이 법에 주해서 보시를 행한다면, 곧 아무것도 보이지 않는 것과 같다. 만약 보살이 마음이 어디 주하지 않고 보시를 행한다면, 마치 사람이 눈이 있어 일광을 보고 그 일광에 의지해서 가지가지 물질을 볼 수 있는 것 같으니라.

수보리야, 앞으로 오는 세상에 만약 착한 남자나 착한 여인이 능히 이 경을 받아 가지고 읽고 외우면, 곧 여래는 부처님의 지혜로써 다 아시고 다 보시느니라. 이 사람들이 모두 한량이 없고 가없는 공덕을 성취할 것이다."

이런 소리들을 모두 듣고 나더니, 수보리가 이 경의
심히 깊은 그런 뜻을 알고서 그만 눈물을 흘리고
울면서 부처님께 말씀드리기를…

수보리도 아마 이것 처음 듣는 모양이죠. 아마 너무 좋아도
눈물이 나는 모양이지요. 사람이라는 것은 슬프거나 좋거나
감정이 가지껏(한껏) 되면 눈물이 곧잘 나오고 훌쩍훌쩍 우는
것입니다. 그런데 이분은 그때 연치가 상당히 많은데 훌쩍훌
쩍 울었다고 그랬구먼요.

드물게 계신 세존님, 부처님이 이와 같이 심히 깊은
경전 설하신 것은 제가 옛날부터 여태까지 얻은 혜안,
제 지혜로는 일찍이 조금도 들어 보지 못했습니다.

지금 이십 년을 모시고 있지만 이건 처음 듣는 말이로군요.

세존님, 만약 어떤 사람이 이 경을 듣고 이대로
'참 그 말이 옳다'고 그래서 믿는 마음이 조촐해서
곧 '이렇게 닦으면 누구든지 성리가 밝겠군'
이렇게 한다면, 마땅히 알기를 이 사람은
제일 드물게 있는 공덕을 성취한 것이라고 하겠습니다.

제일 드물게 있는 공덕이라는 것은 아마 성리 밝는 일이 제

일이라는 말이겠지요. 이 '꼭 그렇다'고 하는 것은, [그대로 하면] 마음이 결정코 밝을 것입니다, 그 말입니다.

이 실상이라고 하는 것은 곧 상이 아닐새,
이런고로 여래가 실상이라고 이름하셨습니다.
세존님, 제가 이제 이런 경전을 듣고서 믿고 알고
받아 가지는 것은 조금도 어렵지 않습니다.
만약 장차 오는 세상, 뒤 오백 년에 그 어떤 중생이
이런 경을 듣고 믿고 알고 받아 가지면
이 사람은 참 제일 드물게 있는 사람이 될 것입니다.

이십여 년을 부처님을 모시고 있어서 이런 소리쯤 아마 해득(뜻을 깨쳐 앎)하기는 퍽 쉽겠지요. 그러나 당신이 안 계신 뒤 한 오백 년이 되면 아마 그거 기억이 많이 사라지겠지요. 우리가 부모 초상을 만나도 한 천 일만 되면 기억이 사라지는데, 이거 오백 년이면(500년이 지나도 믿는 사람이 있다면) 그이 명성이 상당히 높기 때문일 것입니다. 그런 사람이 드물게 있다기보다, 아마 그 사람은 성리가 상당히 밝은 사람이겠지요. 그 성리 밝는 방법을 잘 터득한다면.

어찌 된 연고인고? 이 사람은 '나라는 상'이나
'남이라는 상'이나 '중생이라는 상'이나
'수자라는 상'이 없습니다. 왜 그런고 하니

나라는 생각이나 남이라는 생각이나 중생이라는 생각은 곧 그 사람에게는 염두에도 없기 때문입니다.
다시 말하면 단적으로 무슨 특별한 다른 분별만 세우지 않고 자기 마음을 쓰면 아마 그건 그냥 부처님이니까요.

아마 '부처님이나 오시면 이 경전 그대로 옳다고 그럴까요' 이 말도 되겠지요.

부처님이 수보리에게 이르시되, 그렇고 그러니라.

아까 부처님이 여러 사람에게 마음 닦는 방법을 이야기해 주고, 또 그 사람이 알아들어서 울게 되었다면, 말하는 이도 아마 마음이 좋을 거예요. 그래서 부처님이 수보리에게 이르시되, '그렇고 그러니라' 한 것은 아마 기분이 좋아서 하시는 것일 겁니다.

만약 어떤 사람이 이 경을 듣고서 놀라지도 않고 두려워하지도 않으면 이 사람은 참 심히 드물게 있느니라.

'뭘 그까짓 것 해서 도통道通을 해? 도통이란 여간 어렵지 않은데.' 이렇게 생각하지 않고 '참 그《금강경》대로만 하면 곧 성리가 밝겠군' 이런 사람은 아주 가장 귀한 사람이다.

왜 그런고 하니 수보리야,
여래가 설하신 제일 바라밀은…

이게 보시바라밀이에요. 사람이라는 것은 탐심이 제일 앞서게 됩니다. 몸뚱이를 보전하는 데는 물건을 가져야 하니까. 그래서 누구든지 달라고 하면 아주 섬쭈룩 하단 말이야. 자기가 주려고 하면 괜찮은데, 달라면 아주 재미가 없거든. 왜 재미가 없는고 하니, 자기 몸뚱이를 가져야만 그게 되니까. 그러니까 닦는 사람들은 남이 달라고 할 때 속으로나마 즐거운 마음을 내라 그 말입니다. 주고 안 주는 것은 의논을 해 봐야 하니까. 지금 이 책을 누가 달라고 했다고 그럽시다. 내가 줄 권리가 있으면 문제가 없지만, 줄 권리가 없을 때는 의논도 하고 주인에게 얘기도 해야 하니까, 물건을 주고받는다는 것은 받을 사람도 받을 자격이 있어야 하고, 주는 사람도 줄 자격이 있어야 합니다. 하지만 주는 마음이야 못 낼 것이 없는데, 우리는 늘 (보면) 물건을 달라고 하면 섬뜩해하고, 또 싫다고 하면 오히려 줄 마음을 내고…. 이런 것은 모두 자기 컴컴한 마음을 연습하게 되는 것이니까 이것을 먼저 이야기하게 된 것입니다.

곧 제일 바라밀이 아니요, 이름이 제일 바라밀이니라.

왜 그러냐? 이 마음 닦느라고 주라고 그랬지, 또 마음 닦기 위해서 자기의 능력을 시험하라 그랬지, 이 주는 것 자체를 하기 위해서 한 것은 아니다 그 말입니다. 구라파에 가면 자동판매기를 놓고서 돈만 넣고 꼭 누르면 쏙쏙 나오는데, 뭐 자동판매기는 도통하고도 남을 게 아니야? 그건 만들어지기를 애당초 누굴 주려고 만들어진 거니까. 그러니까 자기 마음을 닦기 위해서 한다는 말이지, 누구에게 주려고 하는 것이 아닙니다.

수보리야, 셋째 바라밀이 욕됨을 참는 바라밀인데
〔이것도 여래가 설하신 욕됨을 참는 바라밀이 아니요, 그 이름이 욕됨을 참는 바라밀이니라.〕

제일 바라밀은 보시바라밀이고, 제이 바라밀은 지계바라밀, 미안한 것에 머물지 말라는 바라밀입니다. 제삼 바라밀은 인욕바라밀, 즉 '욕된 것을 참는다'는 말이니까, 치심癡心을 닦는 것입니다. 그래 당신이 이제 예를 하나 내는 거예요.

왜 그런고 하니 수보리야, 내가 옛날에 가리왕한테
몸뚱이를 베이고 끊기고 그랬다. 내가 그때에
'나라는 생각'도 없고 '남이라는 생각'도 없고
'중생이라는 생각'도 없고 '수자라는 생각'이
없었느니라.

이거 옛날이야기인데, 가리왕歌利王이라는 이가 사냥하러 갔더랍니다. 제왕들이 사냥하러 가는 것은, 군대를 훈련하는 거예요. 자기 영토 안에 어디 도적이 숨어 있나 살피고, 또 불시에 외적이 침범하는 것을 대비하기 위해서 하는 것인데, 요새로 말하면 기동연습 같은 거죠. 왕이 사냥을 하러 갔으니 군병도 많이 데리고 갔겠지만, 음식도 먹어야 하고 시중을 드는 예쁜 부녀들도 많이 데리고 갔을 겁니다. 우리나라 임금은 중국 임금을 닮아서 당신 앞에 시위하는 여자도 삼천 명이나 된다고 그랬으나, 우리 살림이 그렇게까지는 되지 못했겠지요. 중국의 법은 삼천 명이라고 그랬어요. 우리는 아마 삼백 명은 됐을지 몰라요. 여하간 그 가리왕이 그렇게 궁녀도 다 데리고 갔는데, 옆에 있던 예쁜 색시들이 모두 없어져 버렸어요.

도대체 어디로 갔나 보니까, 저 산 밑에 등신等神같은 사람이 하나 있는데 그 사람 앞에 가서 모두 절을 하고 엎드려 있거든. 그걸 보면 골이 날 수밖에 없지. 상대가 잘났으면 골이 더 났겠지만, 막대기 같은 사람이 거기 있으니까 "대체 너희들 왜 여기 와서 이러고 있느냐?" 하고 물었답니다. 왕의 시녀들은 말을 못 하고, 그 도인이 "내가 욕辱되는 것을 참는 사람이요, 또 그것을 닦는 사람입니다" 그랬던 모양입니다. 그러니까 왕은 마음에 건방지다는 생각이 들어서, "그래 네가 뭐든지 잘 참을 수 있단 말이지?" 물었더니 "내가 뭐든지 좀 참는 중입니다"라고 했답니다.

그때 왕쯤 되면 뭐든 마음대로 했으니, 이 왕이 덤벼들어서 그 사람의 팔을 하나 탁 잘랐던 모양입니다. 잘라 놓고 봐도 성을 안 내거든. 성을 안 내니까 또 잘랐지. 성을 내도록 자꾸 자르다 보니까, 팔다리 등을 모두 자르고…. 나중엔 뼈다귀 살을 긁어내어 뼈다귀는 따로 추리고…. 이런 심한 짓을 했다는 이야기입니다.

이건 옛날이야기니까 옛날에야 혹 그랬겠다고 해요. 내가 1922년에 구라파에 갔는데, 마침 그곳 신문에 무슨 이야기가 실렸는가 하니, 인도의 왕족 하나가 영국 런던에 왔는데, 아마 그 사람도 부인이 한 여남은 명 됐는데, 여남은 중에 제일 예쁜 부인을 데리고 왔단 말이야. 런던 호텔에 있을 때 아마 그 시위하러 온 영국 황실 관리가 미끈하게 생겼던 모양이지. 자기가 데리고 온 색시가 그 남자를 보고 좋아하는 눈치를 보고서는, 그 인도 왕족이 그 여인을 방으로 데리고 가서 눈알을 뺐단 말입니다. "이 눈알로 그놈을 봤지!" 그거 질투거든. 한쪽 눈알을 빼도 시원치 않으니까, 다른 짝 눈알을 마저 뺐단 말입니다. 그래도 시원치 않으니까 젖을 베고, 그래도 시원치 않으니까 손가락을 모두 베고 자르고 이래서 그만…. 그놈의 짓이 병적인데, 나중에 뼈다귀는 뼈다귀대로 추리고 고기는 고기대로 떡 추려 놓고 앉았단 말이야. 그러니 좀 해괴해요?

영국에서 그런 걸 가만 내버려 둘 수가 있어야지. 영국 국회에서 그걸 살인죄로 다스리자고 많이 논란이 되었지요. 인도의 왕족이니까 인도 왕족으로 대접하자면 영국 법률이 미치지 않고, 그냥 보통 사람이면 영국 법률에 저촉된다고 해서 국회에서 문제가 되었지만, 결국은 그 왕실, 영국 정부의 요청 때문에 그 사람을 처벌하지 않은 일이 있어요. 그러니까 뭐 1922년에도 영국에서 그런 일이 있었던 것을 파리에서 내가 신문으로 봤으니까, 아마 지금도 그런 사람이 혹 산골 오지에는 있을는지 몰라요. 또 지금도 인도에는 그런 사람이 더러 있을는지 모릅니다.

이것이 석가여래가 당한 아주 몇천 년 전, 몇만 년 전의 일이라기보다, 아마 요새도 질투심이 심하면 이런 짓을 하고, 또 어떤 법률의 제재를 받지 않는다면 이런 짓을 할 겁니다. 그때 가리왕이 석가여래를 아주 그렇게 했어요. 그때 '나'라는 생각이나, 또 남이라는, '저 가리왕이 어째서 날 죽이나?' 이런 생각이나, 또 '가리왕은 몰라서 그렇다' '나는 알아서 그렇다' 그런 생각을 할 것 같으면, 참 나(부처)가 안 됐을 것이다.

왜 그런고 하니, 내가 옛날에 마디마디 긁히고 뽑히고 그럴 때에, 만약 나라는 생각이나 남이라는 생각이나 중생이라는 생각이나 수자라는 생각만 있었던들 내가 성이 났었을 것이다.

예수가 십자가에 못 박힐 적에, 거 분할 거요, 안 분할 거요? 분할 거란 말이야. 아마 못 박혀서, 심장을 뚫어서, 심장에서 피가 나올 때까지 아마 기가 막혔겠지. 심장에서 피가 일단 나와서 감각이 정지된 뒤엔 더 무슨 생각 할 것 있어요? 그런 데 여기서 보면 이건 마디마디 잘랐다니, 그러면 이 몸뚱이는 놓아두고 우선 손부터 그렇게 막 잘라서 긁어냈는지, 여하간 자기가 감촉感觸할 수 있었으니까 하는 소리입니다. 그때 '나'가 있다고 하거나 '남'이 있다고 하거나 '중생'이라는 생각이나 '수자'라는 생각이 있었으면 그때 내가 성이 났을 것이다.

수보리야, 또 생각하니, 과거 오백 생 전에 내가 인욕忍辱 선인을 작해 있을 적에, 그때에 내가 참는 일을 했었는데, 그때 '나라는 생각'과 '남이라는 생각'과 '중생이라는 생각'과 '수자라는 생각'이 없었더니라.

언젠가 《화엄경》을 보니, 아일다阿逸多, Ajita(미륵) 보살이라는 이가 있었는데, 그이가 퍽 부자이고 권력도 있었던 모양입니다. 아마 인도에서 라자[王]라고 할 수 있었을 만한 이인데, 그이가 누구에게나 뭘 주기를 좋아해요. 그렇게 주기를 좋아해서, 잘 주겠다고 그렇게 말을 해서, 외국에서도 사람들이 오면 다 주었는데, 나중에는 줄 게 하나도 없게 되었단 말이야.
　그런데 어떤 사람이 와서는 "당신 눈을 좀 빼 주시오" 그러거든. 이이가 가만히 생각하니까, '내가 눈을 빼 줄 생각은 한 일이 없고, 또 가지고 가도 필요가 없으니까 눈 빼 달라는 사람도 없었는데, 이 사람은 눈을 빼 달란다? 내가 이 사람 말을 못 들었다면 눈에 대한 애착을 닦지 못할 뻔했구나' 싶어서 하도 좋고 신기해서,

"허, 여보! 거 무슨 생각으로 나더러 눈을 빼 달라고 그랬소?"하고 물었더니 그 사람이 성을 내면서,

"당신이 뭐든지 잘 준다니까 그랬지 뭐. 눈 좀 빼 달라는 게 그렇게 나쁘면 주지 말구려."

"아니 그래서 하는 말이 아니고, 그 눈은 당신이 갖다가 무엇에 쓸 데가 없는데, 나나 필요한데, 그걸 빼어 달라는 마음이 왜 생겼나 그걸 내가 물어본 것이오."그렇게 말하니까, 그 사람이 성을 내면서 하는 말이

"뭐 그렇게 아까워하는 것은 나도 달라기 싫소."그러더랍니다. 이 이야기를 적어 놓은 걸 보고 '거 참 그럴 수도 있을까?' 하는 생각을 했습니다.

6·25 동란 때에 부산으로 피란하러 갔는데, 난 그때 그래도 대한민국 정부에서 벼슬(내무부장관)을 했대서, 특별히 일찍 서울로 올 수 있었지요. 그래 서울 와서 우리 집을 둘러보니 아무것도 없어요. 뒷간에 가니까 뒷간 빗자루도 없단 말이야. 이상스러워서 '거 뒷간 비는 왜 없나?' 그렇게 생각을 하고 앉았더니, 그거 뒷간 비 없어지겠더군요. 왜 없어지는고 하

니, '그 집에 뭐가 있다' 그래서 여럿이 몰려와 죄다 집어 갔단 말이야. 좀 일찍 왔으면 괜찮은 걸 집어 갔을 텐데, 늦게 온 사람은 집어 갈 게 있나? 집어는 가야 하겠고, 그래서 슬슬 다니다 보니 뒷간 비가 하나 있거든. 자, 이걸 집어 가야 해? 안 집어 가야 해? 딱한 처지라 안 집어 갈 수는 없거든, 가지러 온 마음이라. 그래서 가지고 간 것을 생각하니 '아, 그거 그때쯤 뭐가 좀 더 있었더라면 괜찮았을걸' 그런 생각도 했어요.

나중에 그 집에 있을 수 없어서 용산으로 가서 있었는데, 경찰관을 지낸 치안국장네 집이었어요. 어느 날 마포에서 누가 나를 보러 왔다고 했어요.

"내가 직접 볼 것 없으니, 너 좀 대신 나가 봐라." 그랬더니, 나 대신 나가 본 사람이 와서 떠억 하는 소리가,

"저는 장관님 보따리 안 갖다 먹었습니다" 그러거든. 이거 이상스럽단 말이야.

"안 갖다 먹었으면 됐는데, 왜 나더러 말하느냐?" 그러니까,

"제 친구 놈이 백 장관 보따리라고 서른두 개를 나한테 맡겼다가 도로 다 찾아갔는데, 그러고는 그놈이 나더러 (그 보따리를 다) 먹었다고 합니다. 하도 원통해서 하소연하러 왔습니다." 그래 그걸 듣고서 그 사람이,

"아 저 장관님 보따린 좀 찾을 겁니다."

"이놈아! 찾긴 뭘 찾아. 내가 그걸 짊어지고 다녔더라면 작

은 옷도 입어야 하고 큰 옷도 입어야 하고 성가신데, 그걸 가져갔으니 좀 좋으냐? 이제는 새 옷 마음대로 해 입겠는데 뭘, 좋지."

그러니까 잃어버린 놈 손해가 아니고, 사실은 가져간 놈이 손해란 말입니다. 그 넝마를 가져가서 처리하자면 참 곤란하거든. 물론 그때는 팔아먹으니까 쉬웠을지 모르나….

실지로 내가 산중에 있을 때 닦아 봐도 그래요. 정말이지 '그건 이만하면 됐다' 할 때 누가 와서 "어떤 걸 다오" 해서 남의 마음을 충동시켜 주면, 닦는 입장에서는 참 반가워요. 그때에 아일다 보살은 눈깔을 달라는 말 듣고는 그렇게 이상스러워서, 하도 이상스러워서 물었더니 그 사람이 성을 내더라고 얘기했는데, 마음 닦는데 혹 그런 때도 있는 것입니다.

그런고로 수보리야, 보살은 응당 일체의 모든 분별을 여의고 아누다라삼먁삼보리심을 내는 것이다.

곧 그 분별 닦기 위해서 아누다라삼먁삼보리심을 내는 것이니라.

그러니까 얼굴이 예쁘다고 거기 의지해서 마음을 내거나, 또 그 사람 소리가 좋다고 거기 의지해서 마음을 내거나, 또 냄새나 맛이나 또 살이 보드랍다거나 그런 걸 가지고 마음을 내지 않았으니까.

그럼 어떻게 하는가 하니, 어디든지 마음을 둬 두지 말고 그 마음을 낼 것이다. 그래서 만약 자기 마음에 어디 근거가 있게 마음을 낼 것 같으면 그것은 도저히 될 수 없다. 이런고로 부처님이 설하시되, 보살은 마음을 응당 색에 주하지 말고 보시하라고 하셨다.

갚을 수 있는 사람에게 물건을 준다면, 그 순간부터 그 사람의 종이 되어 버려요. 왜 종이 되는고 하니, '이 사람이 이것을 가지고 가서 언제 가져올 건가? 가지고 가서 잘돼야 할 텐데…' 또 잘되면 '날 다시 돌려줄 마음이 나나?' 또 돌려주면, '어휴! 저는 얼마나 가져가서 큰 부자가 됐는데 그거 열 냥 가져갔다고 열 냥을 도로 가져오면 어떻게 해?' 이런 심통도 나기 쉬운 것입니다. 그러니까 애당초에 그때 그 사람이 필요해서 줬거든, [아주] 주어 버리고 말 것 같으면 우선 그때 편안하고, 그 후에 그 사람이 갖다 갚으면 또 별안간에 생각지도 않았던 것을 주니 고맙고, 여러 가지로 좋을 거예요. 그런데 또 이건 뭐 갚을 수 있는 사람에게 주니까, 자기 마음이 늘 옥죄고 시원치가 않지요.

엊그저께 광산 사업하는 정 아무개란 사람이 한번 와서 그래.

"당신은 부산 계실 때부터 여전하시구먼요."

"아니 뭐가 여전하다는 거요?"

그런데 그 사람도 광진(한국광업진흥주식회사) 산하의 옥광 광산을 했기 때문에 나를 보고 '여전하시군요' 그래. 그래 내가 하는 소리야.

"한번 광산을 팠으면 다른 데 가서도 광산을 곧잘 파야 할 것 아니오. 그래야 광산 판 사람이지. 그저 옥광 광산만 파고 다른 광산은 못 판다면, 그건 콧구멍 쑤시는 사람이지 어디 광산쟁이가 될 수 있소?"

"그래서 나도 그저 감탄을 하는 겁니다. 광진에서도 그렇게 돈을 잘 만들고 남에게 잘 주시더니, 여기(동국대학교) 오셔서도 이렇게 굉장히 지으시는구먼요."

그래 내가 하도 우스워서,

"땅 구멍을 파면 돈이 생기고, 산꼭대기에서는 돈이 안 생기나? 어디든지 제 복 지으면 될 거 아니오?"

그렇게도 이야기하였지만, 실지로 여기서는 그런 일을 했는데 저기 가서는 그런 일이 안 된다면 그거 아마 제 마음에는 결과 없겠지요.

예를 들면 석가여래가 살아 계셨을 적에, 어떤 수도자가 석가여래께 가는데 중간에 꿩이 나와서 부탁하더랍니다.

"내가 저 나무에 앉아 울면 목소리가 좋고 이 나무에 앉아서 울면 목소리가 나쁘니, 석가여래 보거든 왜 그런지 좀 물어봐 주시오."

그이가 석가여래께 가서 이 꿩의 이야기를 여쭤보니, 석가여래 대답이 이래요.

"한쪽 나무 밑에는 금맥이 있어서 거기 금 기운에 울려서 꿩의 목소리가 좋고, 이쪽 나무 밑에는 암석이 있어서 거기 앉아서 울면 암석에 받혀서 딱딱한 소리가 나므로 듣기 싫으니라."

모든 것이 원인 지어서 결과라면, 남이 복 지어서 잘되는 것을 보고 시기할 것이 없어요. 자기가 하는 것이 좋고, 또 자기도 할 수 있다면 그것이 좋은 것이 아니겠어요. 그러니까 언제라도 무슨 생각이 들거나 무슨 일을 만날 적에 제 마음 들여다보고 해결하면 픽 좋고, 제 마음 들여다보고 해결할 수 있을 만큼 [닦아서] 준비되면, 이 세상은 사실 낙樂의 세계이지 고苦의 세계는 절대로 아닐 것입니다.

내가 1·4 후퇴(1951년) 때에 인천에 갔더니, 아우성치면서 모두 바닷물에 빠져 죽는 것을 보니 기가 딱 찬다. 목포에 가면서 이야기를 들으니까, 부산은 사람 발도 붙일 수 없을 정도로 힘들어서 거리에 귀신이 나올 것처럼 되어 있다고 해요. (그거 안됐는데⋯) 그래서 나는 그만 목포에서 뱃길로 얼마를 가다가 완도라는 데 가서 슬쩍 떨어져 버렸지. 떨어져 버렸더니만 같이 가던 친구가 왜 이러느냐고 그래요. 그 사람은 나를 부산으로 데리고 가서 이용해 먹자는 거지. 나를 앞세워 저희도 부산 상륙하자는 생각이었는데, 내가 중간에 그

만 빠져 버리니까 아마 기가 막힌 모양이에요. 그래서 내가 뭐라고 했느냐고 하니,

"너희 녀석들은 그래도 경찰 하던 친구들이니까 거길 가면 수상 경찰서에 말해서 들어갈 수는 있을 텐데, 나는 뭐 하러 부산 길거리에서 그렇게 흉한 꼴을 보겠니?"

그렇게 따로 있다가 뒤에 이야기를 들으니, 내가 부산에 꼭 가야 한다는 겁니다. 어쩔 수 없이 부산에 가서, 기업체(한국광업진흥주식회사) 하나를 떠억 맡아 광鑛을 팠어요. 중석重石(텅스텐을 함유한 광석) 한 톤에 천 달러도 못 하던 것을 사천 달러씩 준다고 하거든요. 돈이 참 많이 생겼어요. 그래서 광진 사람들에게 "너희들 여기 와서 죽을 지경이니, 우선 너희들 밥 먹고 나거든 불쌍한 사람들 오면 잘 줘라" 그랬지요.

"쭈욱 [돈부터] 주고, 받은 사람에게 도장을 받아 놔두면 이 다음에 시비하는 놈 없겠지."

그렇게 줘서 다시 소리가 없으면 매우 좋을 거 아니오. 이 놈들이 공돈을 얻어먹으니까 나가서 자랑을 하더군요.

"아무개한테 갔더니, 돈을 주데."

"아니 돈을 줘?"

"응, 내가 을렀지! 을렀더니만 그놈이 주더군."

이렇게 소문이 나니 와아 몰려와요. 그때는 돈이 있는 판이니까 참 잘 줬지요. 언젠가는 여승·남승들이 중 복장을 하고 모두 앞에 달려든단 말입니다. 건너편이 조선은행(한국은행)이었는데, 조선은행에서 궁금해했어요.

"아니 저기 왜 중이 저렇게 꾀어들까?"

"말 말게. 거기 중의 두목이 들어앉았거든."

나중에는 무슨 신분증 같은 걸 내밀고는, 이렇게 돈 달라는 놈들도 있었어요.

"지금 어디로 전근하러 가는 중에 노자가 떨어졌으니, 돈을 내시오."

별놈들 다 있지요. 한 번은 서울 화계사 중이 왔습니다. 좀 듬뿍이 줬어요. 그때 삼십만 환■이면 많은 돈이지요. 이 중이 별안간 삼십만 환을 얻으니까 아마 눈이 홱 돌았던 모양이에요. 서울에 와서는 화계사가 대포에 맞은 것을 그 돈 가지고 다 고쳤거든. 이런 일이 있고 난 뒤에는 이 중이 나만 보면 손 내미는 거예요. 얼마? 삼십만 환만큼 내라는 거예요. 삼십만 환만큼이 어떻게 되나 보니까, 웬걸 서울 와서는 백만 환, 이백만 환, 삼백만 환이 되는 겁니다. 부산 있을 때는 삼십만 환이 우스웠지만, 서울 올라온 지금 백만 환은 참 뻐근하고 많은 거란 말입니다. 그래서 "어떻게 너, 염치없이 많이 달라고 그러느냐?" 물으니까 "아따, 총장님은 그만큼 줄 수 있는데 뭘 그러우."

빌어먹는 놈은 영원히 머리에 박혀 있고, 준 놈은 잊어버리니, 이런 거 그것참 석가여래도 닦기 퍽 어려웠을 거예요. 애당초 줄 적에 '줬다는 생각'만 없으면 좋은데 말입니다. 그래도 그때에 그걸 주긴 줬는데, 그놈들이 가서는 "협박을 했더니 주더라" 이렇게 소문을 냈어요. 그 뒤엔 안 줬더니만, 신문 기자들이 와서는 아주 주먹을 치면서 어쩌고 어쩌고 소란을 피워요.

"이 망할 놈의 자식들. 너, 이놈! 왜 어른한테 버르장머리 없이 구느냐?"

그렇게 해서 그놈들을 보냈어요. 그런데 그 뒤엔 또 뭐라 하느냐면, 내가 못된 행세를 했는데 그걸 신문에 낼 테니 [그게 싫다면] 돈을 내라고 해요. 이거 착한 척하다 아주 망하겠다, 그 말입니다. 착한 척을 하지 말고 실지로 착하면 이런 것 다 안 당하오. 내가 아주 실지로 겪어 봤어요. 그래서 누구 돈 준다고 좋아할 일이 아닙니다. 자기가 주는 마음을 연습하라는 말이지요. 아무 이유 없이 주지 말아라. 아무 이유 없이 줬다가는 욕봅니다. 잠도 잘 수가 없어요.

[6·25 전쟁 피란 때] 부산 시장의 집 위층, 원두막 같은 방에 살았어요. 무슨 호위가 있는 것도 아니고, 시장 집이니 문을 늘 열어 놓지. 어느 땐가 밤중에 자다 보니 시커먼 놈이 서 있더란 말이야. 자, 이걸 보고 소리를 질러야 옳은가, 안 질러야 옳은가? 가만히 누워서 들어 보니, 이놈들 두 놈이었던 모양이야. 꾸물꾸물 한 놈이 "주무시나 봐" 뭐 어쩌고 그러거든. '주무시나 봐' 하는 걸 보니 나 죽이러 온 놈은 아니로군. 어험, 기침을 하니 이것들이 밤중에 엎드려 절을 하는데, 어떤

놈인지 알 수가 있어야지요.

"대체 웬 놈이 밤중에 와서 이러느냐?" 물으니까,

"아이구 저희가 죽게 됐습니다."

"뭐가 죽게 돼서 이 밤중에 이러느냐?"

"말 한마디만 해주십시오."

"그거 무슨 말이냐?"

"정 아무개가 돈을 갖다 냈어요, 안 냈어요?"

"이런 망할 놈들! 이 밤중에 시커먼 놈들이 들어와서 어떤 놈이 돈을 냈나니? 그럼 냈으면 그 돈 훔쳐 가겠단 말이야?" 그러니까

"아휴, 그게 아니에요. 글쎄 그 대답만 해 주십시오."

일어나 앉아서 물었지.

"어떻게 된 거냐?"

"당신이 정 아무개에게 청양 광산을 줬다고 해서, 돈 5억을 [정 아무개에게] 갖다 주지 않았겠어요. 어저께 저녁에 갖다 주곤 겁이 났습니다. 광산꾼에게 돈을 주면 가지고 달아날 수도 있는 건데, 이거 어떻게 하나 싶어서 형제가 잠을 자려고 해도 잘 수가 없어서 할 수 없이 여기를 왔습니다."

"이놈아! 여기 내가 혼자 자는 줄 알고 이렇게 들어왔단 말이지?"

"오다 보니 그렇게 됐지요. 제발 그 돈 받았다는 것만 말씀해 주십시오."

"너희가 어저께 [정 아무개에게 돈을] 줬으면 내가 어떻게 그

돈을 받았겠니? 돈 안 받았다." 그랬더니,

"그러면 저흴 살려 주는 셈치고, 내일이라도 돈을 받거든 이야기를 좀 해 주십시오."

"아 이놈아, 달아났으면 벌써 달아났을 거고, 안 달아났으면 내일 있을 거 아니냐? 그러니 그동안 좀 참고 잠이나 실컷 자. 그 돈 가지고 이미 달아났으면, 너희가 지금 조바심 낸다고 유익할 게 뭐 있니? 잠만 못 잘 뿐이지. 그러니 실컷 자고서 내일 아침에 안 달아났으면 내일 올 거 아냐? 그러니 좀 참고 잠 실컷 자다가…. 가지고 달아났대도 조바심 내서 뭐 득 될 게 있니? 잠만 못 잘 뿐이지. 그러니 실컷 자고, 내일 아침에 안 달아났으면 하느님 덕분이고, 달아났으면 [하늘이 나] 쳐다보구 그러는 거지, 그거 미리 걱정할 게 뭐 있어?"

"아휴, 제발 그러지 말고 알아봐 준다고 해 주십시오."

이놈들 오래 두었다간 내가 잠을 못 자겠고 귀찮아서

"아따 이놈아, 알아봐 주마" 그랬지. 그러고는 식전부터 회사에 가려고 나오니까 문간에 서 있단 말이야.

"네가 밤중에 왔던 놈이냐?"

"그렇습니다."

"이놈아, 순사한테 말하면 잡혀가. 이 빌어먹을 놈, 저리 가 있거라."

그러고는 회사에 갔지. 열 시쯤 정 아무개가 오더군. 그놈이 온 걸 보니, 달아나진 않았단 말이야. '하, 이게 이렇게 되는군.' 정 아무개에게 물었지.

"너, 어떻게 됐니? 오늘 돈 안 갖다 내면, 넌 이제 안 붙인다."

"하, 인제 됩니다. 인제….”

"인제 되다니? 이놈아! 어저께 저녁에 돈 5억 가져왔다는데, 이제 돼?"

"아니, 그걸 어떻게 알았습니까?"

"어떻게 알다니? 밤중에 어떤 놈이, 귀신이 와서 일러 주더라."

"글쎄 그것 때문에 지금 가지고 오는 길이에요."

"이 빌어먹을 놈. 그랬으면 어저께 저녁에 갖다 내야지, 여태까지 안 냈어? 열 시가 되도록? 안 된다. 여봐라, 이놈은 어제저녁에 돈 있으면서도 안 낸 놈이니, 이놈은 붙이지 마라."

"아니, 날 죽이려고 이러십니까?"

"그러면 어서 내!"

그래서 억지로 1억 2천만 환을 내게 했지요. 이래 놓고는, 자 그놈들 만나면 이제 거짓말은 안 하겠다, 그러고 집에 돌아갔더니, 어젯밤 그 녀석들이 와 있어요. 그때는 나하고 친한 폭이지. 인제 와 앉아서

"어떻게 됐소?" 그런단 말이야. 그래서

"내가 인제 받았다."

"아휴! 이제 우리 살았습니다."

"이놈아, 너희는 살았지만 왜 나를 이렇게 귀찮게 굴어? 어서 가라."

그들이 밖에 나가서 그러더래. '백 박사가 보증했으니까 난 부자가 됐다'라고. 정 아무개한테 내가 돈 받았다는 말만 했는데, 뭐가 보증이냔 말이야. 그 뒤에 정 아무개가 나를 만나서 묻더라고.

"그래, 그 아무개 놈한테 보증했어요?"

"보증이라니, 무슨 보증?"

"중석 이백 톤 값으로 내가 받았는데요."

"이놈아, 남의 돈 이백 톤 값을 받았으면 이백 톤 주면 그만이지, 무슨 보증이 그렇게 상관을 한단 말이냐?" 그러니까

"그런 건 다 튕기고 줘야 하는데…. 아, 그걸 박사님이 주라고 하시면, 그거 곤란한 거 아닙니까?"

"이놈아, 튕기고 주거나 말거나. 어떻든지 감옥만 안 가면 그만이지, 그렇게 할 것 뭐 있냐?"

아, 이런 구경을 다 하지 않았겠어요. 그러니까 이게 시방도 그래요. 그저 편지가 오면 혈서가 들어 있고, 혈서를 보면 '나를 일평생 먹여 주시오' 이렇게 쓰여 있거나, 그렇지 않으면 '한 4만 원만 가지면 장사를 해 먹겠소' 이런 게 들어 있거든. 그런 것 들어올 적에 내가 웃는 거야. 허 그것참, 이게 백가가 어떻게 데굴데굴 굴러다니면서 남의 돈 가지고 쓴 것 때문에 이런 짓을 당하거든. 그러니까 이런 게 왔을 때도 '그거 좋다'라고 생각하면 기분이 괜찮지만, 혈서 같은 건 아주 좋지 않아요. '허 이거 하필 나한테…'라고 생각이 들면 아주 끔

찍하지요. 그 혈서 들어오는 거, 아주 좋지 않아요. 그 사람은 좋아서 그걸 쓰는지 모르나, 그걸 보는 나는 아주 진저리가 난단 말이야. '하, 아팠을 텐데, 이걸 따서 혈서를 써?' 이 박사(이승만)도 그래요. 그 혈서를 보고 가만히 있길래 "거 어떻소?" 물으니까, "글쎄, 이거 아주 재미가 없어" 하시던데, 나도 재미없는 꼴 벌써 한 번 당했지요.

광진 사무실에 있었는데, 젊은 아이가 와서 내가 꼭 저의 아버지인 것 같다나. 그래 내가 물었지.

"너의 아버지를 봤나?"

"못 봤소."

"이 녀석아, 못 봤는데 같긴 뭐가 같으냐?"

이건 더 말을 못 하지 않겠소. 그러자 이 녀석이 어디서 구두장이가 쓰는 칼을 쓱 꺼내더니만 손가락을 콱 찍는단 말이야. 나한테 피가 탁 튀었어. 조금 어이가 없더군.

"옳지 않다."

그랬지. 이놈이 아프니까 얼굴을 찡그릴 수밖에.

"이 녀석아, 뭐 하는 짓이냐?"

"이렇게 아버지라고 맹세를 하는 겁니다."

"그렇게 네 팔목을 끊어도 아버지는 안 되는 거고, 쓸데없이 그런 장난 아예 하지 마라!"

사람을 불러서 백병원에 데리고 가라며 돈을 2천 환 줬더니, 이 망할 녀석이 열흘만큼씩 와서 2천 환씩 뭐 몇 번을 받아 갔다나. 그래서 내 그걸 보고 말했어요.

"제 복을 못 지으면 손가락을 끊어도 2천 환밖에 안 생기고, 제 복을 지으면 손가락 안 끊어도 얼마라도 생길 수 있으니, 부지런히 제 복을 닦을지언정 그런 일은 안 하는 것이다."

여래가 설하신 일체 제상이라는 것은 상이 아니다.
그러니까 일체 중생이라는 것도, 뭐가 중생일 것이냐?

여래가 설하신 일체 제상이라는 것은, 그 중생이 중생 분별로 (인하여 중생이) 된 것은, 그게 (실)상이 아니다. 그러니까 일체 중생이라는 것도, 마음이 미迷한 것이 중생인바, 깨치고 있으면 뭐가 중생일 것이냐?

수보리야, 여래는 참말을 하는 사람이요, 실지로 있는
말을 하는 사람이요, 똑같은 말을 하는 사람이요,
속이는 말을 아니 하는 사람이며, 또 다른
변덕스러운 말을 하지 않는 자니라. 수보리야,
여래의 얻은바 법은 실다움도 없고 빔도 없다.

이렇게 내가 말하는 것이 모두 허튼수작이 아니다 그 말이야. 그때그때 경우에 필요해서 이야기한 것이니, 실제도 아니지만 거짓말도 아닐 것이다.

수보리야, 만약 보살이
마음이 법에 주해서 보시를 행한다면,
곧 아무것도 보이지 않는 것과 같다.

은혜를 갚을 수 있는 사람에게 베풀면, 그 순간부터 '이 사람
이 이걸 잘 갚아야 하겠는데…' '잘돼야 하겠는데…' 하여 그
때부터 그 사람에게 그만 물질과 마음이 붙어 가서 자기 자
유를 전연 얻을 수 없게 되는 것입니다. 무슨 일을 행할 때 어
떤 보수를 기다렸거나 어떤 목적이 있어서 한다면, 마치 사
람이 컴컴한 데 들어가 있는 것 같아서 아무것도 보이지 않
고, 자기 마음도 컴컴해지고 주위도 컴컴해진다는 것입니다.
그건 왜 그러냐? 자기 마음이 한군데로 들어가니까 절대로
자유가 있지 않은 것입니다.

만약 보살이 마음이 어디 주하지 않고
보시를 행한다면, 마치 사람이 눈이 있어
일광을 보고 그 일광에 의지해서
가지가지 물질을 볼 수 있는 것 같으니라.

내 간탐심慳貪心(재물과 법 등에 집착하여 남에게 베풀지 않는 마음)
을 닦기 위해서 남이 달라는 데 응할 수 있다면, 제 마음의 간
탐심을 제除했는지라 그때부터 상쾌할 것입니다.

수보리야, 앞으로 오는 세상에 만약 착한 남자나
착한 여인이 능히 이 경을 받아 가지고 읽고 외우면,
곧 여래는 부처님의 지혜로…

'여래는 부처님의 지혜로' 여기가 좀 말이 뭣한데, '여래'라는
그 당처當處는 사람이 닦아서 밝아서 밝은 광명 전체에서 남
을 가르쳐 주기 위해 마음 낸 곳, 곧 주세불을 여래라고 말했
어요.

　여기 '부처님의 지혜'란 무엇이냐? 자기가 탐심과 성내는
마음과 어리석은 마음을 닦아서 밝았기 때문에, 닦아서 밝은
인因이 있기 때문에, 그때 가서 남을 가르쳐 주겠다는 마음이
날 때는 자기의 그 '제 잘난 생각'이 닦아지게 되는 것입니다.
그것을 완전히 닦을 수 있고 또 닦은 이를 부처님이라 그러
면 꼭 적당해요. 닦아서 밝은 이와, 닦아서 밝아서 닦아 밝았
다는 분별도 없는 이, 이것이 여래와 부처님이 구별되는 점
입니다.

　언제라도 이렇게 닦아 밝은 이들은 열 가지 이름이 구
족具足(온전히 갖춤)합니다.

(1) 여래如來: 이렇게 왔다.
(2) 응공應供: 남의 공양을 받을 수 있다. 왜 그러냐? 탐심이
　　라는 것은 곧 그 사람 전체의 몸뚱이 착이니까, 남의 공
　　양을 능히 받는다는 것은 자기가 받는 생각이 있지 않

아야 그 사람이 광명으로 옮겨 갈 것입니다. 그래서 공양에 응할 수 있다는 것.

(3) 정변지正編知: 그 한마음 밝는 데 조금도 지식의 장애가 없는 것, 전부 안다는 것.

(4) 명행족明行足: 실행을 잘할 수 있다.

(5) 선서善逝: 잘 가신 이. 잘 가셨다는 것은 이 고생의 세계에서 [잘 가셨다는 것이지요]. 그럼 '고생'이란 대체 무엇이냐? 탐심을 닦은 자에게는 고생이 전연 없을 것입니다. 탐심을 가진 자에게만 고생이 있는 것입니다. 성내는 마음이 있는 사람에게는 투쟁이 있고 전쟁이 있을 것입니다. 또 제 잘난 생각이 있으면 지혜가 없어서 어두워집니다. 이 세 가지는 곧 몸뚱이이면서 곧 고생입니다. 이것만 없으면 고생이란 자체가 있질 않아요. 보통 내가 '고생'이라고 느끼는 것을 (분명히) 모를 때에 고생이지, 실지로 그 내용을 알고 보면 절대로 고생이 아니고 역시 낙樂이 존재하는 거예요. 그러니까 무지라는 것이 고생을 낼지언정, 지혜[있는 사람에게]는 고생이라는 것이 전연 없는 것입니다. [나머지 다섯 가지 여래의 이름*은 이전 강의를 참고하세요.]

---

* 세간해(世間解, 세상일을 아는 이), 무상사(無上師, 위 없는 스승), 천인사(天人師, 하늘과 사람의 스승), 불(佛, 깨친 이), 세존(世尊, 세상의 높은 이), 조어장부(調御丈夫, 중생을 잘 조복제어해서 열반으로 인도하는 이) 등이 있다. 42~43쪽 설명 참조.

곧 여래는 부처님의 지혜로서 다 아시고 다 보시느니라.

뭘 다 아느냐? 이 사람들이 행동하는 것을. 뭘 다 보시나? 이 사람들이 행동하는 것을.

이 사람들이 모두 한량이 없고 가없는 공덕을 성취할 것이다.

이 사람들은 결국은 성리가 밝을 것이라는 말입니다. 성리가 컴컴하다는 것은 무엇을 의미하는 것이냐? 탐내는 마음, 성내는 마음, 어리석은 마음, 그 세 가지가 덮였을 때 컴컴한 것이요, 그것이 벗겨지면 곧 밝은 것입니다. 그러니까 '한량이 없고 가없는 공덕'[을 성취하겠지요]. 밝은 마음으로부터 나오는 결과를 좋은 것이라고 할 것 같으면, 컴컴한 마음으로부터 나오는 결과는 재앙이라고 할 것입니다. 그러면 좋다는 것은 무엇이냐? 자꾸 밝을 수 있는, 계속해서 밝을 수 있는 것이 좋은 것입니다.

持經功德分 第十五
지 경 공 덕 분 제 십 오

須菩提야 若有善男子善女人이 初日分에
수 보 리　　약 유 선 남 자 선 여 인　　초 일 분

以恒河沙等身으로 布施하고 中日分에 復以恒河沙等身
이 항 하 사 등 신　　보 시　　중 일 분　부 이 항 하 사 등 신

으로 布施하고 後日分에 亦以恒河沙等身으로
　　보 시　　후 일 분　역 이 항 하 사 등 신

布施 如是無量百千萬億劫에 以身布施하고
보 시 여 시 무 량 백 천 만 억 겁　이 신 보 시

若復有人이 聞此經典하고 信心이 不逆하면 其福이
약 부 유 인　문 차 경 전　신 심　불 역　기 복

勝彼니 何況書寫受持讀誦하야 爲人解說이라
승 피　하 황 서 사 수 지 독 송　위 인 해 설

須菩提야 以要言之컨대는 是經이 有 不可思議
수 보 리　이 요 언 지　시 경　유 불 가 사 의

不可稱量 無邊功德이니 如來爲發大乘者說이시며
불 가 칭 량 무 변 공 덕　여 래 위 발 대 승 자 설

爲發最上乘者說이시니라 若有人이 能受持讀誦하야
위 발 최 상 승 자 설　약 유 인　능 수 지 독 송

廣爲人說하면 如來 悉知是人하시며 悉見是人이 皆得
광 위 인 설　여 래 실 지 시 인　실 견 시 인　개 득

成就 不可量 不可稱 無有邊 不可思議 功德이니
성 취 불가량 불가칭 무유변 불가사의 공덕

如是人等은 則爲荷擔 如來 阿耨多羅三藐三菩提
여 시 인 등 즉 위 하 담 여 래 아 누 다 라 삼 먁 삼 보 리

니라 何以故오 須菩提야 若樂小法者는 着我見人見
하 이 고 수 보 리 약 락 소 법 자 착 아 견 인 견

衆生見壽者見일새 則於此經에 不能聽受讀誦하야
중 생 견 수 자 견 즉 어 차 경 불 능 청 수 독 송

爲人解說이니라 須菩提야 在在處處에 若有此經이면
위 인 해 설 수 보 리 재 재 처 처 약 유 차 경

一切世間 天人阿修羅 所應供養하리니 當知 此處는
일 체 세 간 천 인 아 수 라 소 응 공 양 당 지 차 처

則爲是塔이라 皆應恭敬作禮圍繞하야 以諸華香으로
즉 위 시 탑 개 응 공 경 작 례 위 요 이 제 화 향

而散其處니라
이 산 기 처

"수보리야, 만약 착한 남자나 착한 여인이 처음에 항하 모래와 같은 몸뚱이를 가지고 남을 위해서 일할 수 있었고, 또 중간 분에 다시 항하 모래와 같은 몸뚱이로 또 남을 위해서 일할 수 있었고, 또 뒷날 분 최후에 또한 항하 모래와 같은 몸뚱이로 보시해서, 이와 같이 한량이 없고 백이나 천이나 만이나 또 억의 겁에 몸뚱이로써 보시하더라도, 다시 어떤 사람이 이 경전을 듣고서 믿는 마음이 거슬리지 않으면 그 복은 저 수억만 개 되는 몸뚱이를 가지고 남한테 보시한 것보다 훨씬 낫다. 그런데 하물며 이 경을 쓰고 또 받아 가지고 읽고 외워서 다른 사람을 위해서 이야기한 것일까 보냐.

수보리야, 한마디로 말하면 이 경은 가히 생각하고 의논할 수 없으며 또 가히 헤아릴 수 없고 가없는 공덕을 가졌느니라. 여래는 대승을 발한 사람을 위해서 이것을 이야기했고, 최상승 발한 사람을 위해서 이것을 이야기했느니라.

만약 어떤 사람이 능히 받아 가지고 읽고 외우고 널리 남을 위해서 이야기하면, 여래는 다 아시고 다 아시느니라 이 사람을. 다 보시느니라 이 사람을. 가히 헤아릴 수 없고 일컬을 수 없고, 또 가없고 가히 생각하고 의논할 수 없는 공덕 성취하는 것을. 곧 여래의 아누다라삼먁삼보리를 짊어질 수 있게끔 된 사람이기 때문이니라.

왜 그런고 하니 수보리야, 만약 조그만 법을 즐거워하는 사람은 나라는 생각과 남이라는 생각과 중생이라는 생각과 수자라는 생각이 있으니까, 〔그런 생각 가지고는〕 이 《금강경》의 마음 닦는 법이 꼭 옳다고 〔하여 듣고 받아들여 독송하고 다른 사람에게 이야기〕 할 수는 없을 것이다.

수보리야, 어디서든지 만약 이 경이 있다면 일체 세상 사람이나 하늘 사람이나 아수라가 응당 공양할 것이다. 이곳은 곧 부처님이 돌아가신 유골〔을 모신 탑〕이라. 다 응당 공양해서 예를 작하고 또 주위를 돌며 모든 꽃이나 향으로 그곳에 흩을 것이니라."

수보리야, 만약 착한 남자나 착한 여인이 처음에
항하 모래와 같은 몸뚱이를 가지고 남을 위해서
일할 수 있었고, 또 중간 분에 다시 항하 모래와 같은
몸뚱이로 또 남을 위해서 일할 수 있었고, 또 뒷날 분
최후에 또한 항하 모래와 같은 몸뚱이로 보시해서
이와 같이 한량이 없고, 백이나 천이나 만이나 또 억의
겁에 몸뚱이로써 보시하더라도…

겁劫*에는 소겁과 중겁과 대겁이 있어요. 인도 사람들은 육십
년을 소겁이라고 했고, 백이십 년을 중겁이라 했습니다. 대겁
이란 (…) [녹음 불명확]. 증겁增劫할 때에는 매 백 년에 사람의
나이가 일 년씩 는답니다. 아마 위생 시설이 잘됐던 모양이

---

* 산스크리트어 kalpa의 음역인 '겁파(劫波)'를 줄인 말이며, 인도 및 불
교 문화권에서 '측정할 수 없는, 거의 무한에 가까운 시간'이자 가장 긴 시
간 단위를 의미한다. 경전이나 출처에 따라 다음과 같이 약간씩 의미가 다
르다. ① 셀 수 없는 무한히 큰 시간 ② 브라만(범천)의 하루, 즉 인간 세상
의 43억 2천만 년 ③ 사람의 수명이 8만 4천 세인 때로부터 1백 년마다 수
명이 1년씩 줄어 10세에 이르고, 다시 1백 년마다 1년씩 늘어 수명이 8만
4천 세에 이른다고 할 때, 한 번 줄고 한 번 느는 동안을 1소겁(小劫, 또는
2소겁)이라 하며, 20소겁을 1중겁(中劫), 4중겁을 1대겁(大劫)이라 한다.
1소겁은 16,800,000년, 1중겁은 336,000,000년, 1대겁은 1,334,000,000
년에 해당한다. ④《잡아함》34권에서, 각 변의 길이가 1유순(由旬, 약 8km
또는 15km)인 성안에 가득한 겨자씨를 100년에 한 알씩 집어내어 겨자씨
가 다 없어진다 해도 1겁이 끝나지 않으며, 각 변의 길이가 1유순인 큰 돌
산을 솜털로 짠 천으로 100년에 한 번씩 쓸어서 그 돌산이 다 닳는다고 해
도 1겁이 끝나지 않는다고 할 정도로 아주 긴 시간.

지. 그렇게 백 년마다 자꾸 늘어서 사람의 수명이 백 세가 된답니다. 지금 수명을 육십 세라고 가정할 것 같으면, 백 세라면 아마 좀 더 많아야 하겠지요. 이제 백 년마다 다시 감해져서 사람의 나이 열 살이 될 때를 감겁減劫이라고 그래요. 증겁과 감겁을 한데 합친 것을 한 겁이라고 말합니다. 주세불 석가여래의 정법은 백 년을 쳤는데, 칠십구 년을 그이가 살았으니까. 그렇게 정법을 백 년으로 치고, 그이의 상법을 천 년으로 치고, 그이의 말법을 만 년으로 칩니다. 부처님의 겁은 만 년으로도 칠 수 있는 것입니다.

그러니까 여기서 겁이라는 것을 '해[年]'로 알아들으면 매우 좋을 것입니다. 많은 해에, 천이나 만이나 또 억의 겁에 자기 몸뚱이를 가지고 남을 위해서 일을 했고, 남을 만족하게 해 주었다는 말입니다.

다시 어떤 사람이 이 경전을 듣고서 믿는 마음이
거슬리지 않으면 그 복은 저 수억만 개 되는 몸뚱이를
가지고 남한테 보시한 것보다 훨씬 낫다.
그런데 하물며 이 경을 쓰고 또 받아 가지고 읽고 외워
서 다른 사람을 위해서 이야기한 것일까 보냐.

《금강경》을 읽고 외우는 자는 마음이 밝을 수 있으니까, 마음이 밝는 것은 몸뚱이 수만 개를 가지고 남을 이롭게 하는 것보다 낫다 그 말입니다.

'사람이 한 몸뚱이밖에 없는데, 수만 개의 몸뚱이가 있다는 것은 무슨 모순된 소리냐?' 아마 이렇게 말하기가 쉬울 것입니다. 이건 내생來生이 있다는 얘깁니다. 지금 우리가 이 몸뚱이 가진 것은 단 일생이 아니에요. 많은 생, 그 영생으로 가는 여정에서 하룻밤 길거리의 주막에 든 것과 한가지랍니다. 그 주막에 든 것을 임시로 들었다고 생각하기보다는, 거기서 곡식이 필요하면 곡식도 심고 추수도 해서 뒤에 오는 사람을 위해서 여투어 두고 떠날 수 있다면, 그 사람의 앞길은 차차차차 밝아지겠지요. 만일 여관에 잠시 들렀으니까, 몸뚱이가 고단하니까, 있는 것이나 먹고 나서는 그만 여지없이 다 치워 없애 버릴 것 같으면, 그 뒤에 오는 사람은 퍽 고생일 것입니다.

6·25 때에 그런 일 많이 겪어 봤어요. 고향을 떠나서 피란하러 가다가, 굶주려서 어떤 집에 들어가면 음식이며 여러 가지가 있는 때가 있어요. 어떤 사람은 그걸 잘 아껴서 먹고 남겨 두고 떠나요. 어떤 사람은 그걸 최대한 짊어지고 나머지는 모두 불을 질러 버리든지 똥을 누어서 그 집에 다시 들어가지 못하게 하고 가요. 그런 사람이 바로 전쟁 때 고생하는 사람입니다. 그 집을 잘 치우고, 있는 동안 얌전히 지내며, 뒤에 오는 사람을 위해서 먹을 것이라도 좀 챙겨 주고, 그렇게 마음 쓰는 사람은 심한 고생을 당하지 않는다는 것입니다. 전에 어떤 도인이 말한 것과 마찬가지로, 물을 먹을 적에 '목

마른 이 먹어라' 하고 버리는 마음이면 목마른 보報를 받지
않지만, 그 물을 마시고 여지없이 내버리는 사람은 곧 또다
시 목마른 보를 받는다는 것은 곧 자기의 마음을 비춰 보[면
안다]는 것입니다.

수보리야, 한마디로 말하면 이 경은 가히 생각하고
의논할 수 없으며 또 가히 헤아릴 수 없고
가없는 공덕을 가졌느니라.

이 경의 말씀에 따라 자기 마음을 닦으면 반드시 밝을 수 있
으니까, 이 밝아지는 일은 세상 모든 형상 있는 것보다 수승
殊勝하다는 것입니다.

여래는 대승을 발한 사람을 위해서 이것을 이야기했고,
최상승 발한 사람을 위해서 이것을 이야기했느니라.

'대승大乘'은 인도 말 '마하야나Mahayana'의 번역이에요. '마
하'란 '크다'란 말이고, '야나'란 '수레'란 말이지요. '소승小乘'
은 '히나야나Hinayana'라고 하는데, '히나'란 '적다'는 말이지
요. 인도 사람들은 흰 코끼리와 흰 소를 대단히 좋게 생각했
어요. 보통 코끼리는 엄니가 좌우 하나씩밖에 없는데, 하느님
은 '육아백상六牙白象'이라고 엄니 여섯 개가 난 흰 코끼리를
타고 다닌다고 생각했습니다. 하느님이 타는 코끼리는 특별

히 좌우에 엄니가 세 개씩 났다는 거죠. 인드라 천왕은 육아
백상을 타고 다닌다고 했는데, 실제 엄니 여섯 개 달린 코끼
리는 없지만 흰 코끼리는 있는 모양입니다. 흰 코끼리도 대
단히 귀합니다. 언젠가 현재 달라이 라마의 전신前身되는 달
라이 라마가, 인도 정부로부터 흰 코끼리를 선물 받아서 라
싸 그 추운 데에 보관했다는 이야기를 들어 봤어요. 인도에
회색 코끼리만이 아니라 흰 코끼리도 있는 모양입니다.

《법화경》에 양거羊車(양이 끄는 수레: 성문승), 녹거鹿車(사슴 수
레: 연각승), 우거牛車(소 수레: 보살승) 비유가 있어요. 그런데 백
우거白牛車(흰 소가 끄는 수레)를 제일 좋은 것(일불승一佛乘: 오직
하나의 참된 법)으로 말했어요. 양의 수레를 타는 자는 제 몸뚱
이의 고생을 싫어해서 공부하는 자이고, 사슴의 수레를 타는
자는 '이 우주는 모두 원인 결과로 되었으니까, 원인을 깨치
면 좋은 결과 오겠다'는 진리에 따라서 자기 몸을 향상하려
고 하는 자입니다. 흰 소 수레라는 것은 무엇인가? 모든 것이
원인 결과일 바에는 자기 마음에 일어나는 현상은 곧 우주에
일어나는 현상이다. 그러면 자기 마음에 일어나는 현상을 정
화하는 동시에 이 우주에 일어나는 현상을 자기 마음에 받아
서 그대로 맑혀 버리면, 그 사람의 깨침은 이 우주 전반에 걸
쳐서 그냥 통할 것입니다.

그건 왜 그러냐? 예를 들어 내 마음속에 배은망덕하는 마음

이 일어날 때는 곧 새 보[鳥報]를 만드는 것입니다. 새들은 전부 배은망덕하는 마음으로 새 보를 지었으므로, 모든 새를 볼 때에 '저들 저 배은망덕한 마음을 해탈 탈겁을 해서 밝은 이 모시기를 발원' 하면, 곧 자기 마음이 그냥 이 우주에 차는 수도를 하게 됩니다. 그러니까 남을 제도한다는 것보다도 '나'와 '남'이 그냥 없어지게 되고, 곧 자기 행동이 우주에 그냥 통하게 되는 것, 이것을 대승[흰 소 수레]이라 하고 최상승最上乘이라고 말하게 되었어요.

이 우주라는 것은 모두 원인 지어서 결과가 되기 때문에 서로 이렇게 마주쳤거든요. 자기가 아무리 수도를 해서 이걸 뺀다고 하더라도, 여기 이것 자체는 있어서, 언제라도 자기가 약할 때 이것이 들어와집니다. 그러니까 애당초에 이것을 맞푸는(동시에 해결하는) 일은 무엇이냐 하면, 내 마음을 닦는 동시에 밖의 그 고생스러운 것을 자기가 실지로 침투해서 해결을 해 보고, 해결하면서 제 마음을 닦는 것입니다.

불교가 침체했을 때에 명종明宗(1534~1567) 대왕의 어머니 되는 문정왕후文定王后(1501~1565)가 보우普愚(?~1565)라고 하는 훌륭한 학승을 불러서 불교를 개혁하려 했는데, 그때에 유생儒生들이 막 들고일어나서 보우를 죽이라, 살리라 했습니다. 왜 그랬느냐? 보우 대사가 학자들과 만나서 직접 소통하고 의견을 교환했으면 아마 많은 동정을 얻었을지도 모르는데, 그이는 오로지 수도하는 마음으로, 보통 학자는 안 만나고 그냥 문정왕후만 상대해서 이야기했거든요. 자기 업적은 남기게 되었지만, 그의 육신은 남을 수가 없게 됐다 그 말입니다. 왜 남을 수가 없느냐면, 자기가 이 우주를 용납하지 않았으니까. 불사佛事는 했는지 모르나, 자기가 이 우주를 통하지 않았기 때문에 이것을 대승大乘이라고 하지는 못하겠죠.

결국 그이는 나중에 문정왕후가 돌아가신 다음 귀양을 가게 되었어요. 모두 그이를 적대하게 되니 그만 최후로 몸을 마쳤거든요. 물론 그 사람은 몸 마친 다음에 또 몸을 받을 것이고, 그런 일을 해결하려 할 것이지만, 그때의 그 보우 대사는 미완성품인 것이 사실입니다. 왜 그러냐? 세상 격리를 그대로 가지고 있으니까. 만약 그이가 그때 격리를 하지 않고 어떤 사람이든지 와서 물으면 대답해줄 수 있고, 또 그 사람들도 역시 장래 부처인 줄 알고 부처 될 가능성이 있는 사람으로 알았으면, 또 곧 이야기를 해주었으면, 아마 그이의 동조자도 많았을 것입니다.

그런데 그 당시 보우 대사의 제자 중 어떤 사람은 유신儒臣들과도 매우 친했다고 해요. 임진왜란 때 사신으로 일본까지 갔던 사명 대사四溟大師(1544~1610)도 있었습니다. 당시 유신들은 자기들이 일본에 사신으로 가기가 두려우니까, 죽어도 괜찮을 것 같은 중이나 대신 보내 보자 했던 것 같아요. 그러나 사명 대사는 싫다고 하지 않고 갔거든. 그건 뭐냐? 제가 당한 것 제가 해결하려 한 것입니다. 어쨌거나 이 우주라는 것은 모두 원인 지어서 서로 얼기설기 되었기 때문에, 제 몸을 해결하면서 이것(얽힌 것)을 그냥 해결하려 하면 이 사람은 여지없이 닦아 가는 것이니, 이 사람을 최상승이라 그러고 또 대승이라고 말하는 겁니다.

만약 어떤 사람이 능히 받아 가지고 읽고, 외우고,
널리 남을 위해서 이야기하면 여래는 다 아시고
다 아시느니라 이 사람을. 다 보시느니라 이 사람을.
가히 헤아릴 수 없고 일컬을 수 없고, 또 가없고
가히 생각하고 의논할 수 없는 공덕 성취하는 것을.

이 사람들은 곧 성리가 밝아서 자기 주위의 컴컴한 것을 제거하려고 애를 쓸 것이다, 그 말입니다.

곧 여래의 아누다라삼먁삼보리를 짊어질 수 있게끔 된 사람이기 때문이니라. 왜 그런고 하니 수보리야,
만약 조그만 법을 즐거워하는 사람은
나라는 생각과 남이라는 생각과
중생이라는 생각과 수자라는 생각이 있으니까…

'조그만 법'이란 대체 뭐냐? 제 몸뚱이 고생을 피하려 하면 도저히 피해지지 않는 겁니다. 제 몸뚱이 고생을 피하자면 제 마음을 소탕해 버리는 수밖에 없고, 제 마음을 소탕했는

지라 앞의 고생이 고생이 아니고, 자기에게 닦을 문제를 제공하는 것이 될 것입니다. 그 문제를 실지로 자꾸 실행할 것 같으면 자기 주위가 자꾸 넓어질 것이고, 넓어지기 때문에 자기가 쾌활하게 될 것이거든.

프랭클린이라는 사람이 말하기를 "이 우주는 네게 무엇이든지 줄 것이다. 단, 대가만 지불한다면." 노력하여 어떤 사건을 잘 해결하면 그 사람의 능력을 자타가 인정하게 되고, 자타가 인정하니 필요한 사람이 되고, 필요한 사람이니까 그 사람을 누가 놔주려고 하지 않을 것입니다. 그러나 만약 보통 때 똑똑한 사람 노릇을 하다가 필요한 때에 그걸 감내할 수 없는 사람이라면, 그건 아무짝에도 못 쓰겠지요. 그런 사람을 우리가 크다고 할 거요, 작다고 할 거요? 보통 때 똑똑하려고 한 사람은, 사람은 사람인데 작을 겁니다. 일이 있을 때 필요한 사람은 아마 그때에 거기 적당한 사람이니까, 앞의 사람보다 나을 겁니다.

〔그런 생각 가지고는〕 이 《금강경》의 마음 닦는 법이 꼭 옳다고〔하여 듣고 받아들여 독송하고 다른 사람에게 이야기〕할 수는 없을 것이다.

《금강경》이 꼭 옳다고 하고, 꼭 그대로 실행하면 곧 성리가 밝을 것이니라.

수보리야, 어디서든지 만약 이 경이 있다면
일체 세상 사람이나 하늘 사람이나 아수라가
응당 공양할 것이다.
이곳은 곧 부처님이 돌아가신 유골〔을 모신 탑〕이라.

이런 지혜 있는 무리들이 그곳을 존중하게 할 것이다. 왜 그
러냐? 그곳은 부처님 유골을 모신 탑과 마찬가지라. '탑塔'이
라는 것은 유골을 보관하기 위해서 만든 것입니다.

　부처님의 탑은 열세 층이고, 그보다 못하면 아홉 층이고,
그보다 못한 이는 다섯 층이랍니다. 보통 공부하는 사람이
돌아가면 그이의 유골은 단층으로 했어요. 시골 절에 가면
뒤편에 돌멩이를 둥그스름하게 수박처럼 깎아 놓고는, 그 속
에다 유골·사리 같은 것을 넣고 위를 덮은 것이 많아요.

　〔이렇게 공부 정도에 따라서〕 층수가 달랐는데 부처님의 탑은
13층이라고 해요. 황룡사에 13층 탑이 있었다고도 하고, 9층
탑이 있었다고도 해요. 아무튼, 여기서 탑이라는 것은 부처님
의 산소로 알면 적당하겠지요.

다 응당 공양해서 예를 작하고 또 위요하고…

인도 사람들이 훌륭한 사람을 만나거나 존경하는 장소에 가
면, 당장 절을 하고 예절을 마치지 않아요. 절을 하고는 자꾸
빙빙 돌아요. 아마 '내가 왔습니다.' 그 뜻이겠지요. 많이 돌수

록 자기의 마음이 거기에 많이 엉길 겁니다. 세 번을 돌면 '내
가 왔소' 그 뜻이고, 일곱 번, 백 번도 돌고 그럽니다. 신라 시
대에는 절에 가서 탑을 도는 일이 많았어요. 이 돈다는 것, 위
요圍繞는 인도 풍속 그대로입니다.

모든 꽃이나 향으로 그곳에 흩을 것이니라.

향은 흉측한 냄새를 없애고 기분 좋게 만드는 것이지요. 그
곳에 꽃을 심기도 하고 절화折花를 갖다 놓기도 하겠지요. 신
라 때나 고려 때는 우리도 꽃을 많이 사용했는데, 조선 시대
에는 도무지 아무것도 안 했어요. 그러다 해방된 뒤에는 우
리도 곧잘 꽃을 사서 다닙니다. 예전에 병자에게 꽃을 사다
준다고 하면, "뭐 먹을 것 좀 사다 주지 왜 꽃을 사다 줘?" 그
랬는데, 요새는 꽃을 사다 주는데도 그런 마음이 안 나는 것
을 보면 우리도 꽃과 꽤 친해진 모양이지요. 인도는 더운 지
방이니까 꽃과 더 친할밖에 없지요.

能淨業障分 第十六
능 정 업 장 분 제 십 육

復次須菩提야 善男子善女人이 受持讀誦此經하되
부 차 수 보 리　　선 남 자 선 여 인　　수 지 독 송 차 경

若爲人輕賤하면 是人은 先世罪業으로 應墮惡道언마는
약 위 인 경 천　　시 인　　선 세 죄 업　　응 타 악 도

以今世人의 輕賤故로 先世罪業을 則爲消滅하고
이 금 세 인　　경 천 고　　선 세 죄 업　　즉 위 소 멸

當得阿耨多羅三藐三菩提니라 須菩提야 我念하니
당 득 아 누 다 라 삼 먁 삼 보 리　　수 보 리　　아 념

過去無量阿僧祇劫에 於燃燈佛前에 得値八百四千
과 거 무 량 아 승 기 겁　　어 연 등 불 전　　득 치 팔 백 사 천

萬億那由他諸佛하야 悉皆供養承事하야 無空過者
만 억 나 유 타 제 불　　실 개 공 양 승 사　　무 공 과 자

니라 若復有人이 於後末世에 能受持讀誦此經하면
약 부 유 인　　어 후 말 세　　능 수 지 독 송 차 경

所得功德은 於我所供養 諸佛功德이 百分에 不及一
소 득 공 덕　　어 아 소 공 양　제 불 공 덕　　백 분　　불 급 일

이며 千萬億分乃至算數譬喻에 所不能及이니라 須菩提야
천 만 억 분 내 지 산 수 비 유　　소 불 능 급　　수 보 리

若善男子善女人이 於後末世에 有受持讀誦此經하면
약 선 남 자 선 여 인　　어 후 말 세　　유 수 지 독 송 차 경

所得功德을 我若具說者인데는 或有人이 聞하고 心則
소득 공덕   아약구설자   혹유인 문   심즉

狂亂하야 狐疑不信하리라 須菩提야 當知 是經 義가
광란   호의불신   수보리   당지 시경 의

不可思議일새 果報도 亦不可思議니라
불가사의   과보   역불가사의

"다시 수보리야, 착한 남자나 착한 여인이, 이 경을 받아 가지고 읽고 외우는데도 불구하고, 다른 사람이 업신여길 것 같으면, 이 사람은 전생의 죄업으로 응당 악도에 떨어지게 되는데, 이 사람은 금생에 마음 닦는 일을 하는데도 불구하고 세상 사람들이 업신여기기 때문에, 선세의 죄업은 곧 소멸되고 마땅히 아누다라삼먁삼보리를 얻으리라.

수보리야, 내가 생각하니 과거 한량이 없는 아승기겁에 연등 부처님 앞에서 내가 팔백사천만 억 나유타 모든 부처님을 만나서 다 공양해 올리고 모시었고, 공연히 지낸 일은 없느니라.

만약 다시 어떤 사람이 뒤 말세에 능히 이 경을 받아 가지고 읽고 외우면, 그 얻은 공덕은 내가 그 연등 부처님 소에서 만난 모든 부처님께 공양한 공덕으로는 백분의 일도 미치지 못하며 천만억분 내지 산수 비유에도 능히 미치지 못하느니라.

수보리야, 만약 착한 남자나 착한 여인이 뒤 말세에 이 경을 받아 가지고 읽고 외우면, 그 얻는바 공덕을 내가 전부 낱낱이 말한다면 사람들이 듣고 그만 정신이 얼떠름해서 정말 그런가 만가 그래서, 여우 모양으로 의심을 내고 믿지 않을 것이다.

수보리야, 마땅히 알거라. 이 경은 가히 생각하고 의논할 수 없는 뜻이 있기 때문에 〔그 원인으로〕 결과도 가히 생각하고 의논할 수 없느니라."

다시 수보리야, 착한 남자나 착한 여인이, 이 경을
받아 가지고 읽고 외우는데도 불구하고, 다른 사람이
업신여길 것 같으면, 이 사람은 전생의 죄업으로
응당 악도에 떨어지게 되는데…

'악도惡道'는 지혜 없는 곳, 독한 곳을 의미하지요. 즉 지옥과
아귀입니다. '지옥'이란 대체 무엇이냐? 음심, 탐심이 많은 자
는 자기 몸뚱이에 고통을 몹시 받죠. 탐심이 많은 자는 [마음
이] 북적거리고, 또 성내는 마음이 많은 자는 제 몸뚱이에 늘
불이 이글이글하게 되지요. 심통이 나서도, 예뻐서도 불이 확
확 달고, 미워서도 불이 확확 달고. 그렇게 확확 달지 않는 사
람이 그 모습을 본다면, 그게 화탕지옥이지 뭐 별갠가요? 그
런 귀신이 한꺼번에 모이는 데를 화탕지옥이라고 해요. 《능
엄경楞嚴經》의 지옥 이야기*를 보면, 사람이 자꾸 음탐심을 일
으키면 애착이 너무 심하고, 애착이 너무 심하게 되면 그만
제 몸뚱이가 차가워져서 죽을 때에 얼음 위에서 죽는대요.

---

* 총 10권으로 구성된 《능엄경》 중 제8권에서, 보살의 수행하는 단계로 57위
(位)를 설한 뒤 경의 이름을 밝히고, 지옥·아귀·축생·아수라·인간·신
선·천상이라는 일곱 갈래의 중생이 생겨난 원인과 각각의 생존 양상을 설
명한다. 예를 들어 음란한 습성이 있으면 그 성질이 불길(애욕의 불)과 같
으므로 무쇠로 된 평상과 구리로 된 기둥으로 달궈지는 지옥에 떨어지고,
탐욕의 습성이 있으면 추위(탐욕의 물)와 같으므로 몹시 추운 빙판 지옥에
떨어지며, 성내는 습성이 있으면 마음의 열이 불길을 발하고 그 기운이 녹
아서 쇠(분노의 칼)가 되므로 칼산에서 온갖 칼과 톱, 송곳으로 찔리는 지
옥에 떨어진다고 설명한다.

제 마음이 그래, 세상이 모두 추워서 오그라져서 죽으니까, 그 귀신은 늘 추운 것을 생각하게 되니까, 그것들이 많이 있는 곳은 다 얼음산이 될 것입니다. 또 진심瞋心을 몹시 일으키는 자는 인제 불이 훨훨 타고 불 꼭대기에 가서 슬슬 돌게 되는 그런 광경을 당하게 됩니다.

전에 중국 사람 황 무엇인가 하는 이가 연애소설을 잘 썼어요. 그때 분양선소汾陽善昭(947~1024) 선사라는 이가 유명하였는데, 그이가 하도 좋은 이야기를 많이 하고 있었기에, 황이라고 하는 이가 가서는

"나는 내생에 뭐가 되겠습니까?" 그러니까 분양선소 선사 말씀이,

"너는 일평생 뭘 했느냐?"

"나는 연애소설을 잘 썼소."

"아하, 그러니까 네 소설을 보면 젊은 남녀가 몸뚱이가 화끈화끈 달았겠구나."

"아마 화끈 달았을 거요. 달으라고 한 것이 잘하는 거요." 그러니까

"할 수 없지. 남을 뜨겁게 만들어 놓았으니, [내생에는] 네놈 몸뚱이가 좀 뜨겁겠지" 했답니다.

그러면 이렇게 소설을 쓰지 말라는 말인가? 아니요. 남의 몸뚱이를 화끈화끈 달게 하려고 하는 마음이 제 마음이다, 그 말입니다.

이 사람은 금생에 마음 닦는 일을 하는데도 불구하고
세상 사람들이 업신여기기 때문에, 선세의 죄업은
곧 소멸되고 마땅히 아누다라삼먁삼보리를 얻으리라.

이 세상이 모두 원인, 결과일 바에야 나쁜 일을 했으면 나쁜
일 당하는 게 옳지, 나쁜 일 하고도 당하지 않고 좋아진다는
것은 이게 무슨 소리냐? 여기서 마음 길러 선[立] 것이 열이
라고 합시다. 열이라고 하는데 이보다 약한 다섯 가진 사람
이, 이 사람을 을러 보고 욕을 한다면, 이 사람이 괴로울 정도
는 되지만 아마 치명상은 아니 당할 거요.

그와 마찬가지로 자기 마음을 자꾸 밝게 해 가는 예를 들면,
'새옹지마塞翁之馬'라는 말이 있어요. 몽골과 중국 국경 사이
에 요새 지대가 있는데 그곳을 새塞라고 그래요. '변방 새' 자
라는 게, 대략 북쪽이지요. 한족들이 몽골족을 막느라고 북
쪽을 방어 지대로 만들었거든요. 변방에서는 말만 가지면 사
람의 생명을 살리는 것이, 별안간에 몽골군이 쳐들어오면 밤
중에라도 말을 달려 달아나야 하니까. 그래서 거기서는 모두
말이 재산인데, 어떤 늙은이가 말을 하나 잃어버렸단 말입니
다. 그래 동네 사람들이 와서
　"아유, 말을 잃어버려서 참 대단히 안됐습니다" 하고 위문
을 했더니, 그 늙은이 답하기를,
　"내가 이 세상을 겪어 보니까 언짢은 뒤엔 반드시 좋은 게

오는데, 아마 이번에 그게 언짢았으니 뭐 좋은 게 올는지 모르니까 좀 기다려 봅시다" 그러더래. 얼마 후에 그 말이 또 다른 말 하나를 데리고 왔더라지. 동네 사람이 와서

"아유! 말이 하나 더 생겨서, 사람 생명을 하나 더 살리게 됐으니 퍽 좋겠습니다." 그렇게 말하니까, 그 늙은이 말이

"글쎄, 좋은 일 뒤에는 또 언짢은 일이 오니깐, 여하간 기다려 봅시다" 그러더라지. 그러더니 그 영감 둘째 아들이 그 말을 타고 돌아다니다가 그만 다리가 부러졌단 말입니다. 또 동네 사람들이 와서,

"다리가 부러져서 안됐습니다." 그러니까 그 영감이 말하기를

"글쎄, 좀 기다려 봐야 할 것이, 그 뒤에 뭐가 올는지 모르는 거야."

어느 날 몽골병이 쳐들어왔어요. 동네 젊은이는 죄다 징집을 당해서 요샛말로 전선에 나갔는데, 그 영감 둘째 아들은 다리가 부러져서 안 나가게 됐더라지요. 언짢은 일이 있을 적에 그 언짢은 일을 잘 해결하면 오히려 앞으로 살아가는 데 터득할 일이 많은 것과 마찬가지로, 이런 데서 자기가 감촉을 해서 언짢다고 하면, 그 언짢은 당처를 연구하고 또 풀어 보게 되면 사실 아무것도 아닙니다.

홍선대원군興宣大院君(1820~1898, 조선 제26대 왕 고종의 아버지)이 집정하기 전에 김병기金炳冀(1818~1875, 철종때의 권신權臣)라

고 하는 이가 권리를 가지고 전 조선을 통치했었어요. 김병기가 가진 세도를 대원군이 뺏고 나니, 그에게 어떤 사람이 와서 말하기를, "김병기가 잘난 게 아니라 김병기 집 세간 청지기(집 살림살이 하는 사람) 손영수가 잘났는데, 손영수 그 사람을 마저 데려와야 할 거요" 했답니다.

그 사람이 얼마나 잘났는지는 모르나, 김병기가 순전히 손영수 때문에 세도가 됐다면 그를 데려와야 하겠거든. 대원군이 김병기 집에 가서, "너희 집에 세간 청지기 손영수라고 하는 사람이 있느냐? 그거 나 다오" 그래 데려다 놨습니다. 데려다 놓고 보니, 그 녀석도 그냥 눈코입 있는 녀석이지 얼마나 잘났는지 알 수가 있어야지. 대원군도 도무지 모르겠어. '저놈이 얼마나 잘났나?' 싶어서 뭘 좀 시켜 봐야 하겠는데, 시킬 거리가 별로 없었어요.

그때 우리나라 상비군이 오천칠백 일흔두 명이었습니다. 지금은 군인이 칠십만 명이니까 그때 사람이 생각하면 무엇에 (그리 많이) 쓰는지 모를 겁니다. 당시 그 상비군은 무엇에 썼느냐 하면, 임금이 거동할 적에 자랑거리로 끌고 다니는 거예요. 대원군이 권력을 가졌으니까 그 5,772명을 자기 손에 넣은 것이거든. 김병기 손에 어저께까지 있던 것이 자기 손에 들어오긴 들어오는데, 들어올 때 점고點考를 해야 하겠거든요. 몇 명인지 알기나 해야 하니까. 그런데 군대에서 점

• 명부에 하나하나 점을 찍어 가며 사람의 수효를 조사하는 것.

고하려면 일단 먹여야 하거든. 그래서 손영수를 불러서 "이 사람아, 모레 아침에 군대를 점고할 테니 먹일 준비를 좀 하게" 그랬지.

5,772명이란 게, 요즘 같으면 서울 안 몇 개의 요릿집에다 배정하면 딱 넣어 잘 먹일 수 있겠지만, 그때는 서울 안에 열 사람이 함께 들어앉을 방도 없었겠지. 그릇이 있나, 음식이 있나, 뭐 도저히 먹일 가망이 없거든. 이거 큰일 났단 말이야. 집에 잘 있는 놈을 오라 할 때부터 수상하더니만, 데려다 놓고 '죽어라' 그런다? 할 수 없는 일 시키는 것은 죽으란 말이니까. 그래서 자기 집에 가서는 그만 드러누웠지.

부인이 보니까, 아침에 대원군 보러 간다고 그러길래 다녀와서는 좋아할 줄 알았는데, 사랑에 드러누워서 도무지 꼼짝도 안 해. 점심을 차려서 보내니까 싫다고 도로 들여보냈단 말이야. 그래 왜 그랬느냐니까, "잡숫기 싫다고 그럽니다" 그래. '이상하다.' 남편에게 가서 "아니 왜 그러우?" 물으니까

"글쎄, 나 이제 이만큼 살았으니까 무던하우. 나 인제 안 살 작정이오."

"무슨 싱거운 소리를 그렇게 해요. 안 살긴. 일부러 사람이 안 살기로 하면 안 살고 그러는가요?"

"글쎄 내가 살 맘이 없어!"

"그래서 오늘부터 밥도 안 잡숫는 거요?"

"그래, 안 먹는 거요."

"여보, 대원군 새 주인이 왔으니 반갑고 그럴 텐데, 뭣 때문

에 죽는단 말이에요?"

"아휴, 말 말아요. 그 대원군이 '모레 아침에 군대를 점고할 테니 준비해라' 그러는데, 오천칠백 일흔두 명을 먹이라니, 그게 나더러 '죽으라' 그 말 아니오?" 그러니까 그 부인이 말하기를,

"당신, 아주 잘났다는 사람인데, 먹을 것 가지고 사람 먹이라는데, 못 먹이고 [자기가] 죽는다는 것은 무슨 소린지 도무지 알아들을 수가 없구려."

"아니 그럼, 그대는 오천칠백 일흔두 명을 먹일 거야?"

"아, 물건 가지고 먹이라면야 왜 못 먹이겠어요?"

"허, 이 사람 참, 그릇이 있나, 집이 있나. 무슨 설비가 있어서 오천칠백 일흔두 명을 먹이란 말이야?"

"그러니깐 그게 살림하는 사람이지. 음식 가지고 사람 먹이라는데, 그게 어떻게 죽으라는 말이겠어요?"

"그럼 그대는 먹일 궁리가 있소?"

"아, 있고말고. 당신은 잘났다니까 으레 그럴(잘 처리할) 줄 알았지, 저렇게 말할 줄은 몰랐는데. 나야 그거 으레 먹일 것 아니에요. 여자가, 더군다나 음식 가지고 사람 먹이라는데 왜 못 먹이겠어요?"

"먹일 방법이 있으면 말해 봐."

"당신이 점심을 먹으면 상 앞에서 의논해도 족한 것인데, 미리 말할 게 뭐 있어요?"

손영수가 마지못해서 밥상 앞에 앉은 다음, 부인에게 어떻

게 해야 할지 이야기 좀 해보라고 했어요. 부인이 말하기를,

"그러니까 고기 한 근에 군인 몇 명을 먹일 수 있어요?"

"한 근 가지고 넷씩 먹이면 적당하지."

그럼 오천칠백 일흔두 명이면 몇 근이 필요한지 근수가 나오거든.

"그럼 고기 암만 근. 암만 근이면, 가만있자, 우선 소를 열 필만 들여 넙시다."

그럼 한 마리에 육, 칠십 근 잡더라도 그거 뭐 숫자가 나올 거니까.

"그럼 그것을 들여 뉘면 어떻게 한다?"

"당신이 가서 대원군 명령이라고 들여 뉘라면, 어떤 대림방 (정육점)에서도 잘 뉠 것 아뇨?"

"그건 그렇지."

"그거 들여 뉘거든 집으로 보내시오, 그래서 뒤뜰에다 가마 솥을 한 여남은(열 남짓한 수) 걸고, 거기 쇠고기 들여오는 대로 자꾸 삶고, 그리고 떡판(떡칠 때 쓰는 넓은 나무판)을 여남은 갖다 놓고, 숙수熟手(음식 만드는 사람)를 데려 놓아요. 숙수가 썰고, 떡살 담그고, 방아 찧고⋯."

요새는 기계 방아로 곧잘 하지만 그땐 뭐 기계 방아가 없으니까.

"절구 한 여남은 개 갖다 놓고⋯. 그렇게 음식을 만들고⋯. 그릇은 사기전에 가서 있는 대로 다 가져오라고 그러시구려. 지금 점심 잡숫고 나가서 그렇게 하면, 저녁때쯤 삶고 밤새

도록 썰고 하면 아침결엔 담기 시작할 거예요. 그렇게 점심 때까지 하면 아마 한 천 명 먹일 것은 우선 담으니까, 천 명 나눠 줄 새에 또 밑구멍으로 빼다가 또 담아다 주고 또 담아다 주고…. 그럼 뭐, 그까짓 오천칠백 일흔두 명은커녕 자꾸 계속해서 하면 얼마라도 먹이겠어요."

그것참 말이 되는 소리거든.

"허 그래?"

그길로 나가서 소 들여놓으라고 하고, 쌀 좀 보내고, 행랑 어멈 한 여남은 얻어서 다 보내고는, 대원군에게 가서 보고를 했어요.

"모레 아침에 점고하실 것은 준비가 다 됐습니다."

대원군이 그 소리를 듣고는 '저놈이 미쳤나? 도깨비인가? 어떻게 먹인다는 거야?' 대원군도 술방엘 곧잘 가기 때문에 서울 사정이 어떤지 아는데, 그저 이놈이 한다고 그러니깐 하도 우스워서는

"그거 실기失機하면 군법 시행일세." 자기는 정색해 말했는데, 이 사람은

"네, 준비가 다 됐습니다" 대답하거든.

'허, 이건 정말 잘났구나! 그러나 봐야지!'

그때 훈련원이란 것이 현재의 사범학교 자리인데, 그날 아침에 대원군이 거기 가서 훈련원 대청에서 눈을 혹 뜨고 들여다봤어요. 들여다보니, 제가 뭐 알 턱이 있나? 한쪽에서 그저 고기하고 떡하고 싸서 주고는 점고해 보내고, 그러고는

아 자꾸 들어오는데, 어디서 들어오는지 그렇게 자꾸 죄 와서 들어오는데, 뭐 온종일 들여다봐도 어떻게 하는지 알 수가 없어. '그거 잘난 사람은 알 수가 없군!' 했어요. 그때 우리나라에서 잘났다는 사람이, 그쯤 된 그게 잘난 사람이야. 그런 걸 보면, 지금 사람들을 아마 거기 갖다 놓았으면 모두 영웅이 되고 호걸이 됐을 거야.

이 손영수가, 대원군 앞에 가서 그렇게 하는 통에, 자기 여편네가 잘난 줄 알아 버렸어. 그담에 이게 병신이 돼 버렸어. 뭐든지 부인한테 가서 묻게 되었거든.

"어떻게 하우?"

이렇게 한 이십 년 지내다가 대원군은 중국으로 잡혀가고, 자기는 그만 감옥 가게 될 때 부인이 죽어 버렸단 말이야. 이 병신 좀 봐. 이거 어떻게 하는 거야? 참 큰일 났거든. 그래서 다른 여자를 얻어 오니 이건 아주 맹꽁이란 말이야. 이전 여편네만 못하거든. 내버리고 또 얻고, 또 내버리고. 이거 일이 도무지 안 되니까 견디고 살 수가 없단 말이야. 그래서 그만 금강산에 가서는 안양암安養庵 빈 절터에다 절을 짓고 들어앉았어.

거기서 죽었는지 살았는지 나는 몰라요. 이 얘기는 내가 안양암에 혼자 있을 때, 현판을 들여다보니 거기 그렇게 쓰여 있었어. 내 그랬지. 제가 해결을 했으면 아주 알찬 이, 저 스스로 영웅이 되는 건데, 자기 부인의 지혜를 얻어서 했기 때문에 그다음은 그저 매사를 가서 묻는 거야.

그러니까 지혜 있으려면, 제가 혼자 연습을 해 봐야 해. [손영수의 경우처럼] 연습하지 않고 부인이 죽으니까 제 귀신까지 따라 죽어 버려 놨으니, 산송장이 돌아다니는 셈이니까 곤란하지.

그러니까 자기가 잘못해서 탐·진·치 삼독을 일으켜서 악도에 떨어질 것인데, 세상 사람들이 경천輕賤(경멸과 천대) 하는 것을 가지고 자기가 《금강경》을 읽어서 닦으니까, [죄업이] 다 없어지고 곧 성리가 밝는다, 그 말이에요.

수보리야, 내가 생각하니 과거 한량이 없는
아승기겁에 연등 부처님 앞에서
내가 팔백사천만 억 나유타 모든 부처님을 만나서
다 공양해 올리고 모시었고,
공연히 지낸 일은 없느니라.

'아승기阿僧祇''란 무엇인고 하니, '아'는 '없다'는 말이고 '승기'란 '수효'니까, '수효 셀 수 없는' 겁劫. 아승기 자체는 '수효

• 산스크리트어 asaṃkhya를 음역한 말로 아승기야(阿僧祇耶)·아승기야(阿僧企耶)로도 표기하며, '셀 수 없는 수'를 뜻한다. 경전이나 출처에 따라 다르지만, 숫자로는 10^{56}(100조의 네 제곱)이나 $10^{70988433601278084648381537950 1056}$을 의미한다. 한자 문화권에서는 대략 10^{104}으로 본다. 阿僧祇의 한자 祇는 '땅귀신 기' 외에 '다만 지'로도 쓰이고, 祇(공경할 지)라는 글자와 비슷하게 생겼기 때문에 간혹 '아승지'로 잘못 부르는 경우가 있지만, '아승기'가 바른 표기다.

를 셀 수 없다'지만 인도에서는 이 아승기에 해당하는 몇이라는 숫자가 있어요. 내가 그렇게 연등 부처님 앞에서 닦을 적에, 팔백사천만 억 나유타那由他˙ 모든 부처님께 다 공양해 올리고 또 모셨다. 사람의 몸뚱이로 먹는 것이니까 훌륭한 이에게도 아마 좋은 먹을 것을 공양해 드린 거겠지.

여기서 '모신다'는 것은 그이 시중을 들어서 그이의 마음을 편안하게 하는 것이니까 진심瞋心을 닦는 것이죠. '공연히 지낸 것이 없다'는 것은 자기의 그 제 잘난 생각을 없앴다는 말입니다. 공양供養(음식과 예를 바침), 승사承事(받들어 섬김), 무공과無空過(헛되이 지냄이 없음), 이것은 탐·진·치 삼독[의 수행]을 말하는 거예요.

만약 다시 어떤 사람이 뒤 말세에 능히 이 경을
받아 가지고 읽고 외우면, 그 얻은 공덕은 내가 그
연등 부처님 소所에서 만난 모든 부처님께 공양한
공덕으로는 백분의 일도 미치지 못하며 천만억분
내지 산수 비유에도 능히 미치지 못하느니라.

이것은 무슨 소리인고 하니, 내가 연등 부처님 앞에서 부처

˙   산스크리트어 nayuta를 음역한 말로, '헤아릴 수 없을 만큼 많은 수'의 뜻
    이다. 경전이나 출처에 따라, 일반적으로 아승기보다 큰 수로 볼 때는 아승
    기의 1만 배인 10^{60}으로, 아승기보다 작은 수로 볼 때는 10^{28} 또는 10^{40}을
    의미한다. 한자 문화권에서는 대략 10^{112}으로 본다.

님께 공양을 올린 것은 마음 닦으려고 한 것보다 좋아지려고 했다, 그 말이야. 그러나 이 《금강경》을 가지고 남에게 이야기하는 사람은 좋아지려는 것보다 아마 마음 닦으려고 했을 것이다. 그러니까 좋아지려고 하는 일과 마음을 닦으려고 하는 일은 이렇게 전연 다르다.

수보리야, 만약 착한 남자나 착한 여인이
뒤 말세에 이 경을 받아 가지고 읽고 외우면, 그 얻는바
공덕을 내가 전부 낱낱이 말한다면 사람들이 듣고
그만 정신이 얼떠름해서 정말 그런가 만가 그래서,
여우 모양으로 의심을 내고 믿지 않을 것이다.

여우는, 짐승들이 다 그렇지만, 한 걸음 걷고 오줌을 짤끔 싸고, 한 걸음 걷고 오줌을 짤끔 싸요. 그래서 여우 있는 데는 냄새가 많이 나지요. 그건 뭔고 하니, 그렇게 마음이 줏대가 서지 않아서 의심이 잘 난다 그 말입니다. 그래서 의심이 많은 것을 호의狐疑, 즉 '여우 의심'이라고 합니다.

수보리야, 마땅히 알거라. 이 경은 가히 생각하고
의논할 수 없는 뜻이 있기 때문에 〔그 원인으로〕 결과도
가히 생각하고 의논할 수 없느니라.

究竟無我分 第十七
구 경 무 아 분 제 십 칠

爾時에 須菩提 白佛言하되 世尊하 善男子善女人이
이시 수보리 백불언 세존 선남자선여인

發阿耨多羅三藐三菩提心인데는 云何應住며 云何
발아누다라삼먁삼보리심 운하응주 운하

降伏其心이니잇고 佛告 須菩提하사되 若善男子善女
항복기심 불고 수보리 약선남자선여

人이 發阿耨多羅三藐三菩提心者인데는 當生如是心
인 발아누다라삼먁삼보리심자 당생여시심

하되 我應滅度 一切衆生하리라 하라 滅度 一切衆生已코
아응멸도 일체중생 멸도 일체중생이

는 而無有一衆生이 實滅度者니라 何以故오 須菩提야
이무유일중생 실멸도자 하이고 수보리

若菩薩이 有我相人相衆生相壽者相이면 則非菩薩이니라
약보살 유아상인상중생상수자상 즉비보살

所以者何오 須菩提야 實無有法일새 發阿耨多羅三藐
소이자하 수보리 실무유법 발아누다라삼먁

三菩提心者니라 須菩提야 於意云何오 如來 於燃燈
삼보리심자 수보리 어의운하 여래 어연등

佛所에 有法하야 得阿耨多羅三藐三菩提不아 不也니다
불소 유법 득아누다라삼먁삼보리부 불야

世尊_하 如我解佛所說義_{로는} 佛_이 於燃燈佛所_에 無
세존　여아해불소설의　　불　어연등불소　무

有法_{하야} 得阿耨多羅三藐三菩提_{이니다} 佛言_{하사되} 如是
유법　　득아누다라삼막삼보리　　　불언　　여시

如是_{니라} 須菩提_야 實無有法_{일새} 如來 得阿耨多羅三
여시　　수보리　실무유법　　여래　득아누다라삼

藐三菩提_{니라} 須菩提_야 若有法_{하야} 如來 得阿耨多羅
막삼보리　　수보리　약유법　　여래　득아누다라

三藐三菩提者_{인데는} 燃燈佛_이 則不與我授記_{하사되} 汝
삼막삼보리자　　연등불　즉불여아수기　　여

於來世_에 當得作佛_{하면} 號_를 釋迦牟尼_라 하리라 하라 以實
어래세　당득작불　　호　석가모니　　　　이실

無有法_{일새} 得阿耨多羅三藐三菩提_니 是故_로 燃燈佛_이
무유법　득아누다라삼막삼보리　시고　연등불

與我授記_{하시고} 作是言_{하사되} 汝於來世_에 當得作佛
여아수기　　작시언　　여어래세　당득작불

하면 號_를 釋迦牟尼_라 하리라 하라 何以故_오 如來者_는
　　호　석가모니　　　　하이고　여래자

卽諸法_에 如義_{니라} 若有人_이 言 如來 得阿耨多羅三
즉제법　여의　약유인　언　여래　득아누다라삼

藐三菩提라 하면 須菩提야 實無有法일새 佛이 得阿耨
막 삼 보 리　　　　수 보 리　　실 무 유 법　　　불　　득 아 누

多羅三藐三菩提니라 須菩提야 如來所得 阿耨多羅
다 라 삼 막 삼 보 리　　　수 보 리　　여 래 소 득　아 누 다 라

三藐三菩提는 於是中이 無實無虛니라 是故로 如來説
삼 막 삼 보 리　　어 시 중　무 실 무 허　　시 고　　여 래 설

一切法이 皆是佛法이니라 須菩提야 所言一切法者는
일 체 법　개 시 불 법　　　수 보 리　　소 언 일 체 법 자

即非一切法일새 是故로 名이 一切法이니라 須菩提야
즉 비 일 체 법　　시 고　명　일 체 법　　　수 보 리

譬如人身이 長大니라 須菩提言하되 世尊하 如來説
비 여 인 신　장 대　　　수 보 리 언　세 존　　여 래 설

人身長大는 即爲非大身일새 是名大身이니이다 須菩提야
인 신 장 대　즉 위 비 대 신　　시 명 대 신　　　수 보 리

菩薩도 亦如是하야 若作是言하되 我當滅度 無量衆生이
보 살　역 여 시　약 작 시 언　아 당 멸 도 무 량 중 생

라 하면 則不名菩薩이니 何以故오 須菩提야 實無有法을
즉 불 명 보 살　하 이 고　수 보 리　실 무 유 법

名爲菩薩이니라 是故로 佛説一切法이 無我 無人 無
명 위 보 살　　시 고　불 설 일 체 법　무 아　무 인　무

衆生 無壽者니라 須菩提야 若菩薩이 作是言하되 我
중생 무수자   수보리   약보살   작시언   아

當莊嚴佛土라 하면 是不名菩薩이니 何以故오 如來說
당장엄불토   시불명보살   하이고   여래설

莊嚴佛土者는 即非莊嚴일새 是名莊嚴이니이다 須菩提야
장엄불토자   즉비장엄   시명장엄   수보리

若菩薩이 通達無我法者인데는 如來說 名眞是菩薩
약보살   통달무아법자   여래설 명진시보살

이니라

저 때에 수보리가 부처님께 사루어 말하되,

"세존님, 착한 남자나 착한 여인이 아누다라삼막삼보리심을 내려면, 어떻게 머물며 어떻게 그 마음을 항복 받으리까?"

부처님이 수보리에게 이르시되,

"만약 착한 남자나 착한 여인이 아누다라삼막삼보리심을 내려면 마땅히 이와 같은 마음을 낼 것이다. 내가 응당 일체 중생을 멸해 제도하리라 해라. 일체 중생을 멸해 제도하기를 마치면, 한 중생도 실로 멸해 제도를 받은 자 없느니라.

왜 그런고 하니, 만약 보살이 나라는 생각이나 남이라는 생각이나 중생이라는 생각이나 수자라는 생각이 있으면 곧 보살이 아니니라. 왜 그런고 하니 수보리야, 실로 어떠한 법이 있음이 없어서, 오직 어떤 것은 둬 두고 어떤 것은 내버린다는 것이 있지 않고, 몰밀어 바꾸기 때문에 아누다라삼막삼보리심을 내는 것이다.

수보리야, 어떻게 생각하는가? 여래가 연등 부처님 처소에서 법에 얻은 것이 있어서 아누다라삼막삼보리를 얻었느냐?"

"아닙니다, 세존님. 제가 부처님 설한바 뜻을 아는 것 같아서는, 연등 부처님 처소에서 아무것도 얻은 것이 없이 아누다라삼먁삼보리를 성취했으리라고 합니다."

"그렇고 그러니라, 수보리야. 실로 있는 법이 없어서 여래는 아누다라삼먁삼보리를 얻었느니라. 수보리야, 만약 법이 있어서 여래가 아누다라삼먁삼보리를 얻었다면 연등 부처님이 나에게 수기를 주되 '너는 오는 세상에 부처가 될 텐데 이름이 석가모니라 하리라' 그렇게 하지 않았을 것이다. 〔실로 법 있음이 없음으로써 아누다라삼먁삼보리를 얻었기 때문에〕 연등 부처님이 말하기를, '너는 이다음 세상에 부처가 될 텐데, 그래서 많은 사람을 제도해 줄 텐데, 그 사람 이름이 석가모니라 하리라' 하였다. 왜 그런고 하니, 여래라는 것은 모든 세상 우주 뜻에 그대로다.

만약 어떤 사람이 '여래가 아누다라삼먁삼보리를 얻었다'라고 하면, 수보리야, 실로 있는 법이 없어서 부처님은 아누다라삼먁삼보리를 얻었느니라.

수보리야, 여래가 얻은 아누다라삼먁삼보리는 그 내용이 어떤고 하니, 있는 것도 아니고 없는 것도 아니다.

이런고로 여래가 설한 일체법이란 것은 다 불법이다. 수보리야, 말한바 일체법이란 것은 일체법이 아닐새, 이것의 이름이 일체법이니라. 수보리야, 비유컨대 사람의 몸뚱이가 크다는 것 같으니라."

수보리 말하되, "세존님, 여래가 말씀하신 사람의 몸뚱이가 크다는 것은 곧 큰 몸이 아닐새, 이것이 이름이 큰 것입니다."

"수보리야, 보살도 또한 이와 같아서 만약 이런 말을 짓되, '내가 마땅히 한량없는 중생을 멸해 제도하리라' 그렇게 생각을 하면 〔보살이라 이름할 수 없다.〕 왜 그런고 하니, 수보리야, 실로 무엇을 어떻게 한다는 것이 있음이 없을새, 이름이 보살이다. 이런고로 부처님이 말씀하신 일체법은 다 나도 없고 남도 없고 중생도 없고 수자도 없다.

수보리야, 만약 보살이 이런 말을 짓되, '내가 마땅히 부처님 세계를 장엄한다'고 하면 〔이는 보살이라 할 수 없다.〕 왜 그런고 하니, 여래가 설하신 장엄불토라는 것은 장엄이 아니니,

그것이 〔이름이〕 장엄이다. 수보리야, 만약 보살이 내가 없는 법을 통달할 것 같으면, 부처님이 말씀하시되, 이것 참 진실한 보살이다."

저 때에 수보리가 부처님께 사루어 말하되, 세존님,
착한 남자나 착한 여인이 아누다라삼먁삼보리심을
내려면, 어떻게 머물며 어떻게 그 마음을 항복 받으리까?

이것이 이제 《금강경》을 다시 시작하는 겁니다. 여태까지
《금강경》을 세 번 이야기했는데, 처음의 시작이 '마음 닦는
사람이 어떻게 마음을 쓰며 어떻게 그 마음을 항복받으리까'
그래서 그 대답으로 내놓은 것이 《금강경》이라면, 이것이 또
다시 시작하는 거예요.

부처님이 수보리에게 이르시되, 만약 착한 남자나
착한 여인이 아누다라삼먁삼보리심을 내려면 마땅히
이와 같은 마음을 낼 것이다. 내가 응당 일체 중생을
멸해 제도하리라 해라. 일체 중생을 멸해 제도하기를
마치면, 한 중생도 실로 멸해 제도를 받은 자 없느니라.

이것은 앞에서 이미 이야기를 했습니다. '어떻게 그 마음을
항복 받으리까?' 물었을 때, "있는바 일체 중생의 무리에, 난
생·태생·습생·화생, 유색·무색, 유상·무상·비유상비무상
을 남음이 없는 열반에 들게 하리라 하라. 그렇게 다 하고 보
면 한 중생도 제도 받은 자 없느니라." 그게 무슨 소리인고
하니, 네 마음속의 분별 하나하나가 중생이다. 네 마음속의
그 분별 하나하나를 모두 제도하면, 결과에 가서는 제도 받

은 자 하나도 없다. 제 마음의 분별을 다 없앴으니 마음이 탕 비어서 밝지, 어디 중생, 제도 받은 중생이 있을 이치가 있어요? 간단히 말하면 이렇게 돼요.

"이와 같은 마음을 내되, 내가 응당 일체 중생을 멸해 제도하리라 하라."

네 마음속에 있는 분별을 다 성인에게 향한 마음으로 바꿔라. 그렇게 죄 바꾸고 나면 한 중생도 제도 받은 자가 없다는 것은, 네 마음이 그대로 비었다, 그 말입니다. 그대로 비었으니까 그대로 부처님 광명이 있을 것이다.

왜 그런고 하니, 만약 보살이 나라는 생각이나 남이라는 생각이나 중생이라는 생각이나 수자라는 생각이 있으면 곧 보살이 아니니라.

나와 남이 없이 무조건 그 마음을 바꾸니까 바꿔진단 말이지. '이것은 내 책임이 아닌데… 이것은 네 책임인데….' 이렇게 고르다 보면 분별만 일어나서 제 마음이 분주하고 정신분열증이 생길 것입니다. 어떻든지 제 마음속에 일어나는 것이 제 마음이라 할 것 같으면, 모조리 그만 밝은 이 향한 마음으로 바꿔 버리면 다시 문제가 없겠지요.

왜 그런고 하니 수보리야, 실로 어떠한 법이 있음이 없어서, 오직 어떤 것은 둬 두고 어떤 것은 내버린다는

것이 있지 않고, 몰밀어(모두) 바꾸기 때문에
아누다라삼먁삼보리심을 내는 것이다.
수보리야, 어떻게 생각하는가?
여래가 연등 부처님 처소에서 법에 얻은 것이 있어서
아누다라삼먁삼보리를 얻었느냐?

만약 내가 연등 부처님 처소에서 뭘 얻었다 하면, 한 점 망심
妄心이 생기고 말았을 것이다. 전혀 그것이 없었기 때문에, 그
냥 '연등 부처님!' 할 때 안팎이 없이 그냥 밝았다, 그 말입
니다.

아닙니다, 세존님. 제가 부처님 설한바
뜻을 아는 것 같아서는, 연등 부처님 처소에서
아무것도 얻은 것이 없이 아누다라삼먁삼보리를
성취했으리라고 합니다.

그렇고 그러니라. 수보리야 실로 있는 법이 없어서
여래는 아누다라삼먁삼보리를 얻었느니라.

그래 부처님이 아주 비위에 좋았던 모양입니다. '아누다라삼
먁삼보리'는 저번에 얘기한 것과 마찬가지로, 위가 없고 바로
두루 하고 바로 깨쳤다는 것, 자기 마음에 티끌이 없이 그냥
밝았다는 것입니다.

수보리야, 만약 법이 있어서 여래가
아누다라삼먁삼보리를 얻었다면 연등 부처님이 나에게
수기를 주되 '너는 오는 세상에 부처가 될 텐데 이름이
석가모니라 하리라' 그렇게 하지 않았을 것이다.

그러니까 그때에 나에게 뭐든지 [마음에] 티끌이 있었으면 부
처님 광명이 나타나지 않았을 것이다. 그러면 연등 부처님이
나에게 수기를 주되 '너는 오는 세상에 부처가 될 텐데 석가
모니라 하리라' 하지 않았을 것이다.

〔실로 법 있음이 없음으로써 아누다라삼먁삼보리를 얻었기
때문에〕 연등 부처님이 말하기를,
'너는 이다음 세상에 부처가 될 텐데,
그래서 많은 사람을 제도해 줄 텐데, 그 사람 이름이
석가모니라 하리라' 하였다.

이것을 '수기授記'라 합니다. 예를 들면 이 반야회상에서 그런
일이 있었는데, 석가여래가 이십 년 설법하고 나서 보니까,
그 사람들은 마음이 그냥 부처를 향하면 그냥 부처거든. 이
제 고정만 되면 그냥 성리 밝겠단 말입니다. 모두 보니 참 모
두 부처란 말입니다, 그냥 석가여래를 향하고 앉았는 것이.
그 수천이 죄 부처거든. 그래서 '아하! 한마음 닦아 성불成佛
이로구나!' '한마음이 그냥 부처를 증證하면 그냥 밝구나.' 이

렇게 말이 뚝 떨어지니까, 이 사람들 마음이 '옳지 내 마음이지' 이러니까, 모두 캄캄해 버리거든. 저를 향向해 버렸으니까. 그런데 오직 한 사람이 유난히 밝더라 그 말입니다, 그 마음이.

그런데 그 사람은 어째서 그런가 하니까, 다른 사람들은 모두 "제 마음 닦아 성불하는구나" 그렇게 말하니까 좋아서, 모두 '내 마음이지' 그래서 제 마음 들여다보니, 제 마음이 캄캄하니까 모두 캄캄한 마음인데, 오직 한 사람이 '참 고맙습니다. 이런 말은 이건 밝은 이가 아니면 할 수가 없습니다' 이런 생각을 가지고 앉았다, 그 말입니다. 그 사람을 보니까 그냥 안팎이 없이 그대로였어요. 그 사람이 그냥 밝아요. 그래서 그 사람에게 "너는 내 뒤를 이어서 부처가 될 것인데 네 이름은 '미륵존여래彌勒尊如來'라 하리라" 했다 그랬거든. 그것과 마찬가지로 석가여래가 연등 부처님 회상에서 참 그렇게 되었던 모양입니다.

왜 그런고 하니, 여래라는 것은 모든 세상 우주 뜻에 그대로다.

가림도 없고 그냥 막힘도 없는 그대로이기 때문에 그렇다, 그 말입니다.

만약 어떤 사람이 '여래가 아누다라삼먁삼보리를

얻었다'라고 하면, 수보리야, 실로 있는 법이 없어서
부처님은 아누다라삼먁삼보리를 얻었느니라.
수보리야, 여래가 얻은 아누다라삼먁삼보리는
그 내용이 어떤고 하니,
있는 것도 아니고 없는 것도 아니다.

왜 그러냐? 광명이기 때문에, 그냥 밝기 때문에 있는 것도 아
니요, 또 광명이기 때문에 없는 것도 아니다.

이런고로 여래가 설한 일체법이란 것은 다 불법이다.

이 우주 삼라만상 그대로 벌여 있는 것, 이게 모두 마음 닦을
그대로의 표현이니 그냥 불법이다, 그 말입니다. 불법이란 것
이 따로 있을 수 없다.

수보리야, 말한바 일체법이란 것은 일체법이 아닐새,
이것의 이름이 일체법이니라.

우주 이대로 그대로 집착하면 그대로 캄캄하고, 그대로 활용
하면 그대로 밝다, 그 말입니다.

내가 산중에 있을 때, 서울에서 변호사라는 세 사람이 왔어
요. 내가 앉아 있던 누마루에 올라오지는 않고 빙빙 돌더니,

누마루 전[端]에 턱을 붙이고 말을 걸더군요.

"여기 오래 됐소?"

"그저 칠팔 년 됐지요."

"여기서 무슨 책을 읽소?"

"아니, 나 아무 책도 읽지 않는데?"

그러니까 정색을 하면서 말해요.

"책을 안 읽으면 큰일인데요. 젊은 사람들 데려다 놓고 어떻게 책을 읽지 않지요?"

"나 아무것도 안 읽소."

"허, 그건 좀 재미가 없는데…."

그래서 내 웃으면서 대답했지.

"여기 사람이 책을 읽는다고 해도, 보통 지나다니는 사람은 그 책을 잘 못 읽을 거요."

"무슨 책인데 우리가 못 읽는다는 말이오?"

"그럼 책을 읽을 테니 들어 봐요. 앞에 산이 저렇게(단풍이 듦) 됐는데, 저기 뭐라고 썼는고 하니 '모든 정력을 낭비하는 자는 속히 죽느니라' 그렇게 써 있는데, 그거 보여요, 안 보여요?"

"나는 안 보이는데요."

"그것 봐요. 나는 이렇게 읽는데, 당신은 안 보이지 않아?"

그러니깐 그자가 뻔히 쳐다봐요.

"당신 쳐다보는 것이, 내가 책을 오죽 잘못 읽었으면 이렇게 금강산에서 요 꼴을 하고 앉았니, 하는 것 같은데, 당신 보기에 아주 초라하지?"

"거 무슨 소린지 모르겠는데요. 왜 그럴까요?"

그래서 이렇게 설명을 해 줬지요.

"'모든 정력을 낭비하는 자는 속히 죽느니라' 하는 것은, 내가 잘못 읽어서 그래. 왜 잘못 읽어? 봐라. 모든 활엽수는 습기와 온도가 적당하면 가짓껏 정력을 뽑는다. 그래서 새파랗거든. 이제 습기와 온도가 내려가면 누르스름해 버린단 말이야. 그랬다가 바윗돌 위에 몹시 지진 놈은 새빨갛거든. 그러니까 '나 죽습니다' 그러는 게 단풍이라고 하면, 단풍을 보고 좋아하는 놈은 아주 망할 놈일 거라 그 말이야. 아니, 초목이 '죽습니다' 하는 걸 보고 좋다니, 그런 망할 놈이 세상에 어디 있나? 미친개 눈에는 몽둥이만 보인다고, 내가 성미가 고약하기 때문에 '정력을 낭비하는 자는 속히 죽느니라'밖에 못보니, 천생 산중에 앉아서 요렇게밖에 더 되겠니 그 말이야. 만약 내가 이다음에 마음을 더 닦으면 내가 책을 달리 읽는다. 어떻게 읽는 줄 아느냐? '모든 정력을 낭비치 않는 자는 오래 사느니라' 그렇게 읽는다 그 말이야. 그렇게 읽으면 내가 어디든지 가도 좋다 그 말이야. 봐라, 이 침엽수 같은 거, 소나무·전나무 같은 것은 그놈이 애당초에 조직이 되기를, 정력을 낭비할 수 없게 되어 있단 말이야. 그런데 시방 활엽수가 시퍼럴 적에 그놈(침엽수)은 거무스름하고 누르칙칙하고 시원찮게 돼 보인단 말이지. 그러나 일단 활엽수들이 온도와 습기가 모자라서 누르퉁퉁하고 죽어 자빠질 적에 침엽수는 시퍼렇고, 또 날이 춥고 온도가 점점 내릴 때 아주 새파

래지거든. 그러니까 오죽 불평이 많아야 '정력을 낭비하는 자는 속히 죽느니라' 그렇게 읽겠느냐? 만약 내가 불평이 없는 날엔 어떻게 읽는고 하니 '정력을 낭비치 않는 자는 오래 사느니라' 그럴 것이다. 그러니 내가, 속히 죽을 놈이 만약 세상을 나갔다가는 세상 사람이 더 속히 죽을 테니, 차라리 산중에 이렇게 앉아서 독을 산 숲에다 푸는 게 낫고, 인제 이다음에 '정력을 낭비치 않는 자는 오래 사느니라' 그러면, 내가 도시 근처에 가더라도 내 근처 사람이 오래 살 거니까, 그때는 아마 남한테 이익도 좀 끼칠 것이다."

그러니까 이 녀석들이 뭐라고 하지 못하고 그만 가 버리더구먼요.

그래서 시방 하는 소리입니다. 일체법은, 그대로 마음 깨친 자가 보면 그냥 일체법이 불법이지만, 마음 못 깨친 자가 보면 일체법이 그대로 칼날이라는 말입니다.

어떤 사람이 금강산에 와서 떠억 보더니 말해요.

"거 금강산 고약하군!"

"왜 고약해?"

"아, 저놈의 것이 모두 기치창검旗幟槍劍이란 말이오. 저렇게 뾰죽뾰죽한 게, 저 구름이 끼고…."

제 마음속이 모두 봉우리 따라 칼날이 되어서 뾰족하니, 전부 아주 나쁘지.

또 어떤 사람은 이렇게 말해요.

"금강산 와 보니 참 시원하고 씩씩도 하다."

그건 제 마음이 시원 씩씩한 것이거든. 자연 경치 그대로 보는데, 눈만 딱 떴을 때 남을 나무랄 것밖에 없으면 이 녀석 (자신)이 고생이지 뭐. 이게 좋을 것이 하나도 없다, 그 말입니다. 그러나 눈을 딱 떴을 때 남을 칭찬할 것만 보이고 남이 모두 훌륭해 뵈면, 저는 그냥 극락세계 될 테니까.

수보리야, 비유컨대 사람의 몸뚱이가 크다는 것
같으니라.

수보리 말하되, 세존님, 여래가 말씀하신
사람의 몸뚱이가 크다는 것은 곧 큰 몸이 아닐새,
이것이 이름이 큰 것입니다.

이건 사람의 탐심이 한정이 없다는 말입니다. 한정이 없기 때문에, 위병胃病도 한정이 없는 것이다. 만약 또 닦아서 바뀌면 남에게 이익 한 것도 한정이 없을 것이다. 그래서 여기 사람의 몸뚱이가 크다는 것을 이야기한 것입니다.

수보리야, 보살도 또한 이와 같아서
만약 이런 말을 짓되, '내가 마땅히 한량없는 중생을
멸해 제도하리라' 그렇게 생각을 하면
〔보살이라 이름할 수 없다.〕

제도한다는 생각을 일으키면 그것은 치심癡心을 연습하게 되는 것입니다. 그러니까 성리가 막혀 버리는 거요. 제도한다는 생각을 하지 않고, 실지로 남이 와서 묻는 데 대답할 수 있어야 해요. 그래서 제도한다는 것, 곧 자기가 멸해 제도한다는 것은, 망념을 멸하고 밝은 마음을 준다, 그 말입니다. '내가 제도한다, [저 사람은] 제도 받는 자다' 그렇게 되면 자기 마음이 컴컴해지니까, 그건 보살이 아니라는 말입니다.

왜 그런고 하니, 수보리야, 실로 무엇을 어떻게 한다는 것이 있음이 없을새, 이름이 보살이다.
이런고로 부처님이 말씀하신 일체법은 다 나도 없고 남도 없고 중생도 없고 수자도 없다.

이 우주 삼라만상 자체가 모두 자기 자체의 원인 결과로 성립되었을 뿐, 어떤 한 물건이 그것을 좌우한다거나 그런 것은 절대로 없다는 것입니다.
　나라는 생각으로 하게 되면 모든 것이 분별이 일어나고 마는 것이니까, 그래서 실지로 (행)할지언정 나라는 생각을 하지 않아야 한다는 말입니다. 나라는 생각을 할 여가도 없을 것입니다.

수보리야, 만약 보살이 이런 말을 짓되,
'내가 마땅히 부처님 세계를 장엄한다'고 하면

〔이는 보살이라 할 수 없으니…〕

내가 부처님을 존경하겠다고 하면, 실지로 존경을 하는 것은 자기 마음의 망심妄心을 닦는다, 그 말입니다. 바라는 마음을 주는 마음으로 바꾸고, 자기 간탐심은 남이 달라고 할 적에 응할 수 있는 마음을 내[어 바꾸]고. [이렇게] 응한다고 해서 반드시 남의 칭찬 받는 것은 절대로 아니니까, [오직] 자기 한 마음을 연습하는 것입니다. 그런데 만약 부처님 세계를 좋게 꾸미겠다고 하면, 그것도 마음에 탐·진·치 삼독 중의 하나가 일어나[는 것이]니까 그렇게 되면 도로 망념이 일어납니다.

그러면 도대체 부처님이란 것은 어떻게 한 것이냐? 석가여래가 말했어요, "중생의 분별 수효는 팔만 사천 개니라." 탐심으로 일으킨 팔만 사천 분별을 닦으면, 처음 아승기를 닦는다고 하는데, 그것을 완전히 닦은 이를 '등각等覺'이라고 해요. 그 지혜가 깨친 이(부처님)와 같다[等]는 뜻입니다. 그다음, 성나는 마음(진심)이 토대가 되어서 일으킨 분별의 수효가 팔만 사천인데, 그것을 전부 닦고 나면 '묘각妙覺'이라고 해요. 묘할 묘 자, 깨칠 각 자, 묘각. 그다음에 제 잘난 생각, 치심으로 일으킨 팔만 사천 분별을 전부 다 닦으면 그걸 '대원만각大圓滿覺 [또는 대각大覺]'이라고 해요.

수행하는 단계에 있는 사람을 두고 말하자니까 '탐심으로 인연한 분별을 닦았다, 진심으로 인연한 분별을 닦았다' 그러지, 막상 그 깨진 당처는 애당초에 분별 자체가 없습니다. 시방 우리가 '부처'라 하는 분별도 부처 되기 직전까지는 그 분별이 통할지언정, 부처가 된 뒤에는 분별 자체가 있지 않습니다. 그래서 부처의 경계는 중생도 없고 부처도 없다는 것입니다. 왜 그러냐? 이 분별이 다한 곳이 곧 밝은 곳이니까.

왜 그런고 하니, 여래가 설하신 장엄불토라는 것은
장엄이 아니니, 그것의 〔이름이〕 장엄이다.

여래가 부처님 국토를 장엄하라는 것은, 제 분별 닦으라는 것이다. 그럼 이제 부처님 국토를 닦으라는 것은 제 분별 닦으라는 것인데, 제 분별 닦으면 장엄은 어디 있나? 그러니까 그것(제 분별 닦는 것)이 장엄이다, 그 말입니다.

수보리야, 만약 보살이
'내가 없는 법'을 통달할 것 같으면,
부처님이 말씀하시되, 이것 참 진실한 보살이다.

이 '나'라는 한 마디에는 탐·진·치 삼독이 구족하니까, '내가 없는 법[無我法]'을 통달할 것 같으면, 이것이 진실한 보살이다.

　'보살'이란 무엇이냐? 위로 부처님 지혜를 구하고 아래로 모르는 이를 가르쳐 준다.' 그러면 모르는 이를 가르쳐 준다는 것이 어떤 것이냐? '부처님의 마음을 즐겁게 하려고' 모르는 이를 가르쳐 줄 것 같으면, 제 마음에 '밝은 이'를 증證(새김)할 것입니다. 그러나 '모르는 이를 자기가 가르쳐 주겠다' 할 것 같으면, 제 마음에 '모르는 이'를 증하니까, 결국은 자기가 모르는 사람이 되게 됩니다. 남을 제도한다는 생각을 일으키면, 저는 모르는 사람이 되게 되니까, 부처님 국토는 장엄할 수가 없어요. '보살이 지은바 공덕에 탐착하지 않느니라'도 그런 말인데, 이와 관련된 이야기가 있어요.

어떤 사람이 고아원 원장을 십 년 하고, 또 소학교(초등학교) 교장을 십 년을 했답니다. 고아원 원장 했을 때 힘이 많이 들었는데, 그 고아들이 잘되어서 길에서 마주쳤는데도 아무도 인사를 안 하더래요. 그래서 몹시 섭섭했답니다. 그러나 소학교 교장을 십 년 했을 때, 소학교를 졸업한 아이들은 모두 인사를 잘하고 친절하게 굴더랍니다. 고아들이 인사를 해야 할 텐데 그 아이들은 안 하고, 제 부모 있는 소학교 출신 아이들은 인사를 잘하니, 자기가 항상 그게 섭섭하게 생각된다고 그래요. 내가 웃으면서 이렇게 얘기했어요.

"너는 고아원 원장으로 성공을 했다. 왜 성공을 했는가 하면, 고아孤兒라는 것은 애당초에 부모가 없는 아이들인데, 왜 부모가 없게 되느냐? 제 마음이 배은망덕을 하기 때문에 부

• 　　상구보리(上求菩提) 하화중생(下化衆生). 대승불교의 이상적인 수행자상인 보살의 수행 목표를 자리(自利)와 이타(利他)의 측면으로 표현한 것.

모가 용납이 안 되기 때문이야. 배은망덕해서 고아인데, 네가 고아원 원장을 했으니까 그놈이 너한테도 배은망덕을 해야 네가 고아원 원장이지, 너한테 배은망덕하지 않으면 그놈이 무슨 고아며 네가 무슨 고아원 원장이냐. 그러니까 고아는 철두철미하게 고아원 원장에게 인사를 안 할 수 있어야, 너는 고아원 원장을 잘한 것이고, 또 그 애들은 철두철미하게 고아인 것이지. 소학교 아이들은 지은보은知恩報恩(은혜를 알고 은혜를 갚음)을 할 수 있는 아이인데, 그 지은보은하는 아이들이 저희 교장에게 인사를 안 하겠니?"

사람은 시시각각 제 소원을 성취하는데, 자기 행동에 대해서 늘 불만인 이유는 캄캄하기 때문입니다. 자기 요구가 있어서 그러는 것입니다. 그러니까 시방 '여래가 설하신 장엄불토라는 것은 곧 장엄이 아니니, 그게 장엄이다. 또 보살이 무아법을 통달해 이 우주가 진행되는 이치를 통달하면 그것이 참 진실로 보살이다.' 그건 왜 그러냐? 그 사람은 무슨 행동을 하든지 점점 밝아지기는 할지언정 컴컴해지지는 않을 것이니까.

그러나 만약 그 사람이 불쌍한 사람을 건지려고 하면, 제 마음속에 불쌍한 사람을 그리고 있으니, 그 마음이 원인이 되어서 제 몸뚱이에 결과를 나툴 것이니까, 자기는 불쌍한 신세가 되고 말 것이라는 말입니다. 불쌍한 신세가 되는데 어떻게 보살이 될 수 있겠느냐. 그러니까 언제라도 불쌍한 사람을 만질 때 '자기'가 만지지 마라, 그 말입니다. 부처님은 불쌍한 이를 건지려고 애를 쓰신다. 그러면 '부처님의 마음을 즐겁게 하기 위해서' 불쌍한 자를 만지니까, 자기는 늘 부처님을 증했으니 자꾸 좋아질 것입니다. 불쌍한 그 사람을 '상대'로 안 했으니, 그 사람이 중압을 느끼지 않을 것이고, 이것이 곧 닦는 사람이 하는 행동일 것입니다.

一體同觀分 第十八
일 체 동 관 분 제 십 팔

須菩提야 於意云何오 如來 有肉眼不아 如是니다
수보리 어의운하 여래 유육안부 여시

世尊하 如來 有肉眼이시니이다 須菩提야 於意云何오
세존 여래유육안 수보리 어의운하

如來 有天眼不아 如是니다 世尊하 如來 有天眼이시니
여래 유천안부 여시 세존 여래 유천안

이다 須菩提야 於意云何오 如來 有慧眼不아 如是
수보리 어의운하 여래 유혜안부 여시

니다 世尊하 如來 有慧眼이시니이다 須菩提야 於意云
세존 여래유혜안 수보리 어의운

何오 如來 有法眼不아 如是니다 世尊하 如來 有法
하 여래유법안부 여시 세존 여래유법

眼이시니이다 須菩提야 於意云何오 如來 有佛眼不아
안 수보리 어의운하 여래 유불안부

如是니다 世尊하 如來 有佛眼이시니이다 須菩提야 於意
여시 세존 여래유불안 수보리 어의

云何오 如恒河中所有沙를 佛説是沙不아 如是니다
운하 여항하중소유사 불설시사부 여시

世尊하 如來説 是沙니다 須菩提야 於意云何오
세존 여래설 시사 수보리 어의운하

如一恒河中所有沙有如是沙等恒河 是諸恒河 所有
여 일 항 하 중 소 유 사 유 여 시 사 등 항 하 시 제 항 하 소 유

沙數佛世界 如是가 寧爲多不아 甚多니다 世尊하 佛告
사 수 불 세 계 여 시 영 위 다 부 심 다 세 존 하 불 고

須菩提하사되 爾所國土中 所有衆生의 若干種心을 如
수 보 리 이 소 국 토 중 소 유 중 생 약 간 종 심 여

來悉知하시나니 何以故오 如來說 諸心이 皆爲非心일새
래 실 지 하 이 고 여 래 설 제 심 개 위 비 심

是名爲心이니라 所以者何오 須菩提야 過去心不可得
시 명 위 심 소 이 자 하 수 보 리 과 거 심 불 가 득

이며 現在心不可得이며 未來心不可得이니라
현 재 심 불 가 득 미 래 심 불 가 득

"수보리야, 어떻게 생각하는가? 여래가 육안이 있느냐?"

"그렇습니다, 세존님. 세존님은 육안이 있습니다."

"수보리야, 어떻게 생각하는가? 여래가 천안이 있느냐?"

"그렇습니다, 세존님. 여래는 천안이 있습니다."

"수보리야, 어떻게 생각하는가? 여래가 혜안이 있느냐?"

"그렇습니다, 세존님. 여래는 혜안이 있습니다."

"수보리야, 어떻게 생각하는가? 여래가 법안이 있느냐?"

"그렇습니다, 세존님. 여래는 법안이 있습니다."

"수보리야, 어떻게 생각하는가? 여래가 불안이 있느냐?"

"그렇습니다, 세존님. 여래는 불안이 있습니다."

"수보리야, 어떻게 생각하는가? 항하 가운데 있는바 모래, 부처님이 이 모래를 설하신 일이 있느냐?"

"그렇습니다, 세존님. 여래는 이 모래를 말했습니다."

"수보리야, 어떻게 생각하는가? 한 항하 가운데 있는바 모래, 그 모래 수와 같은 항하, 이 모든 항하에 있는바 모래 수, 모래 수만큼 삼천대천세계, 이와 같은 것이 차라리 많음이 되느냐?"

"심히 많습니다, 세존님."

부처님이 수보리에게 이르시되,

"이러한 국토 가운데에 있는바 중생의 약간종심을 여래가
다 아시느니라. 왜 그런고 하니, 여래가 설하신 이 모든 마
음이라는 것은, 그게 죄 분별업장이니 그게 비심이다. 그것
을 일러 마음이라고 하느니라. 왜 그러냐 수보리야, 과거 마
음은 얻을 수 없고, 현재 마음도 얻을 수 없고, 미래 마음도
얻을 수 없다."

수보리야, 어떻게 생각하는가?
여래가 육안이 있느냐?

여기 '육안肉眼'이란 말이 나옵니다. 육안이란 우리 몸뚱이에 있는 눈인데, 고기 눈입니다. 고기 육肉 자, 눈 안眼 자. 이 눈도 역시 일정한 법칙에 의지해서 신진대사가 이루어져서 천일이면 그 원형原形이 자꾸 바뀌어 갑니다. 그래서 '아유, 몇 해 만에 봤더니 저 사람 눈자위가 고약해졌네!' 하는 말이 나올 수 있지요. 제 마음이 천 일이면 자꾸 바뀌고, 바뀌면서 자기 행동이 자꾸 달라져 가는 것입니다.

　'여래가 시방 고기 눈이 있느냐?' 이 소리는 좀 듣기 어려운 말이에요. '여래'라는 것을 '육신을 가진 석가여래'라고만 본다면 별문제 없는데, '그 마음 깨친 이가 육안이 있느냐?' 한다면…? 그분도 깨친 그 마음이 아주 순결했으면 제도한다는 생각도 없을 것입니다. 그건 왜 그러냐? 제도한다는 생각이 있으면 다른 마음과 원인-결과를 맺어서, 이것이 불안해서 제도한다는 마음이 생기게 되는 것이니까. 그럼 제도한다는 마음도 없어야 할 텐데, 어째서 주세불이 출현하게 되느냐? 주세불이 출현하게 된다는 것은, 그 마음에 티끌이 남아 있어서예요. 그이의 분별, 즉 탐·진·치 삼독은 다 없는데, 아직 자기의 동배同輩들, 즉 인연 지은 사람들이 아직 남아 있을 때 그 마음에 티끌이 있는 거예요. 이 티끌이 몸을 내는데 그런 몸을 '최후신'이라고 해요. 왜 최후신인가 하면, 이 몸뚱이는 확실히 주위와 원인-결과로 나타난 것이니까, 이것은 한정이 없는 것입니다. 원인이 다 소멸하여서 아주 미묘하게 나타나는 때의 몸뚱이가 최후신인데, 석가여래가 '여래가 육안이 있느냐?' 묻는 것은, '최후신의 눈에는…?' 하는 뜻이지요. 그럼 최후신의 눈에 반영되는 것이 대략 어떠냐?

석가여래가 인도에 계셨을 때, 주위에 여덟 왕이 있었습니다. 남의 제재를 받지 않고 자기가 통치할 수 있는 것을 '왕'이라 하는데, 그때에 대발병 일천인大發兵一千人 하는 왕들이 꽤 있었으니까 영토가 아주 작지 뭐. 그런데 석가여래 제자는 그때에 천이백오십 인이거든. 더구나 석가여래 제자는 더 많아질 가능성이 있다, 그 말입니다. 왜 많아질 가능성이 있는고하니, 인도에 그때 네 가지 계급*이 있었어요. 아리안Aryan족이 인도를 정복하고 소위 '우주 창조설'을 만든 다음, 자신들의 조상을 하느님, 브라만Brahman이라고 했어요. 하늘을 통치하는 주재자 브라만이 정수리에서 낳은 자손들을 브라만 계급으로 두고, 옆구리로 낳은 자손들은 왕족 계급(크샤트리아), 배꼽으로 자손들은 상인 계급(바이샤), 발에서 낳은 자손들은 천민 계급(수드라)으로 두었습니다. 이렇게 네 가지 계급을 딱

* 　카스트 제도: 인도 사회 특유의 신분제도로, 크게 브라만, 크샤트리아, 바이샤, 수드라로 구분한다. 부처님은 태어날 때 크샤트리아 계급에 속했다. 어머니 마야 부인이 옆구리에서 부처님을 낳았다는 설화는 당시 이 크샤트리아 계급에 속해 있음을 반영한 것이라 해석된다.

만들어서 인도를 통치했을 적에, 왕들은 이 계급에 의지해서 병졸을 만들었으니까 그들 천 명은 아마 석가여래 제자 사천 명만큼 고생했을 거예요. 그런데 석가여래는 이 네 가지 계급을 전부 철폐했기 때문에, 어느 때 어떻게 제자가 많아질는지 [왕들로서는] 큰 문젯거리였습니다.

'저걸 그냥 두었다가는 우리 왕국이 결딴이 날 거니까, 저걸 좀 없애 버리자.' 그래서 의논을 해 봤더니, 그냥 사람을 들여보냈다가는 저자들이 앉아서 '옳지 못하다' 이야기하면 '예, 그렇습니다' 하고 물러 나올 테니, 사람 군병 가지고는 도저히 안 될 것 같단 말이죠. 그런데 인도에서는 코끼리를 우리나라 소처럼 사역을 시켰어요. 농사도 짓고 어린애도 기르게 하고 또 군병으로도 쓰는데, 그 코끼리 코에 좋은 칼을 달아 주고 그놈에게 술을 먹이면, 그만 골이 나서 이놈이 함부로 휘젓는 통에 뭐든지 다 부서진단 말입니다. 그래서 석가여래 계신 그 기사굴 산중에 코끼리 오백 마리를 무장을 시켜서, 코끝에는 칼을 달고 술을 잔뜩 먹여서 몰아넣었지요. 그놈들이 들어가면서 잔뜩 휘저어 대니까 석가여래 제자는 다 달아났지요.

그래 다 달아났는데, 석가여래는 아마 체면상 달아날 수 없었겠지요. 그래서 석가여래는 앉아 있었고, 석가여래 사촌 동생인 '아나율'이라는 사람도 그 옆에 있었는데, 그는 장님이었어요. 석가여래 사촌 동생이니 왕족 출신이고, 또 만심慢心(거만한 마음)이 많았어요. 누구에게든지 다 '해라' 했으니 늘 시비가 많았는데, 또 잠을 몹시 잔단 말입니다. 그래 석가여래가 한번 붙들어서 말을 했습니다.

"잠자는 건 컴컴한 마음을 연습하는 것밖엔 안 되니까, 잠은 잘 때 자고, 쉴 때 쉬고 공부를 해야지, 맨날 잠을 자면 어떻게 하니? 저 뻥골만 가운데 큰 조개가 있는데, 그 조개가 삼천 년을 잔다더라. 너는 그런 종류가 아니겠느냐."

그 말을 듣고 양반의 성미로 분하고 원통해서, 이레(7일)를 잠을 안 자고 공부를 한다고 하다가, 지나쳐서 그이의 눈이 멀었습니다. 석가여래가 그분을 잘 단속을 했더니 마음이 밝아져서 천안통天眼通이 됐어요.

그이는 육안이 없으니까 코끼리가 오는 걸 미처 모르고 있다가, 막상 코끼리가 다가오니 달아날 새가 없었어요. 그이가 보니, 석가여래는 그냥 앉아 계시는데, 손을 이렇게 들고 앉아 있단 말입니다. 그 손가락마다 맑은 기운이 나오더니, 그 기운 바깥에 금색 기운이 나오고, 금색 기운 바깥에 금색 사자가 하나씩 나타나는데, 전부 열 마리가 떠억 나타나거든. 코끼리가 제일 무서워하는 것이 사자인데, 더군다나 금색이 번쩍번쩍하는 사자가 나타나니까 이놈이 무서운 생각이 나서 더 갈 마음은 안 나고, 더 갈 마음이 안 나니까 그만 앉아 버리고, 앉아 버리니 잤고, 술 취한 놈이 술 깨도록 잔뜩 자났으니, 그래 술 깬 뒤엔 제정신 나니까 그만 슬슬 다 가 버렸거든. 코끼리들이 가 버린 뒤에 아나율이 석가여래에게 말했어요.

"당신이 나에게 '누가 뭐라 그러든지 네 마음 일으키지 말고 네 마음 들여다봐라' 그러는 거 내 알았소. 당신은 그런 능력이 있습디다. 코끼리가 와도 손만 쩌억 벌리면 금색 사자가 나타나니, 코끼리가 저흰들 어쩌겠소? 그러니까 아마 당신은 '무슨 일이 생기든지 네 마음만 들여다봐라' 그럴 수 있지요. 그러나 우리 같은 이는 우리 마음 암만 들여다봐도 코끼리가 곧장 와서 덮쳤겠지요. 그러니까 당신은 그런 호신술이 있어서 그렇게 말한 것이지, 우리는 그 말이 적용 안 되오."

거 참, 그렇게 말할 만하단 말이야. 그러자 석가여래가 답했습니다.

"내가 많은 생을 닦았느니라. 그 많은 생을 닦아서 결국 나 자신을 얻고, 나 자신 얻은 결과에 '같이 닦던 사람, 내 아는 사람을 가르쳐 주겠다'는 마음이 남게 되었다. 내가 [이번 생은] 제도를 하러 왔지, 지금 닦으러 온 게 아니다. 너도 여러 생 닦으려 했는데 잘 닦지를 못해서 이 모양이 됐으니까, 너를 닦으라고 내가 이야기해 주러 온 것이다. 그랬는데 저 코끼리가 나더러 그만두라고 그러지 않니?"

"어디 그만두라고 그랬소?"

"저것들, 아무것도 모르는 것들이 칼 가지고 오니, 내 몸뚱이 상하게 하겠다는 것밖에 안 되는 거니까 '그럼 마음대로 해라' 그러고 봤다 그 말이야. 그럼 왜 내가 이 손을 들었느냐? 네 마음대로 하라는 거다. 그랬더니 내가 닦은 힘, 닦은 공덕이 맑은 힘으로 일어났고, 그 맑은 힘은 결국 다시 미(헤맴)

하지 않는다는 뜻으로 금색이 됐고…. 코끼리가 제일 무서워하는 게 금색 사자인데, 금빛이 그대로 일어나니 금색 사자가 안 되겠느냐?"

그러니까 아나율이 말하기를,

"네, 그러면 나도 그렇게까지 되어야 내 마음을 들여다볼까요?" 그러더라지.

그러니까 석가여래도 혼났지 뭐, 혼 안 난 것 없어. 그러니까 '석가여래가 고기 눈이 있느냐?' 이렇게 묻는 것은 '네 몸뚱이 착으로 이 성리가 밝아질 수 있느냐?' 그 말이지.

그러니까 수보리가 말하기를,
그렇습니다, 세존님. 세존님은 육안이 있습니다.

'육안'이란 [능력이] 한정된 눈인데, 우리가 다 가지고 있는 것입니다.

수보리야, 어떻게 생각하는가?
여래가 천안이 있느냐?

그렇습니다, 세존님. 여래는 천안이 있습니다.

'천안天眼'이란 무엇이냐? 육안은 실지로 형상이 있는 것을 보는 것이고, 형상 없는 것은 볼 수 없습니다. 천안이란 육안을 떼어 놓고 정신으로 보는 거니까, 형상 없는 것을 볼 수 있습니다. 형상 없는 것을 본다는 게 대체 무엇이냐? 역사상 기록에 의지한 그 물건은 없어졌지만, 지금까지도 그 이야기가 전해지는 그런 것을 실제 현실처럼 볼 수 있다는 겁니다. 추리 작용으로 보는 게 아니구요. 그런 것을 천안이라고 해요. 즉, 형상 없는 걸 볼 수 있는 것을 천안이라고 합니다.

수보리야, 어떻게 생각하는가?
여래가 혜안이 있느냐?

그렇습니다, 세존님. 여래는 혜안이 있습니다.

'혜안慧眼'이란 무엇이냐? 혜안과 천안은 어떠한 구별이 있느냐? 천안이란, 지금 현실에 형상이 없지만, 그 형상을 볼 수 있는 것. 혜안이란, 과거·현재·미래 시간관념을 전부 초월해서 장래에 어떻게 된다는 결과까지 볼 수 있는 것. 그러니까 천안은 현재를 포착하는 것인데, 혜안은 그 물건 자체의 과거·현재·미래를 동시에 통투通透하는 것을 말하지요.

수보리야, 어떻게 생각하는가?
여래가 법안이 있느냐?

그렇습니다, 세존님. 여래는 법안이 있습니다.

'법안法眼'은 주관이 아닌 객관 자체의 진열된 것을 볼 수 있는 것이지요. 법이란 것은, 시방 이것이 나라면, 상대(객관세계)는 법이라고 하는 것이지요.

수보리야, 어떻게 생각하는가?
여래가 불안이 있느냐?

그렇습니다, 세존님. 여래는 불안이 있습니다.

'불안佛眼'은 주관으로 앉아서 우주를 관찰할 수 있는 것입니다. 자기 한마음을 닦아서 밝은 데까지 미치게 되니까. 혜안은 객관적으로 그 물건의 과거·현재·미래를 보는 건데, 불안은 자기가 제도濟度하는 입장에서 전부가 나타나게 되는 것입니다. [이상 肉·天·慧·法·佛眼] 이것들이 소위 오안伍眼이라는 것입니다.

수보리야, 어떻게 생각하는가?
항하 가운데 있는바 모래,
부처님이 이 모래를 설하신 일이 있느냐?

그렇습니다, 세존님. 여래는 이 모래를 말했습니다.

부처님이 수효가 많은 것을 '항하 모래, 항하 모래' 같다고 말했는데, 그럼 항하 모래를 말했느냐? 그것은 항하 모래를 말한 것이 아니라, 그 수효 많은 것을 여러 사람들이 알아듣게 하려고 항하 모래를 말했단 말입니다. 항하 모래를 설명하고 싶어서 당신이 한 것은 아니니까. 그러니 부처님이 이 모래를 말했느냐 아니냐?

수보리야, 어떻게 생각하는가?
한 항하 가운데 있는바 모래, 그 모래 수와 같은 항하,
이 모든 항하에 있는바 모래 수, 모래 수만큼
삼천대천세계, 이와 같은 것이 차라리 많음이 되느냐?

심히 많습니다, 세존님.

마치 한강에 있는 모래, 그 모래 한 낱만큼씩의 한강, 그 한강의 모래, 그 참 많으냐 안 많으냐 그 말입니다. 여기 '불세계佛世界'라고 했는데 내가 왜 '삼천대천세계'라 하느냐면, 삼천대천세계는 한 부처님이 제도하는 곳이라고 하기 때문에 불세계라고 그래요.

부처님이 수보리에게 이르시되,
이러한 국토 가운데에 있는바
중생의 약간종심을 여래가 다 아시느니라.

그 수효 참 많아요. 그런데 그 중생이 각각 팔만 사천 가지 분별을 가졌으니 그 약간종심若干種心(갖가지 종류의 마음)은 참 많을 것입니다. 그걸 여래가 다 아신다. 그럼 여래가 미국 시카고 대학에 있는 전기두뇌 같은 것일까? 그렇게 그걸 모두 숫자를 죄 세고 앉았다는 걸 보면? 이 말은 무슨 소리인고 하니, 그 한마음이 밝았기 때문에, 그 한마음 컴컴한 작용은 [밝은 거기에] 모두 나타난다, 그 말이에요.

왜 그런고 하니, 여래가 설하신
이 모든 마음이라는 것은, 그게 죄 분별업장이니
그게 비심이다. 그것을 일러 마음이라고 하느니라.

이 말이 또 《금강경》 한 벌이에요. 저 위에서 《금강경》을 설할 적에, "닦는 보살이 어떻게 그 마음을 머무리까? 닦는 보살이 어떻게 (그렇게) 항복을 받으리까 [云何應住, 云何降伏其心]?" 그럴 적에 "모든 세상 사람을 다 부처 만들겠다고 해라. 그렇게 만들고 나면 한 중생도 제도 받은 자 없느니라." 그 소리는 무엇인고 하니, '네 마음속에서 한 생각이 일어나면 한 중생, 두 생각 일어나면 두 중생, 이런 것을 전부 부처 되게 하겠다고 해라. 그래 그것이 죄 부처 된다면 그럼 한 중생도 제도 받은 자 없느니라' 한 것은 네 마음이 그만큼 비었느니라, 그 말입니다.

왜 그러냐 수보리야, 과거심은 불가득이다.

'지낸(지나간) 마음은 지나갔으니 어디 있느냐?' 하는 말이지요. 그럼 이것이 또 《금강경》 한 벌이다. 그래서 "모든 형상이 있는 것은 다 상이 아니다. 상이 아닌 줄 알 것 같으면 곧 여래를 보느니라[凡所有相 皆是虛妄 若見諸相非相 則見如來]." 그것이 한 용심用心 쓰는 것이라면, 또 중간쯤에서 '모든 불법이라면 곧 불법이 아니라는 것[所謂 佛法者 卽非佛法]', 오직 제 한마음이라는 것. 그리고 여기 와서 또 '지낸 마음은 얻을 수 없다[過去心 不可得]'. 지낸 마음은 지나갔으니, 죽은 것이니 있을 수 없겠지.

그러면 어떤 사람이 흔히 지낸 마음을 많이 이야기하게 되느냐 하면, 늙은이가 많이 얘기해요. '아휴! 전엔 참! 좋았지만, 요샌 사람들도 나쁘고 모두 나쁘더라' 이렇게 말하거든. 그러면 그건 죽은 마음을 연습하니까 죽는 사람의 생각이란 말이에요. 과거가 원인이 돼서 현재의 결과를 이루었다면, 현재의 결과만 보면 과거가 얼마나 좋았는지 알 수 있는데도 불구하고, 자꾸 과거가 좋다는 것은 자기 죽는 연습밖에 되지 않는다는 말입니다. 젊은 사람들은 또 무슨 연습을 하는가 하면, 미래未來의 꿈만 자꾸 꾸고 있단 말입니다. 늙은 사람이 과거를 자꾸 생각하는 것과 한가지로.
　그럼 미래가 좋아지자면 어떻게 해야 할까요? 현재가 원인이 돼서 미래의 결과를 낳을 거니까, 현재 현재가 진실하면 미래 미래는 완전할 것인데, 현재엔 진실하지 않고 미래만 좋겠다고 꿈만 디리 꾸어 대니, 그건 뭐 허虛 서방이 돼서 죽어 버리거든. 그러니까 늙은이는 마음이 죽어서 죽어 버리고, 젊은 사람은 허 서방이 좋아서 미칠 것 같아서 죽어 버리고. 그건 왜 그러냐? 제 마음에 죽은 것을 연습하고 또 허한 것을 연습해서입니다.

그러면 지금 무엇을 요구하느냐, 우리는 [어떻게 해야 하느냐]? 현재를 자꾸 진실하게 해야 하는데, 시방 현재라고 하면 벌써 과거가 되어 버리고, 시방 미래라고 생각하면 그게 현재가 돼요. 그러니까 그 순간순간에 진실하고 순간순간에 분별을 자꾸 닦을 줄 알면, 그것이 곧 생명生命일 것입니다.

과거 마음은 얻을 수 없고,
현재 마음도 얻을 수 없고,
미래 마음도 얻을 수 없다.

그러니까 이것이 또 이번의 《금강경》의 골자입니다. 당나라 때 덕산선감德山宣鑑(782~865) 스님이 《금강경》을 읽다가, 용담숭신龍潭崇信(?~?) 선사가 훌륭하다고 해서 용담숭신 선사 한테로 가는데 《금강경》 해설서인 《금강경소초》를 짊어지고 갔더라지요. 선사가 계신다는 곳에 도착했더니 밑에 주막집

이 있더래요. 그래 주막에 가서, "여기서 나 점심 좀 합시다"
했어요. '점심點心'이라는 말은 중국 말인데 우리가 그대로 인
용해서 써요. 점 점點 자, 마음 심心 자인데, 배가 고픈 듯한
것 좀 위로하겠다, 그 말입니다.

"당신, 짊어진 것이 뭐요?"

"《금강경》 해설집이오."

그러자 주막집 마나님이 이렇게 묻는 거야.

"과거 지낸 마음도 얻을 수 없고, 현재 마음도 얻을 수 없
고, 미래 마음도 얻을 수 없다˙고 했는데, 당신은 어떤 마음에
다가 점심을 하려우?"

뭐, 할 말이 없지.

'허이구! 이거 용담 스님 회상엘 왔더니 주막쟁이 마나님
까지 법문을 하는구나!' 아마 그랬겠지요. 우리가 참 많이 경
성警省˙˙할 이야기입니다.

순간순간에 진실하면 걱정 없어요. 몸뚱이 착이 많은 사람에
게는 하루 열두 시간만 살게 설계해 주면 아주 좋겠지요. 그
런데 열두 시간은 좀 많으니까, 그저 한 십 분씩만 살아도 그
거 아주 대단히 편안한 거예요. 십 분 십 분에 빚만 안 지면

•   과거심 불가득(過去心 不可得), 현재심 불가득(現在心 不可得), 미래심 불
     가득(未來心 不可得).

••   자기의 행동에 대해 스스로 깨우쳐 돌아봄.

그 십 분이 많이 모여서 백 년에 빚을 안 질 수 있는데, 그렇게 하자면 너무 촉박하니까 그저 열두 시간만 살면 아주 재미있어요.

《금강경》은 우리한테 열두 시간 살도록 플랜plan 정하는 데 아주 필요해요. 그래서 아침 먹고 아침 먹은 것만큼 값하고, 점심 먹고 점심 먹은 것만큼 값하고, 또 저녁 먹고 저녁 먹은 것만큼 값하면, 빚도 지지 않고 또 복도 없어지지 않고 그대로 다 편안할 것입니다. 그래서 열두 시간만 잘 살면 되겠는데, 우리들이 백 년, 천 년을 사니까 시비가 일어나고 전쟁이 일어나게 된다는 말입니다.

우리나라의 통화通貨가 그동안 안정이 안 됐지요. 내가 부산에 있을 적에는 하루에 몇 번씩, 우리나라 돈을 미국 돈으로 바꾸는 환율이 60대 1 하다가 180대 1 이상도 갔어요. 그런데 요새 소문을 들으니까 한국은행에서 2억 달러를 벌어서 미국 연방준비은행에다 예금을 했대요. 지금 환율이 500대 1 정도라니까, 2억 달러, 즉 우리 돈으로 1,000억 원이라는 지폐를 마음대로 발행할 수 있게 된 거지요. 우리 살림에 어떻게 2억 달러라는 큰돈을 미국 연방은행에 저금해서 우리 화폐가 안정되게 했나? 참 감탄할 일이거든요. 우리나라가 수출해서 외화 벌어들이는 것이 요즈음에는 1,300만 달러가채 못 되었어요. 부산 있을 적에는 중석重石을 파서 팔았기 때문에 중석 판 달러가 일 년에 한 2,000만 달러가 왔는데, 그

것을 어떻게 했는지 여하간 2억 달러라는 것이 지금 한국은
행 보증준비자금保證準備資金으로 됐습니다.

그럼 이러한 것을 우리나라에서 누가 했느냔 말입니다. 한
국은행이 살림살이를 얌전히 해서 됐느냐? 우리나라 대통령
기한이 사 년밖에 안 되는데, 어떻게 십 년이나 경영해야 할
수 있는 일을 했을까요?

이런 걸 십 년이나 걸려서 하자면 벅차서 못 살 거요. 그 순
간순간에 어떻거나, 그저 도둑놈이라거나 말거나 자기 국토
를 완전하게 하고 자기 경제를 자립하게 하자면, 덮어놓고
그 순간순간에 꽤 애쓰던 마음이 오늘날 십 년 만에 한국은
행에 그런 계정이 들어가게 한 것입니다. 장래 욕을 먹거나,
장래 도둑놈이 되거나 상관할 것 없이, 그 순간순간의 진실
은 이런 결과도 나타나게 하는 것입니다. 그래서 보통 공부
도인은 그만두고라도 자기 살림을 완전하게 하자면, 그저 하
루 열두 시간만 잘 지내 가면 되는 거요.

순간순간에 그런 수단을 취하자니까, 아 그런 거 하는 눈치
만 챈다면 재무장관도 저 한몫 먹으려 들 것이고, 한국은행
총재도 저 한몫 먹으려 들 것이고, 심부름 간 놈도 저 한몫 먹
으려 들 것이니, 그 도둑놈을 제거하느라고 아마 애를 많이
썼겠지요. 그 심부름 한 놈을 내쫓으면 그놈이 악담도 하겠
지요. '큰 도둑놈은 대통령이더라. 염병할 놈' '저 달러를 가
져다 어디에 집어넣었는지 모르겠다' 그런 소리 또 안 들을
이치가 없을 겁니다.

그렇게 십 년 만에 2억 달러를 계정에다 넣었는데, 자기가 했단 말도 할 수 없게 되니까, '한국은행이 얌전히 벌어서 이렇게 2억 달러를 예금했다고 해라' 그랬지요. 한국은행에서는 소위 '금융통화위원회'라는 곳에서 살림을 하고 있는데, 그자들에게 그걸 내놓으니까 깜짝 놀라면서 '아니 그런 돈이 있었던가?' 그러더라지요.

보통 탐심 많은 중생은, 진실하게 사는 사람이 위에서 '저놈들을 다 쪄 먹자' 그래도 몰라요. 그 솥에 들어갈 때에 '이렇게 되면 우리가 죽지 않나?' 그뿐이거든. 그러나 벌써 솥 등에 앉아 있는 놈인데 후욱 몰아넣으면 그만이지 뭐, 살 게 뭐 있나? 그러니까, 진실한 일에는 이러한 기적도 생기는 겁니다.

그렇게 그 사람[대통령]이 한 번, 자기가 없는[無我] 일 한 번 저지르는 통에 우리는 그만 안정감을 가지게 된 거지요. 몇 해 전만 해도 달러 옥션auction 하는데 1,000대 1만 돼도 미국 놈이 지랄했거든요. 저 달러 저희들만 다 그렇게 비싸게 팔아먹고 '거 어떻게 되는 거야?' 이런 소리를 하는데, 저번에 1,400대 1이 되니 침 먹은 지네*가 되어 버려. 아무 말도 안 해요. 꼼짝도 안 해요. 저놈이 왜 꼼짝도 안 할까 알아보니, 그렇게 2억 달러나 해서 그놈의 잔등에다가 철썩 붙여 놓

---

* 할 말이 있어도 못 하고 있거나 겁이 나서 기를 펴지 못하고 꼼짝 못 하는 사람을 비유적으로 이르는 말. '꿀 먹은 벙어리요, 침 먹은 지네라'라는 속담이 있다.

았으니까…. 그래서 그저 '한국엔 경제 원조도 부지런히 해야 한다, 그래야 안정이 된다', 이런 소리 하는 것을 보면 애당초에 그놈의 잔등에다 붙여 놓았으니 말이 없을밖에요. 그러니까 다른 놈 어떤 놈이 하더래도 아무 일 없으니, 원체 제[我]라는 마음만 없고 현재 현재에 진실해서 나가면 아마 그런 기적도 나는 모양이오. 그래서 '우리 주위에 이런 기적들 많이 나오', 그 말입니다. 그게 '일체법一切法이 즉시 불법佛法'이지, 뭐 다른 거 없습니다.

이제 한두 달쯤은 우리 화폐 아주 튼튼해요. 예전에는 미국 놈이 우리 화폐를 이렇게 깎으니 이거 밥을 먹을 수가 있나? 내가 어저께까지 300원 가지고 밥을 먹었는데 별안간 500원을 내야 했어요. 그래서 미국 놈더러 그거 하지 말라고 그랬다 합시다. 그런데 당신이 아무리 그랬다 해도 그놈이 할 것 안 할까? 그런데 인제 그놈의 잔등에다 2억 달러를 딱 붙여 놓으니, 그놈이 도무지 말을 안 해. 이런 것은 현실에도 기적이라면 기적이고 또 기적이 아니라면 아닐 텐데, 이런 것은 다 현재 현재 진실한 마음이 그런 기적도 나타낼 수 있는 것입니다.

法界通化分 第十九
법 계 통 화 분 제 십 구

須菩提야 於意云何오 若有人이 滿三千大千世界七寶로
수보리 어의운하 약유인 만삼천대천세계칠보

以用布施하면 是人이 以是因緣으로 得福이 多不아 如
이용보시 시인 이시인연 득복 다부 여

是니다 世尊하 此人은 以是因緣으로 得福이 甚多니다 須
시 세존 차인 이시인연 득복 심다 수

菩提야 若福德이 有實인데는 如來 不說得福德多니 以
보리 약복덕 유실 여래 불설득복덕다 이

福德이 無故로 如來說 得福德多니라
복덕 무고 여래설 득복덕다

"수보리야, 어떻게 생각하는가? 만약 어떤 사람이 삼천대천
세계에 가득히 찬 일곱 가지 보배를 써서 보시하면, 이 사람
은 이 인연으로 복 얻는 것이 많으냐?"

"그렇습니다, 세존님. 이 사람은 이 인연으로 복이 참 많습
니다."

"수보리야, 만약 복덕이 실로 있다면 여래가 이런 것 가지고
복덕이 많다고 그러지 않았다. 그러니까 복덕이 없다. 그러
니까 여래가 복덕이 많다고 하느니라."

수보리야, 어떻게 생각하는가?
만약 어떤 사람이 삼천대천세계에 가득히 찬
일곱 가지 보배를 써서 보시하면
이 사람은 이 인연으로 복 얻는 것이 많으냐?

그렇습니다, 세존님.
이 사람은 이 인연으로 복이 참 많습니다.

얼마만큼? '삼천대천세계에 가득히 찬 일곱 가지 보배를 준
것만큼' 그렇게 되겠죠. 그러면 이것은 무얼로 주었나? 마음
으로 주었을 것입니다. 그 마음을 닦으면 아마 더 좋을 것이
다, 그 말입니다.

수보리야, 만약 복덕이 실로 있다면
여래가 이런 것 가지고 복덕이 많다고 그러지 않았다.

이런 짓 저지른 것은 전부 마음이 했다, 그 말입니다.

그러니까 복덕이 없다.
그러니까 여래가 복덕이 많다고 하느니라.

이런 것도 《금강경》이 어려운 부분입니다. '복덕이 있다. 복
덕이 없다. 복덕이 있다.' 이거 쉽게 이해하기 어려울 겁니다.

그러나 이게 마음 닦는 것인 줄 알면 여러분들도 해석이 잘될 것입니다.

離色離相分 第二十
이 색 이 상 분 제 이 십

須菩提야 於意云何오 佛을 可以具足色身으로 見不
수 보 리 어 의 운 하 불 가 이 구 족 색 신 견 부

아 不也니다 世尊하 如來를 不應以具足色身으로 見이니
불 야 세 존 여 래 불 응 이 구 족 색 신 견

何以故오 如來說 具足色身은 卽非具足色身일새
하 이 고 여 래 설 구 족 색 신 즉 비 구 족 색 신

是名具足色身이니이다 須菩提야 於意云何오 如來를
시 명 구 족 색 신 수 보 리 어 의 운 하 여 래

可以具足諸相으로 見不아 不也니다 世尊하 如來를
가 이 구 족 제 상 견 부 불 야 세 존 여 래

不應以具足諸相으로 見이니 何以故오 如來說 諸相
불 응 이 구 족 제 상 견 하 이 고 여 래 설 제 상

具足은 卽非具足일새 是名諸相具足이니이다
구 족 즉 비 구 족 시 명 제 상 구 족

"수보리야, 어떻게 생각하는가? 부처님을 가히 구족한 색신으로 보느냐?"

"여래는 응당 구족색신으로 보지 못합니다. 〔왜 그런고 하니, 여래가 말한 구족색신은 구족색신이 아닐새 그 이름이 구족색신이기 때문입니다.〕"

"수보리야, 어떻게 생각하는가? 여래를 가히 구족한 모든 상으로 볼 수 있느냐?"

"여래는 응당 구족한 제상으로는 볼 수 없습니다. 왜 그런고 하니, 여래가 말한 모든 상의 구족이란 것은 곧 구족이 아닐새, 이것의 이름이 제상구족〔이기 때문〕입니다."

수보리야, 어떻게 생각하는가?
부처님을 가히 구족한 색신으로 보느냐?

여기 '구족具足한 색신色身'이란 무엇인가? 석가여래는 마음
이 밝지요. 마음이 밝으니까 모양도 원만할 것입니다. 모양이
어떻게 원만한고 하니, 남의 사정을 잘 알고 살필 수 있으면
이 눈썹과 눈썹 사이가 널찍하다고 그러죠. 자기 마음이 곧
으면 코가 푸우하고 곧게 내려온다. 또 제 권력을 주장하면
광대뼈가 내민다. 이런 것은 관상쟁이가 이야기하는 것이지
요. 그만큼 고깃덩어리 속에 마음이 있어서 그 마음의 기운
이 그렇게 내비치는 것입니다.

　그러니까 아마 석가여래의 모양은 우리보다는 다를 것입
니다. 어떻게 다른고 하니, 코도 우리 코 같은데 보기 좋고,
눈도 우리 눈 같은데 보기 좋고…. 우리보다 나쁜 것은 어떻
게 되느냐? 코가 삐뚤어지든지 보기 싫든지 찌그러지든지 그
런 것은 그 사람 마음의 공덕일 것입니다. 그와 마찬가지로
부처님을 구족한 색신으로 볼 수 있느냐 없느냐 하는 것은,
부처님의 마음이 밝아서 보통 밝은 사람보다는 완전히 구족
具足되었으리라고, 그래서 구족한 것이라고. 요것을 앞의 강
의에서는 서른두 가지 상이라고 말했어요.

여래는 응당 구족색신으로 보지 못합니다.
〔왜 그런고 하니, 여래가 말한 구족색신은 구족색신이 아닐새

그 이름이 구족색신이기 때문입니다.]

왜 그런고 하니, '석가여래 같은 몸뚱이 가진 자'는 다 여래냐? 이렇게 묻는 것과 한가지거든. 아닙니다, 당신 마음같이 된 사람이 당신 고깃덩어리 가졌으면 그것은 부처님이라 그러지만, 당신 고깃덩어리만 가진 사람이 꼭 부처님은 아닙니다, 그 말이에요. 구족색신으로는 여래를 볼 수 없습니다. 여래가 자기 마음 밝은 만큼, 모양 또한 그러하니까, 구족색신으로 여래를 볼 수 있을 것입니다.

수보리야, 어떻게 생각하는가?
여래를 가히 구족한 모든 상으로 볼 수 있느냐?

여래는 서른두 가지 상에다가 여든 가지의 팔십종호八十種好˙가 있습니다. '종호'라는 것은 그때그때의 표정이에요. 여든 가지 표정이 있다는 것인데, 아까 구족색신이라는 것은 그 표정을 말한 것이고, 시방 여기는 삼십이상을 말한 것입니다.

여래는 응당 구족한 제상으로는 볼 수 없습니다.
왜 그런고 하니, 여래가 말한 모든 상의 구족이란 것은

˙　부처와 보살만이 갖추고 있다는 80가지 미세한 신체적 특징. 32상은 부처와 보살뿐만 아니라 전륜성왕도 갖추고 있다고 하나, 80종호는 부처와 보살만이 가지고 있는 미묘한 신체적 특징을 말한다.

곧 구족이 아닐새,
이것의 이름이 제상구족[이기 때문]입니다.

이것은 이 위의 말과 똑같은 말인데, 좀 잘 알아들으라고 이
야기한 것입니다.

非説所説分 第二十一
비 설 소 설 분 제 이 십 일

須菩提야 汝勿謂하라 如來 作是念하되 我當有所
수보리 여물위 여래 작시념 아당유소

說法하라 莫作是念이니 何以故오 若人이 言如來 有
설법 막작시념 하이고 약인 언여래 유

所說法이라 하면 卽爲謗佛이며 不能解我所說故니라
소설법 즉위방불 불능해아소설고

須菩提야 說法者는 無法可說이 是名說法이니라 爾
수보리 설법자 무법가설 시명설법 이

時에 慧命須菩提 白佛言하되 世尊하 頗有衆生이
시 혜명수보리 백불언 세존 파유중생

於未來世에 聞說是法하고 生信心不잇가 佛言하사되 須
어미래세 문설시법 생신심부 불언 수

菩提야 彼非衆生이며 非不衆生이니 何以故오 須菩提야
보리 피비중생 비불중생 하이고 수보리

衆生衆生者는 如來說 非衆生이 是名衆生이니라
중생중생자 여래설 비중생 시명중생

"수보리야, 너는 여래가 이런 생각을 짓되, 내가 설한바 법이 많다고 생각한다고 하지 말아라.

이런 생각은 짓지 말 것이니, 왜냐하면 만약 어떤 사람이 여래가 설한바 법이 있다고 한다면 그것은 부처님을 욕한 것밖에 안 되기 때문이다.

수보리야, 설법이라는 것은 법 설할 것이 가히 없는 것, 그것을 설법이라고 하는 것이다."

이때에 혜명 수보리가 부처님께 사루어 말하되,

"세존님, 자못 〔어떤〕 중생이 오는 세상에 있어서 이런 법 설하는 것을 듣고서 참 믿는 마음을 내겠습니까?"

부처님이 말씀하시되,

"수보리야, 저 사람은 중생이 아니며 또한 중생 아닌 것도 아니다. 왜 그런고 하니, 수보리야, 중생 중생이라고 하는 것은 여래가 설한 중생이 아닐새, 이것의 이름이 중생이다."

수보리야, 너는 여래가 이런 생각을 짓되,
내가 설한바 법이 많다고 생각한다고 하지 말아라.

내가 설법을 하지 않았느니라, 그 말입니다. 그러면 무엇을
했느냐? 마음 밝으라고 말했다. 마음 밝으라고는 말했지만,
설법이라고 해 놓은 것은 없다.

이런 생각은 짓지 말 것이니, 왜냐하면
만약 어떤 사람이 여래가 설한바 법이 있다고 한다면
그것은 부처님을 욕한 것밖에 안 되기 때문이다.

왜 그러냐? 마음 닦으라고 그랬지, 언제 이야기하려고 그랬
느냐? 또 내가 말한 뜻도 모른다, 그 말입니다. 실제로 제 마
음 닦으라고 그랬는데, 언제 내가 법을 설했니? 그 말입니다.

수보리야, 설법이라는 것은 법 설할 것이
가히 없는 것, 그것을 설법이라고 하는 것이다.

그때에 그 사람에게 필요해서 말을 해 준 그것을 설법이라고
하겠느냐? 필요한 말을 해 줘서 그 효과를 나타내면 그것을
설법이라고 이름하는 것이지 [설법이라고 하는 것이 정해져 있는
것이 아니다].

이때에 혜명 수보리가 부처님께 사루어 말하되,
세존님, 자못 〔어떤〕 중생이 오는 세상에 있어서 이런
법 설하는 것을 듣고서 참 믿는 마음을 내겠습니까?

이러한 말을 듣고 좋은 마음 낼까요?

부처님이 말씀하시되, 수보리야,
저 사람은 중생이 아니며 또한 중생 아닌 것도 아니다.
왜 그런고 하니, 수보리야,
중생 중생이라고 하는 것은
여래가 설한 중생이 아닐새, 이것의 이름이 중생이다.

이런 말은 글자대로 알아듣기 좀 어려워요. 수보리 말이 '이
다음 세상에 어떤 사람이 이 말 듣고 옳다고 그럴까요?' 물으
니까, '그 사람은 중생인데 중생이 아니다. 듣고 좋은 맘 냈으
니 마음 밝았지? 마음 밝았으니 중생이 아니지' 하는 말입니
다. 몰랐을 적에 들었으니까 중생이지요. 그러니까 저는 중생
이 아니니 그 중생 아님도 아니다, 그 말입니다. 수보리야, 그
럼 시방 말하는 중생이라는 중생은 여래가 말한 중생은 아니
다[실지로 '중생'이라는 것이 정해져 있어서 여래가 '중생'이라고 말한
것이 아니다]. 왜 그러냐? 법문 듣고 거기 밝은 마음 났으니, 벌
써 그 사람은 [중생이 아니고] 닦는 보살이다. 그러니 중생 중
생은 곧 중생이 아닐새, 그러니까 그 이름이 중생이다.

無法可得分 第二十二
무 법 가 득 분 제 이 십 이

須菩提 白佛言하되 世尊하 佛이 得阿耨多羅
수 보 리 백 불 언 세 존 불 득 아 누 다 라

三藐三菩提가 爲無所得耶잇가 佛言하사되 如是
삼 먁 삼 보 리 위 무 소 득 야 불 언 여 시

如是니라 須菩提야 我於阿耨多羅三藐三菩提에
여 시 수 보 리 아 어 아 누 다 라 삼 먁 삼 보 리

乃至無有少法可得일새 是名阿耨多羅三藐三菩提니라
내 지 무 유 소 법 가 득 시 명 아 누 다 라 삼 먁 삼 보 리

수보리가 부처님께 사루어 말하되,

"세존님, 부처님이 아누다라삼먁삼보리라고 해서 얻은 것은 아무것도 없다, 그 말이구면요."

"그렇고 그러니라, 수보리야. 내가 아누다라삼먁삼보리에 뭣이든지 티끌만 한 것도 〔얻어 가지고〕 있지 않았다. 내지 한 조그만 법도 없을새, 그것의 이름이 아누다라삼먁삼보리니라."

수보리가 부처님께 사루어 말하되,
세존님, 부처님이 아누다라삼먁삼보리라고 해서
얻은 것은 아무것도 없다, 그 말이구먼요.

그렇지. 아누다라삼먁삼보리를 얻었다는 것은 '탐·진·치 삼
독이 전혀 없다' 그 말밖에 안 되지.

그렇고 그러니라, 수보리야.
내가 아누다라삼먁삼보리에 뭣이든지
티끌만 한 것도 〔얻어 가지고〕 있지 않았다.
내지 한 조그만 법도 없을새,
그것의 이름이 아누다라삼먁삼보리니라.

뭐든지 있으면 밝지 못하니까. 그러니까 티끌만 한 것도 없
이 오직 밝은 것뿐이니까. '밝은 것'이라 하는 것은 '밝은 데'
의 대명사밖에 되지 않으니까, 밝은 것은 형상 자체가 없다
는 의미입니다.
  여러분 생각에 '밝은 것'이 '흰 것'이라고 그러면 퍽 실책입
니다. 왜 그러냐? 흰색은 앞을 볼 수 없습니다.˙ 그럼 밝은 것
이란 대체 뭐요? 아는 것이 밝은 거요, 지혜라는 것이 밝은

˙ 흰색은 무색(無色)이 아니라 유색(有色)이다. 흰색으로 가려 버리므로, 실
   상을 볼 수 없게 된다. 따라서 완전하게 밝은 지혜가 아니라는 의미로 추정
   된다.

거요, 지혜는 형상이 없는 거요, 색도 없는 거요, 그 말입니다. 그런데 어떻게 흰 것인들 있겠습니까?

淨心行善分 第二十三
정 심 행 선 분 제 이 십 삼

復次須菩提야 是法이 平等하야 無有高下일새 是名阿耨
부 차 수 보 리   시 법   평 등   무 유 고 하   시 명 아 누

多羅三藐三菩提니라 以無我無人無眾生無壽者하고 修
다 라 삼 먁 삼 보 리   이 무 아 무 인 무 중 생 무 수 자   수

一切善法하면 則得阿耨多羅三藐三菩提니라 須菩提야
일 체 선 법   즉 득 아 누 다 라 삼 먁 삼 보 리   수 보 리

所言善法者는 如來說 卽非善法이 是名善法이니라
소 언 선 법 자   여 래 설 즉 비 선 법   시 명 선 법

"다시 수보리야, 이 법은 평등해서 높은 것도 없고 낮은 것도 없다. 높고 낮음이 없을새, 이것이 아누다라삼먁삼보리니라.

내가 없고, 남이 없고, 중생도 없고, 수자가 없이 일체 좋은 법을 닦으니, 그것이 곧 아누다라삼먁삼보리다.

수보리야, 말한바 선법이라는 것은 여래가 설한 선법이 아니며 그것의 이름이 선법이다."

다시 수보리야, 이 법은 평등해서
높은 것도 없고 낮은 것도 없다. 높고 낮음이 없을새,
이것이 아누다라삼막삼보리니라.

왜 그러냐? 원체 밝으면 어떤 것이 낮은 것이고 어떤 것이
[높은 게] 있겠는가? 더 밝은 것은 무엇이고, 덜 밝은 것은 대
체 무엇인가? 밝은 것은 그냥 밝을 뿐이다.

내가 없고, 남이 없고, 중생도 없고,
수자가 없이 일체 좋은 법을 닦으니,
그것이 곧 아누다라삼막삼보리다.
수보리야, 말한바 선법이라는 것은 여래가 설한
선법이 아니며 그것의 이름이 선법이다.

자, 여기 '좋은 법[善法]'이라는 것은 대체 무엇이냐? 좋은 법
이라는 것은, '선법'이라는 [실지로 '선법'이라는 것이 정해져 있어
서 여래가 '선법'이라고 말한 것이 아니다]. 그 ['선법'이라고 규정해 버
리는] 명사(이름)를 떼 놓고 남을 위해 베푸는 착한 행동을 모
두 선법이라고 하는 것이 매우 좋을 것이다.

福智無比分 第二十四
복지무비분 제 이 십 사

須菩提야 若三千大千世界中 所有諸須彌山王如是等
수 보 리 약 삼 천 대 천 세 계 중 소 유 제 수 미 산 왕 여 시 등

七寶聚로 有人이 持用布施하고 若人이 以此般若波
칠 보 취 로 유 인 이 지 용 보 시 하 고 약 인 이 이 차 반 야 바

羅蜜經 乃至四句偈等을 受持讀誦하야 爲他人說하면
라 밀 경 내 지 사 구 게 등 을 수 지 독 송 하 야 위 타 인 설 하 면

於前福德은 百分에 不及一이며 百千萬億分 乃至
어 전 복 덕 은 백 분 에 불 급 일 이 며 백 천 만 억 분 내 지

算數譬喩에 所不能及이니라
산 수 비 유 에 소 불 능 급

"수보리야, 만약 삼천대천세계 가운데 있는바 모든 수미산왕, 이와 같은 일곱 가지 보배 뭉치로 어떤 사람이 보시하고, 만약 어떤 사람이 이 반야바라밀다경을 단지 네 글귀 게송을 받아 가지고 읽고 외우고 다른 사람을 위해서 이야기한다면, 앞의 복덕은 백분의 하나도 되지 않으며, 백천만억분 내지 산수와 비유로도 능히 미치지 못할 것이니라."

수보리야,
만약 삼천대천세계 가운데 있는바
모든 수미산…

'수미산須彌山'이라는 것은 지금의 곤륜산崑崙山, 또는 히말라
야산맥을 말하는 것*입니다. 인도 사람들은 그 수미산 한 개
에 태양과 달이 돌고, 남쪽에는 인도, 북쪽에는 우랄산맥, 그
리고 바다에는 네 개의 대주大州가 떠 있는 것을 한 사천하四
天下라고 했어요. 그 사천하가 천 개가 되면 소천세계小天世界,
그 소천세계가 천 개가 되면 중천세계中天世界, 중천세계가 천
개가 되면 대천세계大天世界, 이렇게 불렀습니다. 그러니 삼천
대천세계 속에는 아마 곤륜산이란 것이 한 백억 개 들어 있
는 것입니다.

---

* 불교 경전 속 수미산(=힌두 신화 속 메루산)과 중국 신화 속 곤륜산, 현실
지형인 히말라야산맥은 모두 각각 별개의 지리적·신화적 개체다. 수미산
(須彌山)은 산스크리트어 Sumeru(수메루, 줄여서 메루)의 음사로, 고대 인
도인의 세계관에서 '세계의 중심에 솟아 있는 거대한 산'을 의미한다. 이
신화적인 산은 네 가지 보석으로 이루어져 있으며, 이 산을 중심으로 네 대
륙과 아홉 개의 산이 있고, 산과 산 사이에 여덟 개의 바다가 있는데, 이들
은 모두 거대한 원통형의 금륜(金輪) 위에 있고, 금륜은 수륜(水輪) 위에
있으며, 수륜은 풍륜(風輪) 위에 있고, 풍륜은 허공에 떠 있다고 한다. 수미
산 중턱에는 사천왕이 거주하는 사왕천(四王天)이 있고, 그 정상에는 도리
천(忉利天)이 있다고 한다. 힌두교, 티베트 불교, 자이나교에서는 티베트
고원 서부의 카일라스산(해발 6,656m)을 실존하는 수미산으로 여기기도
한다.

세계 가운데 있는바 모든 수미산 왕,
이와 같은 일곱 가지 보배 뭉치로 어떤 사람이 보시하고,
만약 어떤 사람이 이 반야바라밀다경을
단지 네 글귀 게송을 받아 가지고 읽고 외우고
다른 사람을 위해서 이야기한다면,
앞의 복덕은 백분의 하나도 되지 않으며,
백천만억분 내지 산수와 비유로도
능히 미치지 못할 것이니라.

[만약 어떤 사람이 이 반야바라밀다경을 단지 네 글귀 게송만 받아 가지고 읽고 외우고 다른 사람을 위해 이야기해서 마음을 밝게 해 준다면, 수미산같이 많은 칠보로 보시한 복덕은 마음 밝게 해 준 그 복덕에 백분의 일이나 백천만억분의 일에도 미치지 못하며, 또는 계산하거나 비유해서는 나타내지 못할 것이다.] 아무리 좋은 물건이 산더미같이 쌓였어도 지혜 있는 것만 같지 못하다. 지혜 있는 자가 보배도 알 것이지, 지혜 없으면 보배나 돌멩이나 구분 못 하고 똑같을 것이란 말입니다.

化無所化分 第二十五
화 무 소 화 분 제 이 십 오

須菩提야 於意云何오 汝等은 勿謂하라 如來 作是念
수 보 리　　어 의 운 하　　여 등　　물 위　　　여 래 작 시 념

하되 我當度衆生하라 須菩提야 莫作是念하라 何以故오
　　아 당 도 중 생　　수 보 리　　막 작 시 념　　　하 이 고

實無有衆生을 如來度者니라 若有衆生을 如來度者인데
실 무 유 중 생　　여 래 도 자　　약 유 중 생　　여 래 도 자

는 如來도 則有我人衆生壽者니라 須菩提야 如來說 有
　　여 래　　즉 유 아 인 중 생 수 자　　수 보 리　　여 래 설 유

我者는 即非有我언마는 而凡夫之人이 以爲有我하나니라
아 자　　즉 비 유 아　　　이 범 부 지 인　　이 위 유 아

須菩提야 凡夫者는 如來說 即非凡夫가 是名凡夫니라
수 보 리　　범 부 자　　여 래 설 즉 비 범 부　　시 명 범 부

"수보리야, 어떻게 생각하는가? 너희들은 여래가 '내가 마땅히 중생을 제도하리라'라고 생각한다고 하지 말아라.

수보리야, 이런 생각은 짓지 말아라.

왜 그런고 하니, 실로 중생이 있어서 여래가 제도할 자는 근본에 있지 않느니라. 만약 어떠한 중생을 여래가 제도했다면, [여래에게도] 아상·인상·중생상·수자상이 있게 되기 때문이다.

수보리야, 여래가 '나'라 그러는 것, 그것은 바로 무아를 말하는 것이다. 그런데 보통 사람들은 [여래가 '나다' 그러면] 그것이 참 '나'인 줄 안다.

그러니까 수보리야, 범부라는 것은 여래가 설한 범부 아닌 그것을 그 범부라 하느니라."

수보리야, 어떻게 생각하는가?
너희들은 말하지 말아라. 여래가 이런 생각을 짓되
'내가 마땅히 중생을 제도하리라' 한다고 하지 말아라.

여래도 이런 분별을 가지면 도로 미迷해 버리고 마는 것이다.

수보리야, 이런 생각은 짓지 말아라.
왜 그런고 하니 실로 중생이 있어서
여래가 제도할 자는 근본에 있지 않느니라.

실로 중생이 없다, 그 말입니다. 첫째, 모두 부처다. 모두 장래 부처인데, 왜 장래 부처라 하는고 하니, 이게 분별 업장分別業障을 가졌기 때문입니다. 분별 업장 털어 버리면 그냥 부처다, 그 말입니다.

만약 어떠한 중생을 여래가 제도했다면…

그것은 틀린 수작이다. 여래가 제도濟度 했다면, 벌써 그 제도된 일도 없고, 받은 일도 없을 것이다. 왜 그러냐….

[여래에게도] 아상·인상·중생상·수자상이 있게 되기 때문이다.

그것은 근본[적]으로 되지 않아요.

수보리야, 여래가 '나'라 그러는 것…

여래가 나다 그러는 것, 그건 비유에 지나지 않는다.

그것은 바로 무아를 말하는 것이다.
그런데 보통 사람들은 〔여래가 '나다' 그러면〕 그것이
참 '나'인 줄 안다. 그러니까 수보리야,
범부라는 것은 여래가 설한 범부 아닌 그것을
그 범부라 하느니라.

[실지로 '범부'라는 것이 정해져 있어서 여래가 '범부'라고 말한 것이 아니다.] 그 사람도 또 밝으면 곧 부처니까. [그 사람을 '범부'라고 규정해 버리는 그 이름이 '범부'인 것뿐이다.]

法身非相分 第二十六
법 신 비 상 분 제 이 십 육

須菩提야 於意云何오 可以三十二相으로 觀如來不아
수 보 리   어 의 운 하   가 이 삼 십 이 상   관 여 래 부

須菩提言하되 如是如是니다 以三十二相으로 觀如來니이
수 보 리 언   여 시 여 시   이 삼 십 이 상   관 여 래

다 佛言하사되 須菩提야 若以三十二相으로 觀如來者인데
  불 언   수 보 리   약 이 삼 십 이 상   관 여 래 자

는 轉輪聖王이 則是如來니라 須菩提 白佛言하되 世尊하
  전 륜 성 왕   즉 시 여 래   수 보 리 백 불 언   세 존

如我解佛所說義로는 不應以三十二相으로 觀如來니이다
여 아 해 불 소 설 의   불 응 이 삼 십 이 상   관 여 래

爾時에 世尊이 而說偈言하사되
이 시   세 존   이 설 게 언

若以色見我커나 以音聲求我하면
약 이 색 견 아   이 음 성 구 아

是人은 行邪道라 不能見如來니라
시 인   행 사 도   불 능 견 여 래

"수보리야, 어떻게 생각하는가? 가히 서른두 가지 상으로 부처님을 보느냐?"

수보리 말하되,

"그렇습니다. 서른두 가지 상으로 여래를 볼 수 있습니다."

〔부처님이 말씀하시되,〕

"서른두 가지 상으로 여래를 본다면 전륜성왕이 곧 여래로구나?"

수보리, 부처님께 사루어 말하되,

"세존님, 제가 부처님이 설한바 뜻을 이해하기로는, 서른두 가지 상만 가지고는 여래라고 할 수 없습니다."

이때에 세존이 게송으로써 말씀하시되,

"만약 형상으로 나를 보려고 하거나, 음성으로 나를 구하면, 이 사람은 삿된 도를 행하는 것이니, 능히 여래를 보지 못하느니라."

수보리야, 어떻게 생각하는가?
가히 서른두 가지 상으로 부처님을 보느냐?

이건 두 번 나오는 겁니다.

수보리 말하되, 그렇습니다.
서른두 가지 상으로 여래를 볼 수 있습니다.

앞에서는 '여래를 볼 수 있다'고 하면 나무랐는데, 여기서는
왜 그러는고 하니, 벌써 세 번을 이야기하여 순숙純熟(익음)해
서 그래요. 32상이라는 것은 밝은 지혜를 얻는 고깃덩어리의
모양이 그때 그렇게 나타난다는 말이지, 그 고깃덩어리 자체
는 지혜가 아닌 것을 알 수 있을 시기가 됐으니까 말입니다.

〔부처님이 말씀하시되,〕 서른두 가지 상으로
여래를 본다면 전륜성왕이 곧 여래로구나?

32상을 가진 것은 만승천자萬乘天子도 모양이 그렇다. 임금도
모양이 거의 부처님같이 생겼다면, 그게 여래이겠구나?

수보리, 부처님께 사루어 말하되,
세존님, 제가 부처님이 설한바 뜻을 아는 것 같아서는,
서른두 가지 상만 가지고는 여래라고 할 수 없습니다.

그것은 왜 그런고 하니, 그만한 복력과 지혜를 가진 사람은 혹 모양은 그 모양으로 될 수 있지만, 그렇다고 부처는 아닐 것이다.

이때에 세존이 게송으로써 말씀하시되,
만약 형상으로 나를 보려고 하거나,
음성으로 나를 구하면,
이 사람은 삿된 도를 행하는 것이니,
능히 여래를 보지 못하느니라.

밝은 광명을 형상으로서 보려고 하거나, 그 형상 자체가 밝은 광명인 줄 알면 참 곤란한 일이다, 그 말입니다.

無斷無滅分 第二十七
무단무멸분 제이십칠

須菩提야 汝若作是念하되 如來 不以具足相故로
수보리 여약작시념 여래 불이구족상고

得阿耨多羅三藐三菩提하라 須菩提야 莫作是念하라
득아누다라삼먁삼보리 수보리 막작시념

如來 不以具足相故로 得阿耨多羅三藐三菩提니라 須
여래 불이구족상고 득아누다라삼먁삼보리 수

菩提야 汝若作是念하되 發阿耨多羅三藐三菩提心者는
보리 여약작시념 발아누다라삼먁삼보리심자

說諸法에 斷滅하라 莫作是念하라 何以故오 發阿耨多
설제법 단멸 막작시념 하이고 발아누다

羅三藐三菩提心者는 於法에 不說斷滅相이니라
라삼먁삼보리심자 어법 불설단멸상

"수보리야, 네가 만약 이런 생각을 짓되, '여래가 구족상을 하지 않으려고 해서 아누다라삼먁삼보리를 얻었다'고 그렇게 생각하면 안 된다.

수보리야, 이런 생각을 하지 말아라. 여래가 구족상을 갖추지 않았기 때문에 아누다라삼먁삼보리를 얻었다고 하지 말아라.

수보리야, 네가 만약 이런 생각을 짓되, '아누다라삼먁삼보리심을 낸 자는 곧 모든 법에 단멸상을 말한다'고 하면 안 된다.

왜 그런고 하니, 아누다라삼먁삼보리심을 낸 자는 모든 법에 단멸상을 말하지 않는다."

수보리야, 네가 만약 이런 생각을 짓되,
'여래가 구족상具足相을 하지 않으려고 해서
아누다라삼먁삼보리를 얻었다'고 그렇게 생각하면
안 된다. 수보리야, 이런 생각을 하지 말아라.
여래가 구족상을 갖추지 않았기 때문에
아누다라삼먁삼보리를 얻었다고 하지 말아라.
수보리야, 네가 만약 이런 생각을 짓되,
'아누다라삼먁삼보리심을 낸 자는 곧 모든 법에
단멸상을 말한다'고 하면 안 된다.

모든 법이란 근본이 없다, 이런 소리밖에 되는 것이 아니다.

왜 그런고 하니, 아누다라삼먁삼보리심을 낸 자는
모든 법에 단멸상을 말하지 않는다.

왜 그런고 하니, 모든 법에 근본이 있을 이치도 없고 없을 이
치도 없다. 오직 그 밝은 것이 원인이 되어서 결과 지으면 그
것을 선법善法이라 그러고, 모든 컴컴한 마음이 원인이 되어
서 결과 지으면 재앙이라고 할 것이니까. 애당초에 재앙이
있느냐 없느냐 하는 건 근본 문제 되는 것이 아니다. 그러니
까 단멸상斷滅相도 [내는 게] 아니다, 그 말입니다. 현실 그대로
인데…. [구족한 몸의 특징을 갖춘 것으로써 아누다라삼먁삼보리를 얻
은 여래라고 볼 수 없다고 해서, 그런 구족한 특징 없어도 여래라고 할

수 있다고 생각하지 말아라. 깨달은 자發阿耨多羅三藐三菩提心者는 어느 쪽으로도 단정하여 말하지 않는다.]

단멸상斷滅相

있다[有]는 생각에 빠지면 상견常見이고, 없다[無]는 생각에 빠지면 단멸견[斷見 혹은 斷滅相]이다. 다시 말해서 상견常見은 중생의 생명의 주체인 아我가 영원히 존재한다는 생각이고, 단견斷見은 아가 사후에는 멸무滅無로 돌아간다는 생각, 곧 일체 만상은 반드시 단멸되어 공무空無로 돌아가 다시 생기는 일이 없다는 견해다. 단상斷常 어느 쪽이든 실체[我]를 전제하고 있는 생각이므로, 본래 무아[諸法無我]요 불생불멸의 연기적 관점에서 본다면 두 견해 모두 옳지 않다.

앞의 26분에서 '모양[32상]으로는 부처를 볼 수 없다[若以色見我 以音聲求我是人 行邪道 不能見如來]'는 말을 들은 수보리가 '아무 것도 없다'는 의심을 일으켜 '32가지 상호[具足相]를 갖추지 않았기에 깨달음을 얻었다[如來 不以具足相故 得阿耨多羅三藐三菩提]'고 생각할까 염려하여, '그렇게도 생각하지 말라[莫作是念 如來不以具足相故 得阿耨多羅三藐三菩提]'라고 하신다. 깨달음 얻은 자는 모든 것이 단멸한다고 생각하지 않는다[發阿耨多羅三藐三菩提心者 於法不說斷滅相]. 왜냐하면 제법무아諸法無我요, 불생불멸이기 때문이다.

不受不貪分 第二十八
불 수 불 탐 분 제 이 십 팔

須菩提야 若菩薩이 以滿恒河沙等世界七寶로 持用布
수 보 리　　약 보 살　　이 만 항 하 사 등 세 계 칠 보　　　지 용 보

施하고 若復有人이 知一切法無我하야 得成於忍하면 此
시　　　약 부 유 인　　지 일 체 법 무 아　　　득 성 어 인　　　차

菩薩은 勝前菩薩의 所得功德이니 何以故오 須菩提야
보 살　　승 전 보 살　　소 득 공 덕　　　하 이 고　　수 보 리

以諸菩薩이 不受福德故니라 須菩提 白佛言하되 世尊하
이 제 보 살　　불 수 복 덕 고　　　수 보 리 백 불 언　　　세 존

云何菩薩이 不受福德이니잇고 須菩提야 菩薩의 所作福
운 하 보 살　　불 수 복 덕　　　　수 보 리　　보 살　　소 작 복

德을 不應貪着일새 是故로 說不受福德이니라
덕　　불 응 탐 착　　　시 고　　설 불 수 복 덕

"수보리야, 만약 보살이 항하에 가득히 찬 모래 수 같은 세계에 가득히 찬 일곱 가지 보배로 보시하고, 만약 다시 어떤 사람이 일체법의 근본에 '내'가 없는 것을 알아서 그것이 곧 습관이 될 것 같으면, 이 보살은 전 보살의 얻은바 복덕보다 〔복덕이〕 참 많은 것이니라.

수보리야, 이 모든 보살은 〔복덕이〕 왜 그렇게 많은고 하니, 복덕을 받지 않느니라."

수보리가 부처님께 사루어 말하되,

"세존님, 어떤 것이 보살이 복덕을 받지 않는 것입니까?"

"수보리야, 보살이 자기 지은바 복덕에 탐착을 하지 않는다. 이런고로 불수복덕이니라."

수보리야, 만약 보살이
항하에 가득히 찬 모래 수 같은 세계에
가득히 찬 일곱 가지 보배로 보시하고,
만약 다시 어떤 사람이
일체법의 근본에 '내'가 없는 것을 알아서
그것이 곧 습관이 될 것* 같으면,
이 보살은 전 보살의 얻은바 복덕보다
[복덕이] 참 많은 것이니라.
수보리야, 이 모든 보살은 [복덕이] 왜 그렇게
많은고 하니 [불수복덕이니라] 복덕을 받지 않느니라.

이것이 또《금강경》의 아주 관건關鍵(가장 중요한 부분) 되는 말인데, '불수복덕不受福德'이란 것은 '자기가 원인을 지어서 결과로 복을 받는 것은 안 받을 수 없다'라는 말입니다. 새끼에 맨 돌멩이 같다는 말이에요. 그러면 받을 때 자기가 받은 마음만 가지면 그때에 복이란 자체는 더 (이상) 없는 거요. 그러

---

* 득성어인(得成於忍): 일반적인 풀이는 '인(忍)을 성취하다'이며, 여기에서 忍(산스크리트어 kṣānti)은 대개 다음의 두 가지 뜻이다. (1) 노여워하지 않고 참고 견디어 마음을 움직이지 않음 (2) 진리를 확실하게 알고[忍可] 잘 머물러 마음이 움직이지 않음. 보리류지는 '知一切法無我 得無生法忍'이라 하였고, 진제는 '知一切法無我無生得無生忍'이라 하였다. 득성어인이란 人과 法(나와 세상)이 공, 무아임을 알고 둘 어디에도 집착이 생기지 않는 것, 불생불멸의 절대 진리를 확고히 인식함으로 마음의 안정을 얻는 것을 말한다. 육조혜능 스님도 '일체법에 통달하면 능소심(能所心)이 없는데 이것을 인(忍)이라 한다'라고 하였다.

면 이런 경우에 닦는 사람들은 어떻게 하느냐? 자기가 얻은 바 복에 착着하지 아니하더라. 어떻게 착하지 않는가? 밝은 이에게 드리면, 밝은 것을 자기가 증證해 버리게 되거든. 또 그러지 않으면 없는 이에게 주는데, '없는 사람 써라' 그러면 자기가 없는 것을 증하지요.

그러면 어떻게 할까요? 없는 자가 고생을 하는데 그 고생하는 마음을 밝은 이가 좋게 해 주려고 하니까, 그러면 밝은 이의 마음을 즐겁게 해 드리기 위해서 어려운 사람에 손을 대면, 자기는 어려운 사람을 마음속에 그리지 않고 시종 밝은 이를 그리게 되더라.

그런 경우를 '불수복덕'이라고 하는 거요. 그래서 자기가 지은바 복덕을 자기가 받지 않는다, 그 말입니다.

수보리가 부처님께 사루어 말하되, 세존님,
어떤 것이 보살이 복덕을 받지 않는 것입니까?

수보리야, 보살이 자기 지은바 복덕에
탐착을 하지 않는다. 이런고로 불수복덕이니라.

'이건 내 것이다' 그러지 않는다는 말입니다.

威儀寂靜分 第二十九
위 의 적 정 분 제 이십 구

須菩提야 若有人이 言如來 若來若去若坐若臥라 하면
수 보 리   약 유 인   언 여 래 약 래 약 거 약 좌 약 와

是人은 不解我所說義니 何以故오 如來者는 無所從來며
시 인   불 해 아 소 설 의   하 이 고   여 래 자   무 소 종 래

亦無所去일새 故名如來니라
역 무 소 거   고 명 여 래

"수보리야, 만약 어떤 사람이 '여래가 오신다, 여래가 가신다, 여래가 앉으셨다, 여래가 드러누우셨다' 그러면 이 사람은 부처를 모르는 사람이다. 왜 그런고 하니, 여래는 온 곳도 없으며, 간 곳도 없다. 그러니까 여래다."

수보리야, 만약 어떤 사람이
'여래가 오신다, 여래가 가신다, 여래가 앉으셨다,
여래가 드러누우셨다' 그러면 이 사람은
부처를 모르는 사람이다.

부처는 그냥 우주에 꽉 찬 밝은 광명인데, (어떻게) 오긴 무얼
오고, 가긴 무얼 가고, 또 앉기는 무얼 앉고, 드러눕기는 무얼
드러눕느냐 말입니다. 그러니까 이렇게 생각한다면 내가 이
야기한 것은 한 마디도 못 알아들은 것이다.

왜 그런고 하니, 여래는 온 곳도 없으며, 간 곳도 없다.
그러니까 여래다.

여기서 여래如來의 정의가 확실히 나타납니다. 여래자는 무소
종래無所從來며, 즉 온 바가 없으며, 역무소거亦無所去, 즉 간 바
도 없다. 그러니까 그 이름이 여래니라.

一合理相分 第三十
일 합 이 상 분 제 삼 십

須菩提야 若善男子善女人이 以三千大千世界를 碎爲
수보리 약선남자선여인 이삼천대천세계 쇄위

微塵하면 於意云何오 是微塵衆이 寧爲多不아 須菩提
미진 어의운하 시미진중 영위다부 수보리

言하되 甚多니다 世尊하 何以故오 若是微塵衆이 實有者
언 심다 세존 하이고 약시미진중 실유자

인데는 佛이 則不說是微塵衆이니 所以者何오 佛說微塵
불 즉불설시미진중 소이자하 불설미진

衆이 卽非微塵衆일새 是名微塵衆이니이다 世尊하 如來
중 즉비미진중 시명미진중 세존 여래

所說 三千大千世界가 卽非世界일새 是名世界니 何以
소설 삼천대천세계 즉비세계 시명세계 하이

故오 若世界가 實有者인데는 則是一合相이니 如來說 一
고 약세계 실유자 즉시일합상 여래설 일

合相은 卽非一合相일새 是名一合相이니이다 須菩提야 一
합상 즉비일합상 시명일합상 수보리 일

合相者는 則是不可說이언마는 但凡夫之人이 貪着其事
합상자 즉시불가설 단범부지인 탐착기사

니라

"수보리야, 만약 착한 남자나 착한 여인이 삼천대천세계를 부수어서 가루를 만든다면, 어떻게 생각하는가? 이 가루가 차라리 많으냐?"

"심히 많습니다. 왜 그런고 하니, 이 가루들이 실로 있다고 하면 부처님은 곧 이 가루가 많다고 말하지 않았을 것입니다.

왜 그런고 하니, 부처님이 설하신 가루들이 많다는 것은 곧 가루들이 많은 것이 아닐새, 이것의 이름이 가루들입니다.

〔세존님, 여래가 설하신 삼천대천세계는 곧 세계가 아닐새, 이름이 세계입니다.〕

만약 세계가 실로 있다면 한 덩어리이기 때문입니다.

여래가 설한 한 덩어리는 한 덩어리가 아닐새, 그 이름이 한 덩어리입니다."

"수보리야, 일합상이란 것은 불가설인데, 보통 범부들이 탐착을 해 버린다."

수보리야, 만약 착한 남자나 착한 여인이
삼천대천세계를 부수어서 가루를 만든다면,
어떻게 생각하는가? 이 가루가 차라리 많으냐?

심히 많습니다. 왜 그런고 하니,
이 가루들이 실로 있다고 하면 부처님은 곧 이 가루가
많다고 말하지 않았을 것입니다. 왜 그런고 하니,
부처님이 설하신 가루들이 많다는 것은
곧 가루들이 많은 것이 아닐새,
이것의 이름이 가루들입니다.

이 논법은 누누히 말했으니까 또 설명하지 않습니다.

세존님, 여래가 설하신 삼천대천세계는
곧 세계가 아닐새, 이름이 세계입니다.

삼천대천세계라는 것은 중생의 업력業力으로 그렇게 건립된
것이지, 중생의 업력 없으면 그것은 결국 건립되지 않을 것
입니다. 그러니까 그것은 세계가 될 것이 없지요. 미迷한 마음
에 건립된 것이니까. 그러니까, 그것이 또 세계다. 그것은 어
째 그런고 하니….

만약 세계가 실로 있다면 한 덩어리이기 때문입니다.

여래가 설한 한 덩어리는 한 덩어리가 아닐새,
그 이름이 한 덩어리입니다.

여태까지《금강경》을 이야기한 논법은 여기 이 말로 마쳐 버리는 것입니다.

수보리야, 일합상이란 것은 불가설인데,
보통 범부들이 탐착을 해 버린다.

우주란 이거 참 불가설不可說인데, 이 불가설, 근거 없는 이것을 가지고 범부들이 탐착을 해 버린다. 그러니까 캄캄하다.

전에 어떤 이가 나라를 떠억 세워서 왕위에 오르니 아주 기분이 좋았습니다. 그래서 여러 지방에서 온 제후諸侯들을 모아 놓고 "이렇게 해라, 저렇게 해라"하니까 "예, 예"하면서 물러가는데, 기분이 매우 좋단 말이야. 그런데 어떤 사람이 그 모습을 보고 이렇게 말했다지요.

초명안첩기황주蟭螟眼睫起皇州
옥백제후차제투玉帛諸侯次第投
천자임헌논토광天子臨軒論土廣
대허유시일부구大虛猶是一浮漚

초명의 속눈썹에서 황제의 고을 일으키니

옥백의 제후들이 차례로 찾아와 조아리네

천자가 동헌에 나와 국토 넓히기를 논하지만

크나큰 허공도 하나의 뜬 물거품과 같다네*

초명蟭螟**이라는 모기가 모기 중에 제일 작은 모기인데, 그놈의 눈썹에다가 천자국[皇州]을 건립했단 말입니다. 초명의 눈썹에다 나라를 만들어 놓았으니 [크기가 커 봤자] 얼마나 되겠어요. 또 우스운 것은, 천자가 좋은 집 난간에 떠억 앉아 '우리 영토가 상당히 넓지' 그런단 말입니다. '대허유시일부구'라, 즉 큰 허공도 바다에 뜬 물거품 같은데…. 이처럼 컴컴한 마음에서 일으킨 분별이라는 것은 도무지 근거 자체가 없는 거다.

또 이런 이야기도 있지요. 어떤 사람이 지나가다가 버드나무 밑에서 꿈을 꾸니까, 꿈에 태어나서 임금의 사위가 되어 아들

---

* 《천지명양수륙재의범음산보집(天地冥陽水陸齋儀梵音刪補集)》 중 '법신영(法身詠)' 구절로,《석문의범(釋門儀範)》예경편 대례참례(大禮懺禮)나 관음예문(觀音禮文) 등에도 실려 있다. 예수재(豫修齋) 등 불교의 제례에서 흔히 읽으며, 절의 주련(柱聯)으로도 많이 쓰는 문장. 엄청나게 크고 작은 것의 대비를 통해, 실상을 돌아보게 하는 글.

** 전설상의 미세한 벌레의 일종. 모기의 눈썹에 산다고 하며, 초명(焦螟)이라고도 쓴다.《포박자(抱朴子)》외편 자교(刺驕): "초명은 모기 눈썹에 둥지를 틀고 살면서, 하늘을 뒤덮는 대붕(大鵬)을 비웃는다(蟭螟屯蚊眉之中, 而笑彌天之大鵬)".

딸을 낳고, 큰 벼슬을 해서 부귀영화를 누리다가, 그만 죽었단 말이야. 죽었는데, 그 나라에서 그 송장을 갖다가 성대하게 홍통洪統(황제의 제왕의 계통) 능행陵幸을 하고, 이렇게 능陵 같이 꾸미고, 그런 것을 보고 깼어요, 깨서 보니까 그 썩은 버드나무 속에 왕개미 하나가 죽어 있는데 그걸 그렇게 물고 갔다가 놓았더라지요. 그래서 그 시간이 얼마나 되었나 보니까 사슴이 나무 잎사귀를 뜯어 먹는데 아래 잎사귀의 반을 먹는 것을 보고 깼는데 그 윗 잎사귀 반을 먹었더래요. 그래 '남가일몽南柯一夢이 변시황록지간便是黃鹿之間'*이라 남쪽 가지의 한 꿈이 황 땅의 사슴이 그[잎사귀] 먹던 사이라고…. 그러니까 시방 우리가 꿈 중에서 이 장난하는 것인지도 모르겠다, 그 말입니다. 이것이 《금강경》에서 밝히려고 하는 말일 것입니다.

---

* '변시황록지간'은 원래 '남가일몽'과는 관련이 없는 문장으로, 출처를 알 수 없다.

남가일몽 南柯一夢

중국 당나라 이공좌李公佐가 794년에 지은 《이문집異聞集》 중 '남가태수전南柯太守傳'에서 유래한 고사성어로, '남쪽 나뭇가지의 꿈'이란 뜻이며 인생의 덧없음을 비유하는 말이다. 자기 집 남쪽에 커다란 회화나무 한 그루를 두고 살고 있던 순우분淳于棼이라는 사람이 친구들과 술을 마시다 잠들었는데, 괴안국槐安國이라는 나라에서 왔다는 사신들이 그를 데리고 회화나무[槐] 아래 동굴 속으로 안내하였고, '대괴안국大槐安國'이라는 현판이 달린 화려한 도성에 도착하게 된다. 괴안국 국왕의 환대를 받으며 임금의 사위가 되고, '남가군南柯郡(남쪽 가지의 지역)'이라는 곳의 태수로 임명되어 다섯 아들과 두 딸을 두고 20여 년간 태평성대를 구가한다. 그러나 사랑하던 아내가 병으로 죽고, 이웃 나라와의 전쟁에서 참패하자, 왕은 다른 곳으로 도성을 옮겨야 할 것 같다며 그에게 고향으로 돌아갔다가 3년 후 다시 돌아올 것을 권한다.

잠시 후 순우분은 잠에서 깨어났고, 그동안의 온갖 일들이 술 마시고 잠들었던 사이에 잠시 꾸었던 꿈임을 깨달았다. 이상해서 회화나무 아래를 살펴보니 커다란 개미굴(괴안국)이 있었고, 무수한 개미들이 왕개미 두 마리를 모시며 바글거리고 있었다. 그 나무의 남쪽으로 휘어진 가지[南柯] 밑에도 개미굴이 있었는데, 그가 다스리던 남가군이었다.

그날 저녁 비바람이 몰아치더니, 다음 날 아침에 개미집들은 모두 사라지고 없었다. 순우분은 인생이 덧없음을 깨닫고 수행에 전념했는데, 3년 후 세상을 떠나게 되었다고 한다.

須菩提야 若人이 言佛説我見人見衆生見壽者見이라
수보리   약인   언불설아견인견중생견수자견

하면 須菩提야 於意云何오 是人이 解我所説義不아 不
     수보리   어의운하   시인   해아소설의부   불

也니다 世尊하 是人은 不解如來所説義니 何以故오 世
야   세존   시인   불해여래소설의   하이고   세

尊하 説我見人見衆生見壽者見은 即非我見人見衆生
존   설아견인견중생견수자견   즉비아견인견중생

見壽者見일새 是名我見人見衆生見壽者見이니이다 須菩
견수자견   시명아견인견중생견수자견   수보

提야 發阿耨多羅三藐三菩提心者는 於一切法에 應如
리   발아누다라삼먁삼보리심자   어일체법   응여

是知며 如是見이며 如是信解하야 不生法相이니라 須菩
시지   여시견   여시신해   불생법상   수보

提야 所言法相者는 如來説 即非法相이 是名法相이니라
리   소언법상자   여래설 즉비법상   시명법상

"수보리야, 만약 어떤 사람이 말하되, '부처님이 아견·인견·중생견·수자견을 설했다'고 하면, 수보리야, 어떻게 생각하는가? 이 사람이 나의 설한바 뜻을 알았느냐?"

"세존님, 이 사람은 여래의 설한바 뜻을 몰랐습니다.
왜 그런고 하니, 세존이 설하신 아견·인견·중생견·수자견은 곧 아견·인견·중생견·수자견이 아닐새, 이것의 이름이 아견·인견·중생견·수자견입니다."

"수보리야, 아누다라삼먁삼보리심을 낸 자는 일체법에 응당 이와 같이 알 것이며, 이와 같이 볼 것이며, 이와 같이 믿고 해석해서, 법이라는 생각은 내지 말 것이니라.
수보리야, 말한 바 법상이라는 것은 여래가 설하신 법상이 아닐새, 이것의 이름이 법상이니라."

수보리야, 만약 어떤 사람이 말하되,
'부처님이 아견·인견·중생견·수자견을 설했다'고
하면, 수보리야, 어떻게 생각하는가?
이 사람이 나의 설한바 뜻을 알았느냐?

세존님, 이 사람은 여래의 설한바 뜻을 몰랐습니다.
왜 그런고 하니,
세존이 설하신 아견·인견·중생견·수자견은
곧 아견·인견·중생견·수자견이 아닐새,
이것의 이름이 아견·인견·중생견·수자견입니다.

이것은 앞의 논법과 같은 것입니다.

수보리야, 아누다라삼먁삼보리심을 낸 자는
일체법에 응당 이와 같이 알 것이며,
이와 같이 볼 것이며, 이와 같이 믿고 해석해서,
법이라는 생각은 내지 말 것이니라.
수보리야, 말한 바 법상이라는 것은 여래가 설하신
법상이 아닐새, 이것의 이름이 법상이니라.

應化非眞分 第三十二
응 화 비 진 분 제 삼 십 이

須菩提야 若有人이 以滿無量阿僧祇世界七寶로 持用
수보리 약유인 이만무량아승기세계칠보   지용

布施하고 若有善男子善女人이 發菩薩心者持於此經에
보시   약유선남자선여인 발보살심자지어차경

乃至四句偈等을 受持讀誦하야 爲人演說하면 其福이 勝
내지사구게등 수지독송   위인연설   기복 승

彼니 云何爲人演說고 不取於相하야 如如不動이니라 何
피 운하위인연설 불취어상   여여부동   하

以故오
이 고

　一切有爲法이 如夢幻泡影이며
　일체유위법 여몽환포영

　如露亦如電이니 應作如是觀이니라
　여로역여전   응작여시관

佛說是經已하시니 長老須菩提와 及諸比丘比丘尼優婆
불설시경이   장로수보리 급제비구비구니우바

塞優婆夷 一切世間 天人阿修羅 聞佛所說하고 皆大
새우바이 일체세간 천인아수라 문불소설   개대

歡喜하야 信受奉行하니라
환희   신수봉행

"수보리야, 만약 어떤 사람이 한량이 없는 아승기 세계에 그 득히 찬 일곱 가지 보배를 가지고서 보시하고, 만약 어떤 착한 남자나 착한 여인이 보살심을 발해서 이 경의 네 글귀 게송 등만을 받아 가지고 읽고 외워서 다른 사람을 위해서 이야기해 준다면, 그 복은 저것보다 크니라.

어떻게 남을 위해서 이야기해 줄 것인가? 불취어상하야 여여부동이니라. 〔어떤 분별도 일으키지 않는다.〕 왜 그런고 하니, 일체의 유위법, 즉 일체의 모든 소작이 있는 것들은 다 꿈과 같고, 환영과 같고, 거품과 같고, 그림자와 같고, 이슬과 같고, 또한 번개와 같으니, 이렇게만 생각하면 실수가 없느니라."

부처님이 이 경 설하시기를 마치시니, 장로 수보리와 모든 비구·비구니, 우바새·우바이, 일체 세상, 천·인·아수라가 부처님의 설하신 바를 듣고 모두 환희해서 믿음을 받아들여 행하였느니라.

수보리야, 만약 어떤 사람이 한량이 없는 아승기
세계에 그득히 찬 일곱 가지 보배를 가지고서
보시하고, 만약 어떤 착한 남자나 착한 여인이
보살심을 발해서 이 경의 네 글귀 게송 등만을 받아
가지고 읽고 외워서 다른 사람을 위해서
이야기해 준다면, 그 복은 저것보다 크니라.
어떻게 남을 위해서 이야기해 줄 것인가?
불취어상하야 여여부동이니라.
〔어떤 분별도 일으키지 않는다.〕 왜 그런고 하니…

그 사람 마음 밝게 해 주기 위해서 그때그때에 그 경을 읽을
지언정, 자기가 경 읽는다는 생각이 있지 않을 것 같으면 그
렇게 되느니라. 상을 취하지 않아서. '여여부동如如不動'이란
건, 거기 대하여 '어떤 분별을 일으키지 않는다'란 말이에요.

일체의 유위법有爲法,* 즉 일체의 모든 소작所作(조작)이
있는 것들은 다 꿈과 같고, 환영과 같고, 거품과 같고,
그림자와 같고, 이슬과 같고, 또한 번개와 같으니, 이렇
게만 생각하면 실수가 없느니라.

---

* 인연 따라 생겨나서 머물고 변했다 사라지는〔生住異滅〕 이 세상 모든 것.
  색성향미촉법 중에서 여기에 해당되지 않는 것은 없다. 상(相)과도 같은
  의미다.

부처님이 이 경 설하시기를 마치시니,
장로 수보리와 모든 비구·비구니, 우바새·우바이,
일체 세상, 천·인·아수라가
부처님의 설하신 바를 듣고 모두 환희해서 믿음을 받아
들여 행하였느니라.

"제도濟度하시는 용화교주龍華教主 미륵존여래불彌勒尊如來佛
공경을, 이 사람들이 모두 신심信心 발심發心을 해서, 부처님
전에 환희심歡喜心 내어 밝은 날과 같이 복 많이 짓기를 제도
濟度 발원發願."

金剛般若波羅蜜經 終
금강반야바라밀경 종

※

금강경 추가 강의

《금강경》 읽는 사람들은, 첫째 그것을 믿어서 의심치 말 것. 둘째는 자신이 석가여래 제자들 틈에 끼어서 석가여래 말씀을 듣되 그 내용을 알려고 노력할 것. 셋째는 안 것을 실행하도록 노력할 것. 처음엔 알려고 하고, 알고 나거든 실행을 해 봐야 합니다. 실행해 봐야 자기가 어떤 위치에 있었으며, 《금강경》 말씀이 어떻다는 것을 짐작할 수 있을 것입니다.

금강경 추가 강의 1

"제도하시는 용화교주 미륵존여래불 공경을, 이 여러 사람들
이 모두 무시겁으로 업장을 해탈 탈겁을 해서, 부처님 전에
환희심 내어, 밝은 날과 같이 복 많이 짓기를 제도 발원."

그래 오늘은 모두 책이 다 준비가 됐으니까, 오늘 책을 새기
죠.《금강경》을 새길 겁니다.《금강경》이라고 하는 경은, 석
가여래라고 하는 분이 40여 년 제자들을 교육한, 당신의 자
신 있는 말씀을 하신 경일 겁니다.

　그분은 여러분이 다 아시는 바와 마찬가지로 왕의 태자로,
열아홉˚ 살 때 당신의 왕궁에서 나와서 여섯 해는 그때의 유
명한 사람들, 제자들 데리고 가르치고 그러는 이들한테 찾아
다니면서 당신의 갈 길을 구해 봤던 것입니다. 6년 동안이나
여러 사람 많이 찾아다녔는데, 지금도 베나레스˚ 근처에는
제자들을 데리고 가르치는 이들이 많이 있어요. 부처님 때도

˚　부처님은 29세에 출가하여 6년 고행 후, 고행을 중단하고 보리수 아래에서
　정진하여 깨달으신 것이 35세 무렵이다. 이후 45년간 설법과 교화를 하다
　가 80세에 돌아가셨다.

그랬어요. 그들 하는 것이 당신 마음에 아주 진선진미眞善眞美하지 않다고 생각하셨기 때문에, 그들에게 보고 듣고 배운 것으로 다시 6년 동안을 당신 스스로 수도하셨던 것입니다.

수도하신 끄트머리에, 4월 초파일이 당신이 나실 때라고 하면 아마 출가하실 때도 그때일 겁니다. 그래서 다시 당신이 자신을 얻으실 때는 12월 8일이 되었더랍니다. 그이가 아주 줄잡아도 여섯 해 기간에, 섣달에 밝은 샛별 보시기는 아마 여섯 번은 하셨을 겁니다. 그런데 당신 자신이 원만하시고 주위에 구름이 하나도 없을 적에, 그 밝은 샛별에 의지해서 당신의 답답하셨던 것을 다 느끼셨다(해결하셨다)고 할까.

그렇게 돼서 그때부터 제자들을 가르치시게 되었는데. 그럼 그 제자란 사람들은 어떤 사람이냐. 왕궁에서 나와서 혼자 그렇게 수도를 하시니까 아버지 부왕의 편으로 세 사람, 또 어머니 편으로 두 사람, 모두 다섯 사람이 그분을 모시고 있었어요.

그들은 부처님이 고행을 하다가 자진(자살)할 것으로 생각했던 모양입니다. 왕자였던 분이 6년 동안이나 가만히 앉아서 기동도 안 하니, 고행을 아주 잘 하신다고, 칭송할 만하다고 그랬어요. 머리 위에 새가 둥지를 틀어서 새끼를 까서 날아가는데도 가부좌를 틀고 가만히 앉아 계셨고, 그 가부좌

---

* '바라나시'의 영어식 표기. 인도 북동쪽 우타르프라데시주에 있는 도시로, 힌두교 최대 성지. 부처님 당시 카시 왕국의 수도였고, 부처님의 첫 설법(초전법륜)을 카시 근처의 사르나트, 한자로는 녹야원(鹿野園)에서 하였다.

밑으로 칡덩굴이 나서 나갔다고 하니, 아마 잘 움직이지 않았던 것입니다. 그랬는데 그런 분이 어느 날 일어나서서 목욕하고 젖 짜는 처녀에게 음식을 받아먹으니까, '저건 파도破道한 거다. 좀 더 오래 견뎌 보지 않고 그만두었느냐?' 생각하고는, 석가여래 모시던 걸 그만 다 파기하고 그들만의 다른 장소로 가서 있게 되었더랍니다.

그런데 석가여래가 당신 자신이 얻은(깨달은) 것을 남에게 가르쳐 주려고 해 보시니까, 원체 거리가 멀어서 그만두실까 여러 가지로 생각했는데, 기록에 보면 세 주일을 생각하셨다고도 하고 어떤 데서는 일곱 주일을 생각하셨다고 합니다. 《42장경》이라는 경을 보면, 그때에 가만히 앉아서 안정하셨다고도 그럽니다. 그랬다가 안정을 마치고 일어나셔서 당신을 모시고 있던 다섯 사람이 있는 곳으로 가시게 됐어요. 멀리서 그분이 오시는 걸 보고는 그 사람들이 약조約條를 했습니다.

"저기 파도자破道者가 오는군. 아주 추악한 사람이다. 우리만 못한 사람이다. 저 사람이 오면 우리는 일어나 절도 하지 말자."

당시는 맨발로 다니니까 발 씻을 물을 떠다 주는 게 예절인데,

"우리는 발 씻을 물도 떠다 드리지 말자."

이러고 다섯 사람이 서로 챙기며 누가 동動하나 잔뜩 보고

앉았는데, 석가여래가 천천히 그들에게 다가갔을 때 그들의 마음이 움직여서, 그렇게 하지 말자고 제일 강하게 주장하던 사람이 오히려 먼저 일어나 "안녕히 오셨습니까?" 인사를 하고 물을 떠다가 갖다 드려서 발을 씻게 해 드렸답니다.

인도 대륙의 북쪽은 아주 높아서, 계절풍이 불 때는 더운 기류가 그 높은 산턱에 그만 응체가 돼서 북쪽으로 넘어가지 못하고 북쪽의 찬 기운과 만나면 거기서 비가 오기 시작하는데, 100일을 비가 퍼부어요. 100일 그렇게 하다가 그치면 나머지 260일은 너무 말라서 주민들이 고생해요. 인도 사람들은 [그것을] 고생이라고 생각했습니다.

　석가여래는 그들에게 말씀하시기를, 고생이라는 것의 근거가 뭐냐? 고생을 검토해 보면, 사실 고생이랄 게 없다. 더운 것은 누구든지 좀 견딜 수 있는 거지, 그걸 고생이라고 성화成火할 수는 없을 것이다. 그래서 이 세상은 고생이다. 고생, 그것을 검토해 봐라, 검토해 보면 아무것도 아니다. 더울 뿐이고, 축축할 뿐이다. 그것이 바로 고苦니라. 그렇게 해서 고, 모은다고 모을 집集, 없어진다고 멸滅, 그것이 바른길이라고 생각해서 도道, 고집멸도苦集滅道 사제법문을 열두 해를 설하시게 되니까 거기서부터 불교가 비로소 성립된 것입니다.

불교라는 것은 어떻게 [구성]되나? 가르치는 이[불佛], 그건 석가여래 자신이 담당하셨고. 배우는 사람[승僧]이 있을 것, 그건 일가들 다섯 사람이 배웠고. 그 이론[법法]은 고집멸도, 인도 사람들이 당면한 문제를 가지고 이야기들을 했어요.*

그들이 열두 해를 그렇게 가르침을 받고 나서는 몸뚱이에 대한 고라는 것을 능히 극복할 수 있고, 능히 부릴 수 있게 됐던 것입니다. 그래서 《금강경》의 수다원·사다함·아나함·아라한, 네 가지 이들은 열두 해 기간에 교육했던 범주일 것입니다.

그다음에 인도의 정치 문제로서, 지금도 인도 사람이 고생들 하는 건데, 석가여래가 그때 그것을 여덟 해를 가르치시니까 모두 20년이 되었을 겁니다.

가르치시다 보니까, '이것은 밝지 못해서 이 장난을 하는 거다, 밝으면 도무지 문제가 없을 것이다, 그래서 네 마음을 닦아서 밝느니라'. 이런 뜻이 담긴 것을 '반야부'라고 하는데, '반야'는 지혜라는 뜻이에요. 이 반야부를 스물한 해를 얘길 하셨어요.

그 스물한 해 얘기하신 것 중에서, 눈 박힌 곳이 어디냐? 제일 필요했고 제일 긴절(간절)했던 반야가 하나 있는데, 그 반야가 바로 지금 우리가 손에 쥔 반야경(《금강반야바라밀경》, 즉 《금강경》)입니다. 예전에 마가다 국왕(빔비사라왕)을 위해서

---

* 불법승(佛法僧), 즉 불교의 삼보(三寶)를 설명한 것. 보통 '불'은 진리를 깨달은 자, '법'은 깨달은 자의 가르침, '승'은 그 가르침에 따라 수행하는 사람을 뜻한다.

반야를 설하셨을 적에는 왕을 위해서 설하신 반야이기 때문에 '인왕반야仁王般若'라고 했다면, 이것은 다시 아주 불변의 원칙이 되다시피 한 것이니까 '금강반야金剛般若'라고 그렇게 이야기한 것입니다. '금강'이란 무엇이냐? 인도 사람들은 바즈라vajra라고 하고, 한문으론 '金剛'이고, 요샌 다이아몬드라고 하죠. 반야 중에서도 다시 상하지 않는 그런 것, 그게 '금강반야金剛般若'일 게다, 석가여래 자신이 꼭 밝게 해 줄 수 있고 또 그대로 하면 밝을 것이다, 아마 그런 생각에서 이름을 지은 것 같습니다.

금강반야를 설하시기 전까지는, 공부하는 사람이 피해야 할 것이 아주 많았어요. 예를 들면 성 잘 낼 소질이 있는 사람, 불구자 같은 사람, 백정 같은 직업을 많이 연습한 사람, 또 변화인變化人 같은 사람들이죠. 인도에는 그런 것이 있는 모양인데, 물건이 변화해서 사람 모양처럼 되는 걸 변화인이라고 한답니다. 변화인은 비밀이 많다지요. 아무튼 이런 사람들은 다 공부하기 어려우니 같이 있지 마라, 이렇게까지 하신 일이 있는데, 오직 이 《금강경》에서는 단지 착한 남자나 착한 여인이면 다 마음 밝을 수 있는 대상이 되는 것입니다.

여기서는 특별히 경계하신 일이 없지만 다만 한 가지, 이 경 중간에 이런 말이 있습니다.
　"만약 어떤 사람이 《금강경》을 읽는데도 주위에 있는 사람이 업신여기고 가벼이 여긴다면, 이 사람은 이 몸뚱이 받기 전(전생)에 좋지 않은 일이 있어서 그 악도, 악심에 의지해서 몸을 구성하는 정도에까지 올 텐데, 이 사람이 남의 업신여 김을 받기 때문에 그 업보, 즉 자기의 컴컴한 마음이 밝아져서 결국은 성리가 밝아지느니라."•

이런 말씀은 석가여래 말씀 중에서도 찾아보기 어려운 말씀일 겁니다.

"만약 착한 남자나 착한 여인이《금강경》을 읽는다면, 그 공덕을 모두 얘기하면, 아마 듣는 사람들은 정신이 얼떨떨하고 그거 사리에 맞지 않는 소리라고 할지 모른다. 이《금강경》의 원인이 원체 불가사의하므로, 그 법에 의지해서 얻은 결과도 역시 불가사의하다."••

이런 말씀 또한 우리가 부처님의 다른 말씀에서 도저히 찾아보기 힘든 것이죠.

• 善男子 善女人 受持讀誦 此經 若 爲人輕賤 是人 先世罪業 應墮惡道 以今世人 輕賤故 先世罪業 則爲消滅 當得 阿耨多羅三藐三菩提 (제16 능정업장분)

•• 若 善男子 善女人 於後末世 有 受持讀誦 此經 所得功德 我若具說者 或有人 聞 心則狂亂 狐疑不信 須菩提 當知 是經 義 不可思議 果報 亦 不可思議 (제16 능정업장분)

"소위 얘기하는 불법이라는 것, 그것은 불법이 아니다."*

왜 그러냐? 예를 들어 컴컴한 일의 요소인, 탐내는 마음, 성내는 마음, 제 잘난 마음이 있으면, 아무리 불법佛法을 하더라도 밝아지지 않는다, 껌껌해진다. 그러니까 너희가 불법이라고 해도 그것이 탐·진·치 삼독을 연습하는 한, 불법이라고 할 수가 없겠다. 탐진치 삼독만 없다면 무엇이든지 다 불법일 것이다. 이런 말씀들을 보면, 40여 년이나 교단을 만들어 제자를 교육하시던 분으로서 당신의 애착을 전부 놓으시고 여러 사람이 밝아지라고 말씀하신 흔적을 많이 보게 돼요.

그래서 예를 들면, 첫째 이《금강경》에서 의문이 드는 것은, 마음을 밝게 한다고 하는데 그 마음이 어떻게 생겼는지 도무지 모르겠거든. 그런데 제자 한 분(수보리)이 말하기를,
 "공부하려는 사람은 언제든지 모르는 것을 잘 가르쳐 주시고 잘 밝도록 그렇게 염려를 해 주십니까? 그러시다면 우리의 마음속에 올라오는 마음을 다 어떻게 항복을 받아야 되겠습니까?"**

---

*   所謂 佛法者 卽非佛法 (제8 의법출생분)

**   希有世尊 如來 善護念諸菩薩 善付囑諸菩薩 世尊 善男子善女人 發阿耨多羅三藐三菩提心 應云何住 云何降伏其心 (제2 선현기청분)

그렇게 여쭈니까 석가여래가 말씀하셨습니다.

"네 마음에 가진 것은 무엇이든지 그게 다 네 생각일 것이다. 네 생각일 것이니, 그것을 니가 가지면 독소毒素를 이룰 것이다."

남자가 궁리(생각)가 많으면 신경쇠약에 걸립니다. 여자들이 궁리가 많으면 히스테리에 걸린다고 해요. 그럼 불구자 취급을 받게 되는데, 이 생각을 제가 가지고 있으면 그렇게 되지만, 부처님께 드리면 불구자가 되기는커녕 정신이 명랑하고 좋아진다. 그건 왜 그러냐? 네 마음속에 한 생각 일어난 것을 삶이라 할 것 같으면, 네 생각 마음이 없어진 건 죽은 것이다. "염기염멸念起念滅 위지생사謂之生死"라, '생각이 일어나고 생각이 없어지는 것이 죽고 사는 것'이니까, 이것(생각)이 현실 물건과 같다고 보게 되고, 이것(생각)이 자기의 생명을 망친다고 보는 것은, 이것(생각)은 필시 자기의 재산일 것이다. 자기의 있는바 재산을 부처님께 바친다면 공덕이 되지요. '공덕功德'이란 무엇이냐? 밝아지니 자기는 건강한 사람이 되지요. 이것이 '항복 받는 방법'이다, 그 말입니다.

그렇게 부처님께 바치는데 어떻게 바치는고 하니,

"모두 부처님 만들겠다고 해라. 다 만들고 나면 한 중생도 제도 받은 자 없느니라."*

처음 들으면 정신 얼떨떨한 것이, 우리가 부처님을 알지도 못하고 보지도 못했는데, "부처님 만들라" 그런다? 제 생각을…? 이거 뭐 애당초 보지도 못했는데 어떻게 만들기까지 하나?

"만약 보살이 나라는 생각이 있거나 남이라는 생각이 있거나, 또 남 중에도 무식한 남, 경험이 많은 남, 이런 것을 구별하게 되면, 마음이 좁아서 널리 보지 못하느니라."**

그래서 《금강경》에 아상·인상·중생상·수자상이 있으면 그 거 아주 좋지 않다고 그렇게 말씀하셨습니다. 우리 생각에 뭐든지 올라오거든 어떻게 해야 할까요? 부처님 만들 재주는 없고, 그렇다고 안 할 수도 없고. 우리가 모르니 어떻게 할 수도 없고…. 그래서 기껏 '어떻게 하면 될까?' 했더니 약은 꾀가 났습니다.

　무슨 생각이든지 올라오거든 부처님께만 살짝 드리면 부처님 될 거거든. 그런데 이게 형상이 있었으면, '여기 있소' 아주 이러고, 받았으면 받았다고나 할 텐데, 이게 형상이 없거든. 아무튼, 이 '드리는 거' 연습하는 데에도 꽤 날짜가 걸려요. 처음에는 아예 안 될 것 같은데, 연습을 자꾸 하면 어째 드리는

・　　我皆令入 無餘涅槃 而滅度之 (제3 대승정종분)

・・　　若菩薩 有 我相 人相 衆生相 壽者相 則非菩薩 (제3 대승정종분)

것 같아요. 왜 드리는 것 같은고 하니, 무슨 일을 자꾸 참아 보니까, 어느 모퉁이에 생각도 못 한 게 왈칵 나오거든. "어, 나 당신이 나 미워하는 줄 알우! 왜 그런고 하니, 저번에 이렇게 저렇게 나를 업신여겼거든" 이런 것이나, '그거 왜 그래, 내가 속으로 한 걸 저게 정말 아나?' 이렇게 다투는 경우도 많은데. 아, 이건 '바쳤다' 그러니까 그게 없어진단 말입니다.

그 바치는 줄만 알면, 신이 나서 자꾸 바쳐 보니, 우선 성이 덜 나요. '부처님 만들라'고 하는 것이 처음에는 퍽 실감이 안 나더니, 자꾸 부처님께 바치면 참은 궁리가 하나도 없거든. 자, 그 말을 들어 보니 《금강경》이 맞는 것이, "다 부처님 만들겠다고 해라, 다 만들고 나면 한 중생도 제도 받은 자 없느니라" 그러거든.

왜 그러냐 하면, 궁리를 자꾸 바치면 결국은 어떻게 돼요? 제 궁리라는 건 컴컴한 거거든. 컴컴한 걸 밝은 곳으로 드러내 내놓으면 어떻게 될까요? 컴컴한 것이 없어지지요. 컴컴한 것이 없어지니까 자기가 궁리했던 것 또한 사라질 겁니다.

이러한 방식으로 100일을 만약 해 본다면 그게 좀 습관이 됩니다. 100일까지 해 보고는 '이 100일 동안에 뭐가 달라졌나?' 해서, 뭐든지 하나 달라진 것이 있으면 그것을 잘 기억해 두고, 또 두 번째 100일을 하고는 '얼마나 달라졌나?' 이렇게 한 열 번만 그렇게 하면 어떻게 될까요? 자기가 이 세상에 대해서 의심 내는 것을 구경하게 됩니다. 이 세상에 대해서 무엇이 의심이 나는가? 사람마다 제 얼굴은 이쁘고 제 마음에 들어야겠는데, 이거 이쁜 얼굴이 아무리 생각해도 이쁘지가 않거든. 이쁜지 아닌지 어떻게 아느냐? 아주 쉽습니다. 남이 나를 보고 "이쁘다" 그러면 어떻게 할까요?

"이뻤으면 좋겠지만, 이쁘긴 틀렸다, 얘."

이렇게 대꾸하는 것을 보면, 이쁘지 않은 것만은 분명하거든. 그런데 예쁘다고 하면 독毒은 안 나. 그러나 남이 "밉게도 생겼다" 그러면

"내가 밉게 생겼기로서니, 니가 무슨 상관이 있어서 나한테 그렇게 말하냐!"

그러는 것을 보면, 제 생각에도 자기가 밉기는 퍽 미운 모양입니다. 그렇게 밉기 때문에 제 목소리도 듣기 싫거든. 전에는 우리가 제 목소리를 다시 들을 수 없었는데, 이제는 녹음기 같은 게 있어서 대화를 녹음했다가 한번 틀어 보면 분명 소리는 내 소린데 내 소리 같지 않습니다. 왜 같지 않으냐면, 좋지가 않아서 안 같아요.

그래 이제 그렇게 치고 보니까, 제가 당한 것은 모두 밉거든. 우리 아버지도 남의 아버지보다는 좀 못하지. 우리 어머니도 그래. 남의 어머니보다 좀 못하단 말입니다. 그것뿐인가요. 제 이름 석 자도, 왜 하필 많은 글자 중에 이렇게 썩 좋지 않은 것만 골라 했을까…. 이렇게 모든 것이 불평하는 마음 연습하는 거리가 되고 말아요. 이런 것들을 자꾸 바쳐 녹여 가

는 것을 100일씩, 또 100일씩 열 번만 하면, 알게 될 거예요. 왜 일이 이렇게 됐나?

이건 요 모양을 만들 때 지가 몰랐거든. 지가 모른 걸 [뒤집어] 쓰고 나니까 억울하기 짝이 없거든. 제 것 억울한 것을 해결하는 시간이 1,000일 걸려요. 왜 1,000일이 걸리느냐? 고기세포가 신진대사로 한 번 바뀌는 시간이 1,000일이기 때문에.

《금강경》을 처음 열면 마음을 항복 받는 것, '항복기심降伏其心'이 나오는데, 항복기심, 이 넉 자만 1,000일만 전념해서 연습하면, 자기에 대한 불만이라는 것은 어떤 근거가 없기 때문에, 다 알아지고 마는 거예요. 이것을 처음 입문이라고 할 것 같으면, 두 번째 단계는 무엇이냐?

"마음을 어떻게 쓰리까?"
마음을 어떻게 쓰는고 하니,
"어디든지 주함이 없이 그 마음을 내 봐라."·

어디든지 머물지 않고 그 마음을 내 봐라? 아까 '항복기심'보다 조금 더 어렵단 말이야. 어디든지 주하지 말고 마음을 내 보라니, 이거 아주 어려운 거다, 예를 들면, 지금 아침저녁으로 《금강경》을 지송持誦(지니고 독송함)하고 일어나는 마음을

· 應無所住 而生其心 (제4 묘행무주분)

부처님께 자꾸 바치는데, 어떤 때 보면, 한다고 하면 밤새 하고 싶고, 또 안 한다고 하면 섭섭하고…. 이런 경우는 무엇이냐? '나'라는 것이 대체 어디에 들어 있는 건가? '나'라는 것이 어디 가 들어 있는 건가? 자꾸 검사를 해 보니, 이것이 먹는 데, 잠자는 데, 그런 속에 다 있거든. 그러니 그 속에 다 있는 걸 어떻게 골라내서, 그것을 부처님께 바치겠는가? 골라내는 방법은, 먹을 적에 부처님께 드리는 마음으로, 먹는 생각에 '나'라는 것이 숨어 있으므로 그걸 부처님께 드리는 마음으로, 또 잠잘 적에 부처님께 드리는 마음으로, 이렇게 자꾸 연습을 하면, 차차 이게 100일씩 100일씩 연습을 하는 단계에 이르게 됩니다.

그럼 《금강경》은 어떠한 단계로 봐야 하느냐?
이 《금강경》이라는 것은 석가여래 자신이 꼭 밝아지도록 말씀을 하시고, 당신이 실제로 《금강경》 말대로 1,250인을 가르쳐 보시고, 또 실제로 행해 보시고 그 결과를 말씀하신 것입니다.
'나'라는 그것이 어디든 가서 그 원한을 붙여서 자기를 불편하게 하는 건데, 그것이 어디 있는 줄 모르죠. 밥 먹을 때, 잠잘 때, 누구를 대할 때, 이게 모두 마음이 흩어지는 때니까, 이때에 그 마음을 모두 '부처님을 위해서 한다' 그렇게 하는 거예요. 부처님을 위해서 하다니? 나를 위해서 일평생을 해도 효과가 하나도 없는데, 어떻게 부처님을 위해서 해?

우리 속언(俗言)에도 그런 말 많아요. 새벽에 일찍 일어나는 사람치고 골치 안 밝은 사람이 없고, 밤중에 늦게 자는 사람치고 밝아지고 재앙이 없는 사람이 적다. 그거 왜 그럴까요? 이 우주에는 태양과 달과 같은 게 있어서, 태양 기운이 시작해 오를 적에 태양을 안 보도록 눈을 감으면 신경이 예민해져서 여러 병이 발생한다는 것은 아마 정신을 다루는 사람들이 많이 설명할 겁니다. 그러니까 낮에 눈을 뜨질 않으면 그만큼 밝은 거 연습하는 것이 적어지고, 밤중에 눈을 감지 않으면 그만큼 껌껌한 것을 연습하는 시간이 많다는 겁니다.

이게 무얼 말하려는 걸까요? 밝은 것을 자꾸 연습하면 밝아지고, 껌껌한 것을 연습하면 껌껌해진다는 겁니다. 아침에 일찍 일어나는 사람은 밝은 기운을 자꾸 연상하게 되니까 그 사람은 재앙이 적어지고, 밤중에 늦게 자는 사람은 껌껌한 기운을 연습하게 되니까 그만큼 껌껌해진다. 껌껌해진 것이 원인이 되어 그 결과 나오는 것을 재앙이라고 합니다.

요새 우리가 책을 많이 읽는데, 내가 유럽 가기 전에는 여기서 서양 책을 놓고 보면 도무지 이해 못 할 게 한둘이 아니었어요. 그런데 나중에 서양 가서 그 책을 읽어 보니 다 알겠거든, 거의. 거기서는 신문을 읽어도 알겠는데, 동양에 있을 때 서양 신문을 읽으면 도저히 잘 알아듣질 못하겠단 말이야. 내가 유럽에 갔을 때는 제노아 콘퍼런스 Genoa Conference (1922)˙라고, 공산 러시아와 중구라파가 전쟁을 끝내고 평화

회의를 연 게 있었는데, 그 회의 기사를 만약 동양에서 읽었다면 그걸 (보고도) 왜들 그러는지 하나도 몰랐을 겁니다. 그런데 프랑스 파리에서 그 기사를 읽어 보니까 다 알겠거든. 그것은 '분위기'라는 게 있다는 말이에요. 그래서 내가 뒤에 오는 사람들에게 말하기를, 글과 글 사이에 '말 없는 글자'가 있는데, 이걸 잘 읽어야 되겠더라 그랬지요.

마찬가지로 지금 우리가 이 《금강경》을 놓고 읽는 것은, 3,000년 전 석가여래를 향해서, 우리가 자꾸 아침저녁으로 시간 있는 대로, 자꾸 연습하는 것입니다. 이 연습을 하면 어떻게 되느냐? 마치 장님을 보고서, 자꾸 해를 향해서 환한 생각을 해 보라고 하는 것과 같아요. 피부가 신진대사로 바뀌는 데 걸리는 시간이 1,000일이라면, 1,000일의 한 10분의 1(100일)만 연습해도 그 마비됐던 신경이 다시 흥분이 된다는 의학 기록이 있는 것과 마찬가지로, 우리의 감각도 자꾸 밝아지는 것입니다.

그럼 오늘은 이렇게만 얘기하지요.

"제도하시는 용화교주 미륵존여래불 공경을, 이 여러 사람들이 각각 무시겁 업보 업장을 해탈 탈겁을 해서, 모든 재앙은

---

* 이탈리아 북부 지중해의 항구 도시 제노바(이탈리아어 Genova, 영어 Genoa)에서 열린 유럽 경제 부흥 회의(1922. 4. 10~5. 19). 제1차 세계대전 후 독일과 소련이 참가를 인정받은 최초의 국제회의다.

소멸하고 소원을 성취해서, 부처님 시봉, 밝은 날과 같이 복
많이 짓기를, 제도 발원."

금강경 추가 강의 2

《금강경》은 벌써 여러 번 얘기했어요. 한 1,000여 년 전에 중국과 서장(티베트)에서 《금강경》 지송을 많이 했어요. 지금도 중국에서는 각 절에서 독경을 하는데, 여기 사람들이 절에 가서 불공하는 것과 같습니다. 절에 가서 일정한 액수의 향대香代를 내면 그 절 중들이 독경들을 해 주는데, 대략 이《금강경》을 독경하지요. 일본은 각 종파마다 소의경전所依經典˙이 따로 있기 때문에 이렇게는 안 했는데, 달마 스님 이후 선종들은《금강경》읽는 걸 허락했던 것입니다.

이번에 우리가 여기 모인 취지는 조금 달라요. 무엇이 다른고 하니, 전에는《금강경》을 알려고 하면 아주 큰 잘못으로 생각했어요. 그건 왜 그런고 하니,《금강경》의 한자 자체는 쉽지만, 해석하기가 어려워요. 그래서 해석이 잘못되면 큰일이라는 생각에, 잘못 해석할까 봐 아예《금강경》을 알려고 하

˙ 어떤 종파가 신앙과 수행의 근본으로 삼는 경전. 조계종과 태고종은《금강경》, 천태종은《법화삼부경》, 정토종은《정토삼부경》등을 소의경전으로 삼고 있다.

지 않았어요.

　그럼 《금강경》을 뭣에 쓰는고 하느냐면, 그렇게 얹어 두고 그 영검(영험靈驗)을 바라는 겁니다. 이생은 너무 구차하니까, 내생이 만일 있다면 그때 부자나 돼야겠다는 생각을 할 수 있는 거예요. 옛날에 묘지를 만들어 놓은 걸 보면 땅속에 묻혀서도 이생의 부를 계속 유지하려고 노력했던 흔적이 많이 보이는데, 불교 믿는 사람들도 왜 안 그랬겠어요? 그래서 생전예수재生前五修齋*를 하지요. 십대왕十大王**님에게 골고루 《금강경》을 바치는데, 그 십대왕님들이 아마 서로 통하지 않는 모양입니다. 한 군데 청해서 열 대왕이 다 통하면 안 그럴 텐데, 《금강경》을 인쇄해서 십대왕에게 각각 바치는 식으로 그렇게 쓰게 됐어요.

그럼 이제 우리는 어떻게 하는가?

　석가여래라고 하는 분이 열아홉 살에 출가하고 30에 성도를 하셔서, 그때부터 제자를 기르시기 시작하시기를 40년***

---

* 　다음 생에 받을 과보에 대해 살아 있을 때 미리 재(齋)를 지내는 의식. 조선 시대부터 서울의 대표적인 윤달 풍속이었다. 죽은 후 명부(冥府) 세계를 다스리는 열 명의 왕[十王]이 인간의 선악을 심판한다는 시왕사상을 배경으로 하고 있다. 즉 사후의 심판자를 모시고 미리[五] 공덕을 쌓아 자신의 업보를 씻음으로써[修] 극락왕생을 기원하는 의례다.

** 　불교에서, 죽은 자를 심판한다는 명부 세계 열 명의 왕. 시왕 중 염라대왕을 우두머리로 여긴다. 시왕사상은 중국 도교와 한국의 민속 신앙에도 영향을 미쳤다.

하는 동안, 그들이 가진 시급한 문제들을 해결해 나가는 과정에 있게 되었습니다.

광명이라는 그 밝음 자체에는 응달이 없을 겁니다. 태양의 광채 자체에는 응달이 없어요. 응달이라는 것은 광명의 밝은 기운에 따라가는 것인데, 광명을 받는 물체가 저 스스로 만드는 것을 응달이라고 해요.

그거 내가 어떻게 해서 그렇게 느꼈는고 하니, 유럽의 학교 강의실에 들어가니까 밤중에도 [전등불을] 태양처럼 마음대로 쓴단 말입니다. 응달이 조금도 안 져요. 학생 30~40명에서 어떨 땐 한 몇백 명 돼도 씁니다. 저건 어떻게 하는 거냐 물었더니, 그게 태양광선 모방해서 하는 거라 그래요.

그런 식으로 당신 제자 중에 현실 자연기후에 의지해서 고통받는 것을 낫게 해 주시길 열두 해. 그러니까 광선을 받는 자(부처님 제자)가 만든 응달을 제거하시기 위한 수단이었을 거요, 그게 열두 해가.

그다음에 정치 관계로…, 유목민들이 파미르고원에서 부드럽지 못한 자연 속에 있다가 인도 땅에 들어와서 편안하니까, 그들의 지혜 있는 것만큼 인도 대륙의 민중들을 결박해서 노예화했거든. 그걸 고치기 위해서 여덟 해, 모두 20년을 가르치셨어요. 또 그런 것들 전부가 너희들 마음의 응달에서

••• 부처님은 29세에 출가하셨다는 것이 현재의 정설이다. 351쪽 주 참고.

비롯된 것이라고 하시기를 20년. 그래서 모두 40년 동안 사람들을 가르치신 거죠.

《금강경》을 말씀하실 당시, 거기 모인 사람들이 1,250인이라고 합니다. 석가여래를 따라와서 20년을 배웠으니 숙연宿緣(오래 묵은 인연)된 사람들이겠지요. 그분이 적어도 사람을 20년 가르치시고 당신이 20년 가르치신 경험에 의지해서, 배우는 사람들을 통솔하는 그 사람[수보리]에다가 대고, '한번 밝으면 다시 껌껌해지지 않는 도리'를 말씀하신 것이 금강반야金剛般若*라 할 것입니다. 그래서 이 금강반야는 석가여래 생활의 거의 최후를 장식하신 것이 되겠지요.

여기 말씀이 퍽 숙연한 것이, 이 대중은 어떠한 사람이다 하는 것을 당신이 봐서 짐작하시기 때문에, 여러 말 할 것 없이 착한 남자[善男子]나 착한 여인[善女人]이다 그랬어요. 그러면 성숙된 남자나 성숙된 여자에게 이와 같은 도리가 적합하리라 그렇게 생각하셨던 겁니다.

그래서 《금강경》 읽는 사람들은, 첫째 그것을 믿어서 의심치 말 것.

둘째는 자신이 그 석가여래 제자들 틈에 끼어서 석가여래 말씀을 듣되 그 내용을 알려고 노력할 것.

• 《금강반야바라밀경(金剛般若波羅蜜經)》. 줄여서 《금강경(金剛經)》 또는 《금강반야경》이라고도 부른다.

셋째는 안 것을 실행하도록 노력할 것.

남의 얘기를 들으면 다 아는 것 같아요. 다 아는 것 같지만, 글로 받아 써 보면 우리가 들어서 아는 것하고는 엄청나게 거리가 멉니다. 또 글로 써 봤다가도 실제로 실행해 보지 않으면 그 내용을 잘 모르는 겁니다. 처음엔 알려고 하고, 알고 나거든 실행을 해 봐야 합니다. 실행해 봐야 자기가 어떤 위치에 있었으며,《금강경》말씀이 어떻다는 것을 짐작할 수 있을 것입니다.

그래서 믿고[信], 그 사실을 알려고 하고[解], 안 것을 실행하려고 하는 것[行]이 중요합니다. 자기가 알아 가진 것을 결정을 받아서 다시 없어지지 아니하게 되는 것을 '증證'이라 해요. 화엄대부華嚴大部*에서 신信·해解·행行·증證 네 가지 수행단계**를 말합니다. 신, 해, 행까지는 닦는 사람이 할 수 있지만, 증은 오직 주세불이 계셔서 "너는 이러저러한 정도에 갔구나, 너는 이러이러하니까 다시는 미迷하지 않겠구나" 같은 것을 말씀해 주셔야 그것이 영생을 가는 길에 도움이 된다는 겁니다.

육조혜능 대사가 남악회양南嶽懷讓을 가르칠 적에, "여기 한

---

* 《대방광불화엄경(大方廣佛華嚴經)》, 줄여서 《화엄경(華嚴經)》이라고 한다.

** 가르침을 믿고 이해하고 실천하고 증득(證得)함.

물건이 있는데 이것이 무엇이냐?"* 물었더니, 그 말을 듣고 가서 아홉 해** 만에야 돌아와서 "설사 한 물건이라도 맞지 않습니다" 그러거든. 아홉 해 만에라도 그 대답을 했으니까, 그건 아주 큰 총명일 겁니다. 왜 그러냐?

그는 물 위에 뜬 오리 노릇을 하려고 하지 않고, 물건 자체의 내부까지 투철透徹하려고 애썼기 때문입니다. 3년 정도면 육체의 세포가 새로 바뀌는데,*** 그가 아홉 해 만에 됐다고 하면 대략 3,000일 만에 바뀐 겁니다.

그때에 다시 와서 육조혜능 대사에게 답하기를, "그거 한 물건이라고 당신이 말했지만, 그 한 물건이라는 것, 그 말은 맞지 않습니다." 그렇게 말하니까 육조혜능 대사가 "그거 더럽힐 수는 있더냐?" 물어요. "아니요, 더럽힐 순 없습니다"라고 답합니다. 이 이야기는 지혜를 추구하는 회양의 마음이 어느 정도였는지를 말해 줍니다. 이 사람이 얻으려는 지혜는 다시 미迷하지 아니하는 지혜가 될 겁니다.

- 혜능이 회양을 처음 만났을 때 물었다. "어디에서 왔는가?" "숭산에서 왔습니다." "어떤 물건이 이렇게 왔느냐[什麼物 恁麼來]?" 8년 만에 회양이 답하기를, "한 물건이라고 말하여도 맞지 않습니다[似一物 卽不中]."

•• 대부분의 기록에는 8년 만에 답한 것으로 되어 있다.

••• 인체 세포의 실제 교체 주기가 아니라, 공부에 정성을 들이는 기간만큼 살(1천 일)·뼈(3천 일)·뇌(9천 일)의 세포가 바뀌는 것처럼 단계별로 큰 변화가 일어난다고 설명하는 백성욱 박사 특유의 비유.

믿고 알고 실행하고, 그다음 증證하는 단계는 반드시 주세불이 돼야 한다고 했죠? 우리는 석가여래 돌아가신 뒤에 난 사람이라, 혹 그런 신해행증의 본보기를 얻자면, 육조혜능 대사가 남악회양 선사에 대고 말하던 것을 가지고 알 수 있어요.

그러면 우리는 어떻게 할 것인가? 여기 석가여래도 안 계시고, 육조혜능 대사도 안 계시면, 우리는 그만둬야 할 건가? 아니요, 그럴 순 없습니다. 왜 그러냐? 육조혜능 대사 앞의 남악회양 선사도 사람일 것이고, 또 화엄종에서 여러 해를 두고 '신해행증'이 있어야 된다는데, '신해행'까지는 언제라도 몸뚱이 받아서 닦으면 된다고 했고, '증'만은 그렇게 되지 않고 주세불을 만나서 전적으로 얻어야 한다고 했습니다.

우리는 어떻게 하는고 하니, 《금강경》에서 안 것을 얻어서 실행하는 겁니다. 그런데 그 실행을 무작정 하기는 좀 어렵습니다. 남악회양 선사는 무작정 하다가 끝난 것이 아홉 해더란 말이지요. 그런 근기보다는 우리가 좀 약게 구는 것이 나을 거니까, 무작정 하는 것보다 1,000일의 10분의 1 되는 100일을 그렇게 실행해 보자, 그 말입니다. 100일을 실행해 보면 뭐가 얼마나 달라졌는지 알 수 있을 겁니다.

사물을 접촉할 때에 성이 뾰족하게 나면 그 사물을 인식 못 하지요. 이게 내가 '한쪽이 병신이로구나' 늘 걱정하는 것인데, [화내는] 그게 [100일 실행 후에] 좀 없어질 수 있어요. 또 남의 말을 듣다가 중요한 순간에 골이 팽 나서 한 마디도 듣고 싶지 않다면, '빌어먹을 놈' 욕이나 하면서 대화가 헛수고가 되거든. 그러니까 어떻게 하든지 참고 귀담아듣는 겁니다. '아하, 이 말은 내가 끝까지 들어야겠구나' 이러면 우리가 우리를 칭찬할 수 있는 겁니다. 그런데 좀 참으라고 하면, '참긴 뭘 참아? 젊디 젊은 게, 뭘 빌어먹었다고 참아!' 화낼 수도 있어요. 그러나 빌어먹었다고 참는 게 아니라, [자기가] 똑똑한 체하다가 [고생을] 몇십 년씩 한다면 그도 또 곤란한 일입니다. 그러니까 언제라도 자기가 모자란다는 것을 알아야 지혜가 나는 겁니다.

공자孔子° 같은 이는, 40세가 되니까°° 못 알아들을 소리가 별로 없고 [세상 돌아가는] 그 내용 다 알겠더랍니다. 그건 무슨 소리냐? 우리는 보통 40세가 되면 곧잘 망령이 나서 주책없는 소릴 하는데, 그이는 40세가 되니까 알겠더라니, 이 말을

° 중국 춘추시대의 사상가이자 학자(B.C.551~B.C.479). 이름은 구(丘). 자는 중니(仲尼)로, 공자(孔子) 호칭의 '자子'는 성인으로 높여 부르는 존칭이다. 노(魯)나라 사람으로 여러 나라를 두루 돌아다니면서 인(仁)을 정치와 윤리의 이상으로 하는 도덕주의를 설파하여 덕치 정치를 강조했다. 만년에는 교육에 전념하여 3천여 명의 제자를 길러내고, 《시경》《서경》 등 고전을 정리했다. 제자들이 엮은 《논어》에 그의 언행과 사상이 잘 나타나 있다.

°° 《논어(論語)》 위정(爲政)편에서 "40세에 불혹(不惑), 50세에 지천명(知天命), 60세에 이순(耳順), 70세에 종심(從心)"이라 했다. '불혹'이란 '미혹(迷惑)하지 않는다'라는 의미.

어떻게 알아들어야 할까? 그 사람 앉은 방석 밑을 좀 들춰볼
수밖에요. 우리 앉은 방석 밑은 마흔 살이면 망령이 나고 주
책없는 소리가 나는데, 그이 앉은 방석 밑은 마흔 살이 되면
망령이 안 나고 오히려 똑똑해진다니 그거 왜 그랬을까?

항상 자기가 못난 줄 알고 자꾸 배우려고 드니까, 언제 뭐
잘난 생각이 날 턱이 없고, 배워서 터득을 하면 재미가 나는
데 안 할 수가 있어야지요. 그런 거 보면, 수도만 하면 밝아지
는 거다, 그 말입니다. 지가 못난 거만 알면….

"뭐, 공자 같은 이도 40에 의심이 조금도 없더라는데, 그
러니까 우리는 갑절로 해서, 한 80까지 할 작정을 하면 되지
않을까?" 그렇게 말하면 '대략 60에 죽어도 장수하는 건데,
80까지 수행할 작정을 한다면 그거 옳지 않다'고 그러겠지
만, 그게 아닌 것이, 60에만 죽어도 장수한다는 그런 생각을
가지고 있어서 불건강不健康 해 왔는데, 그 생각을 뒤집어서
지금부터 건강해진다면 80에 속히 죽는 거도 아니고 안 죽는
거도 아니고…. 그러니까 우선 실행해 볼 일이지 '내가 나이
많으니까, 그거 좀 나한텐 벅찬데' 그런 소리는 하지 않는 것
이 좋겠다, 그 말입니다.

그러니까 애당초 마음에 '하기 싫다'만 없으면 되는 거예요.
그런데 여기서 재미있는 게 많아요. 우리가《금강경》읽다가
이런 말이 나오는데,

"衆生衆生者는 如來說 非衆生이 是名衆生이니라."

자, 이거 어떻게 알아들어야 해요? 한문 잘하는 사람은 알 수도 있으나, 한문 조금 아는 사람은 자세히 못 알아듣겠는데, 왜 그럴까요? 이럴 때, '에이, 그거 뭐 잘못했겠지' 이러면 못 알아듣는 것인데, '잘하기는 부처님 말씀이니깐 썩 잘했을 거야. 그런데 우리가 부족해서 그렇지' 이렇게 부족한 줄 알고 알려고 하면 결국은 알고 말아요. 그런데 나는 잘났고 석가여래는 시원치 않다고 그러거나, 석가여래는 잘났는데 번역한 사람이 잘못했다고 그래 버리면, 그만 영원히 지혜가 나질 않습니다. 그러니까 지혜가 나지 않는 원인은, 제 잘난 생각만 있어서입니다. 제 잘난 생각이 있으면, 그 집은 아주 깜깜해지고 마는 거예요.

그러니까 이제 제 잘난 생각이 없어야 하는데, 제 잘난 생각이 없으면 자결해서 죽고 싶고, 제 잘난 생각이 있으면 아무것도 몰라지고…. 그러니까 어쨌거나 좋은 말씀을 들었을 때 꾸준히 미련하게 자꾸 붙잡고 해 보면, 길만 바로 들었다면 서울은 가는 겁니다. 만일 길을 잘못 들었다면…? 그러니까 길 들 적에 주의들 해야 할 거요.

이《금강경》을 아침저녁으로 읽는데, 모르고 읽지 뭐, 소경이 단청丹靑 구경하러 가는 것처럼. 영화관에 눈먼 사람을 데려다 놓으면, 계속해서 귀만 빵긋빵긋하지 뭐 보지는 못하거든. 그렇게 해도 '내가 영화관에 갔다 왔다' 그건 되는 겁니다.

인류 역사가 생긴 이래 정신과 육체가 동시에 건강한 사람은 석가여래 한 분밖에 없다고 하는데, 이런 소리도 우리가 하는 소리지, 예수교인이나 마호메트 교도가 들으면 픽, 코웃음 할 겁니다. 우리도 마호메트나 예수의 역사를 보고 코웃음 칠 수 있는 거니까 그런 건 얘기할 거 없고. 여하간 제 잘난 생각이 없으면, 지혜는 결국 확충되는 겁니다.

그래서 아침저녁으로 읽으면, 적어도 햇수로 3,000년 전에, 가는 데 3년씩이나 걸리는 나라에서 났던 이(부처님)를 향向한다는 것입니다. 그 향하는 마음을 자꾸 계속해서 적어도 1,000일 해 보면, 그때에는 얼마나 유익하다 유익하지 않다 그것을 짐작할 수 있을 겁니다. 아침저녁으로 하는 사람을 가만 보니까 아주 확실히 유익해요.

어떻게 유익한고 하니, 아침에 하는 거 그게 온종일의 재앙災殃을 없애요. 재앙이란 대체 뭐냐? 알지 못하는 것, 싫은 게 닥칠 적에 재앙이라 그러는 거요. 복福이란 대체 뭐냐? 떳떳한 마음에서 당연한 효과가 오는 걸 복이라 하는 겁니다. 그러니까 이런 의미에서 아침저녁으로 《금강경》을 읽으면, 한 1,000일 읽게 되면 효과가 보여요. 1,000일에 효과가 난다면, 100일만 해도 아주 달라져요.

어떤 사람이 그다지 이쁘게 생기지 못했는데, 한 100일 억지로 떼를 쓰다시피 《금강경》을 읽었어요. 그랬더니 보는 사람마다, '아이고 저 사람이 저렇게 잘나졌나?' 그렇게 됐어요. 왜 그렇게 되느냐? 몸뚱이에 밝은 마음이 있으니까, 이 밝은 마음 때문에 그 껍데기가 달라지거든.

이제 그런 것 많이 보잖아요? 전에 우리나라에는 기와집이 많지 않았어요, 초가집은 많은데. 그 집 사람들이 좀 여유가 있고 힘이 있으면 초가집인데도 그게 번지르르해 보이거든요. 그 집이 재산이 있으면 집 껍데기가 번지르르하고, 또 사람이 마음이 넉넉하면 그 살결이 모두 반질반질하더라는 이런 소리도 하지 않아요? 그러니까 아침저녁으로 《금강경》을 자꾸 읽으면, 한 1,000일 하면 알지 못하는 중에 달라지는 건데, 지혜도 많이 달라집니다.

우리더러 새벽 두 시쯤 자라고 하면, 조금 괴롭지만 그렇게 하겠다고 할 거예요. 그건 왜 그러냐 하면, 초저녁엔 으레 안 자는 게 일이니까, 그 뭐 아홉 시쯤 안 잘 예산하면 열두 시까지 (으레) 안 자는 것은 정한 이치고, 열두 시까지 안 자는 걸 더러 해 보면 '아이, 그거 뭐 조금 괴롭지만 새벽 두 시까지는 안 자도 괜찮다' 이래지기가 쉽다 그 말입니다. 자! 습관이란 이런 건데, 만약 이 사람더러 "너, 아침 다섯 시에 일어나거라!" 그러면 "아유, 그런 소리 제발 하지 말우!" 나와는 아주 친하지 않은 말이다, 그 말입니다. 왜 그러냐 하면, 식전엔 으레 안 일어나는 게, 이게 생각으로 사는 것이지 이게 이익을 따져서 하는 것은 아니란 말입니다.

잇속으로 따지자면, 껌껌한 기운이 완전히 돌 때가 밤 열 시쯤인데, 열 시에 일어나 앉아 있으면 밝은 기운하고 역행이 되어서 어딘지 고단하거든. 새벽 세 시부터는 이 [우주] 자체가 밝으려고 노력하는 때예요. 밝으려고 노력하기 때문에, [일어나 앉으면] 심심은 하지만 신경계통이 아주 괴롭게 되지는 않는 거예요. 그러니까 우리가 이렇게 습관을 들이려 해 보면 무엇을 요구하게 되느냐? "득력처가 변시생력처"*라, 힘 얻는다는 때가, 힘이 덜리는 때다. 처음에는 아주 어렵다가 자꾸 해 보면 아주 부드러워져요. 어떤 때는 속이 부걱부걱 힘든데, 그러면 이걸 괜히 했구나 싶어요. 그렇지만 하긴 해야 되지요. 그리고 책을 펴 놓고 가만 앉아 있으면, 부걱부걱 하던 그놈의 성이 어디로 사라졌는지 몰라요. 그건 왜 그럴까요? 그러니까 경 읽는 공부해 보면 아주 재미가 있어요.

그러나 《금강경》 읽는 거로는 만족스럽지 않아요. 《금강경》을 읽고 또 그 《금강경》을 실행해 보자는 겁니다. 실행해 보면 아주 재밌는 일이 많이 있는 겁니다. 아마 한 1,000일 실행을 하다 보면, 어떤 때는 자기가 모르는 소리에, 모르는 사이에, 지혜가 폭발하는 걸 많이 보게 돼요. 자기도 모르게 느

---

* 중국 송나라 대혜종고(大慧宗杲, 1088~1163) 스님의 글과 어록을 모은 책인 《대혜보각선사어록》 권 26 〈答趙待制道夫(조대제 도부에게 보낸 답장)〉 중 "得力處 便是省力處也" 구절. 생력(省力)이란 공부가 순하게 익어 힘이 덜어진다는 뜻이고, 이때가 바로 득력(得力) 즉 정진에 힘을 얻는다는 뜻이다. 省(덜 생, 살필 성), 處(때·곳 처).

닷없이 말소리가 들린다면 좀 거북할지 모르나, 생각이 그렇게 따로따로 되는데 그 생각은 어떤 경험에서 나온 것도 아니고 앞뒤가 똑 부러지게 뚜렷하게 나타날 때가 있는 것이니까. 이제 시간이 되는 대로 해 보시면 될 겁니다.

저번 시간에 부처님 얘기를 나눴지요. 부처님 얘기란 무엇이냐면, 부처님이 어떻게 생겼다 하고 부처님을 상상하지 말란 얘기예요. 왜 그러냐? 부처님을 상상하면 그건 네 생각이다. 네 생각에 대고 네가 맨날 무엇을 향해 보았자 그건 껌껌한 마음밖에 되지 않을 것이다. 그 껌껌한 마음을 연습하는 것이 되니까, 부처님을 상상하지 마라.

다음으로, 보살이 부처님 세계를 장엄莊嚴*할 수가 있을까, 없을까? 확실히 부처님 세계를 장엄할 수가 있는 겁니다. 왜 그러냐? 부처님 세계가, 우리 마음속일 것이기 때문입니다. 마음속에 두 말 되는 똥 덩어리가 없으면 그 껍데기가 보기 싫지 않고, 남의 입을 틀어막겠다는 마음이 없으면 그 사람 말소리가 듣기 싫지 않은 겁니다. 그러니까 이런 경우에 우리에게 요구되는 것이 무엇이냐면, 일어나는 마음을 자꾸 부처님 만들라는 겁니다.

여기서는 색다른 것이, 실행을 한다는 거예요. 장엄불토莊

---

* 좋고 아름다운 것으로 국토를 꾸미고, 훌륭한 공덕을 쌓아 몸을 장식하고, 향이나 꽃 따위를 부처에게 올려 장식하다.

嚴佛土라는 것도 실행이고,《금강경》을 펼쳐 보면 모두 실행할 것이에요.

공부하는 사람이 그 시글시글한 마음 그대로 두고 공부는 안될 거니까, 그럼

"그걸 어떻게 항복 받으리까[云何 降伏其心]?"

하고 미리 물어볼 수 있는 거죠. 석가여래가 대답하시길,

"네 마음속에 무슨 생각이든지 올라오거든, 다 부처님 만들겠다고 해라. 다 만들고 나면, 한 중생도 제도 받은 자 없느니라."

이렇게 분명하고 자신 있는 말인데, 한 마디도 못 알아듣겠다 그래. 왜 못 알아듣는다고 할까? '우리가 부처님을 보질 못했는데, 대체 어떻게 부처님을 만들라 그러오? 내 마음속에 시글시글한 건 모두 나쁜 마음일 텐데, 그걸 어떻게 부처님을 만들라고 하오? 알아듣기 어렵소' 하는 거지. 그래야 그게 우리 경우에 맞을 거예요.

거기다 또, 부처님 세계를 장엄하라니, 무슨 소리일까? 만약 서울 시청 앞 무교동을 장엄하라면, 몇 층 집을 지으면 되겠지요. 몇 해 전만 해도 서소문이 서울에서 제일 모습이 나빴어요. 버려진 기왓장 조각도 많고, 미군 부대가 와 있다가 가면서 어수선했는데, 요새 가 보면 그거 다 치워 버렸는지 멀쩡하게 고층 집만 있단 말이야. 그 광경을 단층집 살던 사람이 보면 좋아 보이겠지요. 그러나 고층 집 사는 사람이 보면, "어휴, 진저리나. 감기몸살 걸렸을 때 저길 올라가자면 저

것들 땀 좀 빼겠구나"할 테지요.

내가 납작한 초가집만 왔다 갔다 하다가 [독일에 가서] 별안간 6층 집 계단을 올라갔더니, 107개 계단을 오르는데 처음에는 좋아. 올라갈수록 자꾸 집이 한 채씩 한 채씩 생기니 '야, 이거 괜찮다' 그랬어요. 그런데 그해 겨울에 학교에 다니다 그만 감기몸살이 났어요. 온몸이 여기저기 결리고 죽을 지경인데, 그걸 올라간다고 해 봐요. 어휴, 15분이 걸리는데 정말 죽겠다 싶었습니다. 우리나라 같으면 패독산(감기몸살약)이나 한 첩 잘 지어다가 먹으면 쭉 빠질 텐데, 그것도 없고. 또 책 읽다가 급하고 시간이 없어서 내려오려면 계단을 미친 놈처럼 내리뛰어서 몇 분이나 걸려야 내려온단 말입니다. 그걸 경험하니 다시는 그런 고층 건물 근처에도 가지 말아야겠다 했어요. 요즘 독일 사람들한테 어디서 살고 싶으냐고 물으면, "아, 그거야 다시 말할 것도 없지. 그저 나지막한 곳 남향에 단층집을 짓고 척 내다보고 앉았으면 좀 좋겠느냐?" 그러거든. 사람은 똑같다. 유럽 사람이 진저리 내는 걸 지금 우리는 좋다고 그러는 판이니까. 마찬가지로, 내용을 모르면 하나도 모르는 거고, 그냥 보기 좋다고 하더라도 그게 몇 해 후에도 계속 그렇게 좋을는지는 전혀 알 수 없는 겁니다.

부처님 세계는 대체 어떻게 생겼을까? 아마 밝을 게다. 어떻게 밝으냐? 조금 밝은 거는 흑백 두 가지로 나뉘지. 검은빛과 흰빛, 이걸로 단순한 형상이 나타나요. 색깔을 자세히 살펴

보면 정색正色이 다섯이고 간색間色이 다섯, 잡색이라는 간간색間間色이 다섯*입니다. 물체의 색상까지 구별하려면 신경을 많이 써야 하지요. 이런 식으로 지금 부처님 세계를 만든다고 해 봅시다.

《금강경》에서 말씀하시길,

"보살이 장엄불토부아[菩薩 莊嚴佛土不]?"

보살이 부처님 세계를 꾸미느냐? 물으시면 대체 이거 어떻게 대답해야 할까? 그렇게 한다고 그러나, 안 한다고 그러나? 무슨 물건이 있어야지 알루미늄 쟁반에라도 놓고 공손하게 바칠 텐데, 형상이 없으니 드리긴 뭘 드리라우? '드렸다' 그러란 말이지. 이거 참 곤란한 거다.

그러니까 어떻게 하는고 하니, 마음속에 컴컴한 보자기가 있으면, 이걸 부처님으로 만든다 [하는 겁니다]. 이게 실감은 좀 안 나지만, 그렇게 해 볼 수밖에 없어요. 왜 그러냐, 그렇게 안 하면 신경쇠약에 걸리니까. 이럴까 저럴까, 이럴까 저럴까? 몇 번, 한 주일만 이럴까 저럴까 하면 골치 아프고 도

---

* 조선 시대의 색채 관념에서는 오행(伍行)을 각 방위와 색상에 대응시켜서 동서남북과 중앙에 각각 청(靑)·백(白)·적(赤)·흑(黑)과 황(黃)색을 배열하여 5개 정색(正色)으로 삼았고, 오방색(伍方色)이라 부른다. 정색 사이사이 중간 방위에 있는 벽(碧)·홍(紅)·자(紫)·녹(綠)·유황(磂黃)색을 간색(間色) 또는 오간잡색이라고 부른다. 이와 달리 현대 색채 이론에서는 빨강·파랑·노랑을 3원색(原色)으로 두고, 3원색끼리 섞은 색인 보라·초록·주황을 간색이라 한다. 3원색과 간색끼리 섞은 중간의 색을 간간색이라 하여 기본 12색을 분류하며, 여기에 무채색인 흰색과 검정색을 추가하여 다양한 색상을 표현하고 있다.

를 넘어갑니다. 신경은 직작직작 이렇게 되기 때문에, '이럴까 저럴까?'를 한 주일 하면 직이 그만 이쪽으로 갔는지 저쪽으로 갔는지 보증이 없는 것이거든.

부처님 세계를 어떻게 장엄하느냐? 그저 무엇이든지 껌껌하고 모르고 그런 건 부처님께 자꾸 바치자, 그 말입니다. 어떻게 바치는고 하니, 부처님 만들어지라고…. 부처님 만들어지라고 (생각을) 자꾸 바꾸다 보면, 석가여래 말씀하시기를, 이게 수효가 있대요. 난 수효가 없는 줄 알았는데, 수효가 얼마인고 하니, 8만 4,000개라 하거든. 8만 4,000몇백도 아닌 모양이에요. 그저 8만 4,000. 그러니까 우리는 어마어마해서, 따지지도 않고 그저 덮어놓고 "예" 그러지.

그런데 부지런히 자꾸 부처님을 만들다 보면, 그 부처님을 만들어다 모두 어디에 갖다 놓을는지 그것도 큰 걱정이란 말이에요. 그러려면 법당을 많이 만들어야 하나? 아주 다행히 그런 걱정을 없애기 위해서 이렇게 말씀하세요.

"한 중생도 제도 받은 자 없느니라[實無衆生 得 滅度者]."

그러면 부처님은 우리를 위해서 그런 말씀을 하신 것이냐? 아니란 말이야. 뭐든지 응달을 만들면 껌껌하니까, 응달이 되니까 그 색이 껌껌하단 말이지요. 애당초 이 자체가 그냥 안 팎 없이 밝으면, 응달은 없는 거요.

그러니까 마음에 있는 것은 뭐든지 자꾸 "미륵존여래불" 하지. "미륵존여래불" 하는 것은 그 껌껌한 마음더러 미륵존여래불 닮으라고 하는 거냐? 그러지 않으면 도무지 대체로 아주 독립적으로 부처님이 되란 말이냐? 그저 어떻든지 석가여래가 당신 제자들보고 말씀하셨으니까 그 말이 틀리지는 않겠지요. 틀리지 않으니깐 부지런히 부처님께 드리고, 부처님께 드리는 뜻은, 부처님 되라고 하[는 것이]고.

"그렇게 수많은 중생을 부처님으로 만들었는데,

한 중생도 제도 받은 자 없느니라

[如是滅度 無量無數無邊 衆生 實無衆生 得 滅度者]."

이 말씀은 보통 사람이 생각(이해)하기 어려운 것이(지만), 그래야 될 겁니다. 그래야 될 것이, 왜 그러냐면, 부처님도 모양을 만들면 껌껌하다니까. 그래서 이렇게 장엄불토를 하면, 그 장엄불토한 <u>끄트</u>머리는 어떠냐 그 말입니다. 그 경계는 어떠냐?

그 경계는 어떤고 하니, 어떻든지 늙은 사람일수록 예전이 참 좋다고 해요. '전엔 참 좋았지…' 하고 지나간 걸 자꾸 좋다고 하면 지나간 걸 연습을 하니까, 그건 죽어야 밝게 될 거거든. 지나간 것을 연습하는 것은 죽는 것을 연습하는 거니까, 지나간 것은 [연습] 안 해야 옳지.

또 장차 오지 않은 것을 생각하면, 그건 오지 않았으니까 허虛하거든. 허한 걸 잠깐만 연습을 해도 허하기가 짝이 없는데, 허한 걸 몇 해를 연습한다면 헐렁헐렁헐렁 하고 걸음도 정상적으로 잘 걷지 못할 겁니다. 그런데 재미있는 것은, 지나간 것이 아무리 좋다고 하더라도 지나간 것의 결과는 오늘 이거든. 오늘만 들여다보면 자기 과거가 좋았는지 안 좋았는지 알 겁니다. 그러니까 시방 시방 들여다보면, 내 과거가 아무리 좋았다고 하더라도 좋을 아무런 이유가 없어요. 왜 그러냐? 결과가 요 꼴이니까.

그러니까 '현재'라는 것은, 과거의 결과도 되지만 미래의 원인이 될 거거든. 현재가 요 꼴인데, 미래가 좋아질 거라는 허영심을 어디서 내겠어요? 그러니까 지금 우리 재주로 미래를 좋게 하려면 현재에 진실할 수밖에 없지요. 현재가 요 꼴이면, 과거가 아무리 좋았다고 해도 곧이듣지 않으련다, 그 말입니다.

그래서 현재 현재가 진실하면, 미래 미래는 완전할 겁니다. 그건 누구든지 부인 못 할 겁니다. 현재 현재에 자꾸 일어나는 생각을 "부처님, 부처님" "미륵존여래불" 해 보라는 겁니다. 모르면 몰라도 부처님이 밝은 뜻이라면 우리가 밝지 않을 수 없고, 만약 우리가 밝는다면 컴컴한 것한테 미혹 당하지는 않을 거예요. 왜 그러냐? 눈의 정기精氣가 영특하면 으스름 달밤에 밑에서 귀신이 왔다 갔다 하는 건 보이지 않을 거요. 그러나 눈정기가 시원찮고 더군다나 저녁밥까지 안 먹었다면 패랭이 쓴 놈이 왔다 갔다 해도˚ 잘못이 아닐 거요. 그러니까 '왜 패랭이 쓴 놈이 많이 다니느냐?' 그러면 '내가 지금 배가 고프고 눈 정력이 소모되어서 그렇다' 그러면 될 텐데, '아휴, 웬수 같은 귀신이 나를 업신여겨서 이 모양이지요' 하면 어떻게 되겠소? 귀신이랄 바에야 업신여길 건 또 어딨 소. 그렇게 귀신이 업신여길 정도면 그건 살아 뭘 하오.

그러니까 내 늘 하는 말입니다. 현재 현재에 진실하면, 미 래 미래는 완전할 거요.

그런데 '우리야 일확천금하는 걸 원하지, 바쁜 세상에 청처 짐하게 대학지도大學之道** 외우는 소리나 듣고 있을 수 있나?' 그럴 거요. 그러나 그건 불교를 하기 싫은 사람이니까, 하기 싫은 사람은 아무리 좋다고 해도 하기 싫어합니다. 심술이 잔뜩 나 있으면, 사탕조각이라도 씁쓸하거든. 이건 왜 이러 냐? 미우면 억지로라도 쓴 것을 갖다가 보태야 하니까. 어쨌 거나 언제라도 현재 현재에 진실하면 미래 미래는 완전할 겁 니다.

- 옛날에는 밥 굶는 사람이 적지 않았다. '패랭이 쓴 놈'은 도깨비 또는 귀신 을 가리킨다. 패랭이는 댓개비로 엮어 만든 갓으로, 조선 시대에 역졸, 보 부상 같은 신분이 낮은 사람이나 상제(喪制)가 썼다. 관련 속담인 '밤에 패 랭이 쓴 놈 보일라'는 저녁밥을 너무 일찍 먹으면 밤중에 배가 고파서 패랭 이 쓴 환상이 보이겠다는 의미.

-- 유교 경전 가운데 하나인《대학(大學)》의 요체(要諦)를 포괄하는 말.《대 학》의 수장(首章)에 나오는 말로서, 밝은 덕을 밝힘에 있는 명명덕(明明 德), 백성과 친함에 있는 친민(親民), 지극한 선에 머무르는 지어지선(止於 至善)의 삼강령(三綱領)과, 격물(格物)·치지(致知)·성의(誠意)·정심(正 心)·수신(修身)·제가(齊家)·치국(治國)·평천하(平天下)의 8조목(八條 目)을 가리킴.

그런데 여기 석가여래 말씀 중에는 요새 사람들이 이해하기 어려운 것이 좀 있어요.

"처음에 항하사 모래 수 같은 생명을 남한테 보시하고, 두 번째 항하사 모래 수 같은 걸 또 보시하고, 세 번째 항하사 모래 수 같은 걸 보시했다[初日分 以恒河沙等 身 布施, 中日分 復 以恒河沙 等 身 布施, 後日分 亦 以恒河沙等 身 布施]."

이런 소릴 들으면 우리는 실감이 안 납니다. 우리는 단일 생밖에 없어서, 죽으면 공동묘지를 가든지 그러지 않으면 홍제동 화장장 같은 델 가서 처리하면 그만이지요. 그런데 이게 또 있고 또 있어서, 한강 동작리 모래같이 많아진다니, 알아듣기가 조금 어렵거든. 그러니까 이런 걸 알려고 하는 것보다, 이런 것도 다 부처님 만들겠다고 그러면 됩니다.

"어떤 사람이 《금강경》을 읽는데 옆의 사람이 업신여긴다고 하면, 그 사람은 전생 죄업으로 악도에 떨어지겠는데,《금강경》을 읽기 때문에* 악도에도 안 떨어지고 골치가 밝아서 결국 완전히 훌륭한 지식이 되겠다."**

이렇게 말씀한 걸 보면, 우리 같은 사특한 것들은, '옳지, 용

---

* 　《금강경》 읽는 사람이 이번 생에 다른 사람의 멸시와 천대를 받았기 때문에.

** 　善男子 善女人 受持讀誦 此經 若 爲人輕賤 是人 先世罪業 應墮惡道 以 今世人 輕賤故 先世罪業 則爲消滅 當得 阿耨多羅三藐三菩提 (제16 능 정업장분)

서도 있구먼!' [할 텐데.] 이게 알 수가 없는 거란 말입니다. 그
러니 혹 용서라도 바라고 《금강경》을 읽는지….

"만약 여러 해 후에 어떤 사람이 《금강경》을 읽고 그 말이 옳
다고만 한다면, 이 사람은 벌써 여러 밝은 이한테 《금강경》을
들었을 거다."*

"만일 몇백 년 후에 많은 사람이 《금강경》을 읽는다면, 그 공
덕을 내가 낱낱이 얘기할 경우 그 얘기를 듣는 사람의 마음
이 산란하고 정신이 정상 상태가 못 될 거다. 왜 그러냐? 자
기가 상상할 수 없는 공덕이 있기 때문이다."**
　그러니 대체 이 상상할 수 없는 공덕이란 무엇인지 그것이
궁금해서라도 자꾸 아침저녁으로 "미륵존여래불" 하는 수밖
에 없어요.
　관세음보살, 아미타불도 석가여래가 말씀하셨고 미륵부처님
도 석가여래가 말씀하셨는데, 왜 백 박사는 "석가여래" (먼저)
부르라고 하지 않고 "미륵존여래불"을 부르라고 그럴까? 그

---

* 　如來滅後 後伍百歲 有 持戒修福者 於此章句 能 生信心 以此爲實 當知
　是人 不 於 一佛二佛三四伍佛 而種善根 已於 無量千萬佛所 種 諸善根
　聞是章句 乃至 一念 生 淨信者 (제6 정신희유분)

** 　若 善男子 善女人 於後末世 有 受持讀誦 此經 所得功德 我若具說者 或
　有人 聞 心則狂亂 狐疑不信 須菩提 當知 是經 義 不可思議 果報 亦 不
　可思議 (제16 능정업장분)

게 무슨 까닭일까?

　석가여래 부르는 사람은 퍽 적소, 그 말이야. 왜 그러냐? 석가여래가 '관세음보살을 부르면 좋다,' 아미타불 부르면 좋다'** 그러니까, [사람들은] 좋은 데로 가서 석가여래 좋은 것만 빼앗아서 돌아서지, '석가여래 고맙습니다' 하는 생각은 꿈에도 없거든. 이런 마음으로는 한 생 두 생 가지고 밝기가 좀 어려울 겁니다. 그런데 '석가여래께서 아미타불 관세음보살 하라고 그러셨으니, 석가여래는 여간 영검하지가 않겠군' 이러는 사람은 효과를 보더라 그 말입니다.

조선에 한 40여 년, 50여 년 전에 중들이 꽤 많았는데, 한 명도 "석가여래"를 하는 중이 없어요. 하나도 없으니 무슨 까닭인가 그랬는데, 하나 있더라 해요. "그거 누구더냐?" 했더니, 전라도 지리산에 장검봉이라는 중이 있는데 그 중이 "석가여래불" 했다고 그래요. 장검봉이 어렸을 때 미쳤는데, 그이의 스님이 그걸 낫게 해 주기 위해서 "너, 석가모니불 정근을 3주일만 하라"고 했는데, 장검봉이 그렇게 3주일을 기도했더니 병이 나았답니다. 그래 지금도 계속하느냐 물었더니, 안 한대. 그래 내 웃으면서, "참 안 할 게다" 그랬어요. 그거 마찬가지로 지금 여기서는 "미륵존여래불" 하자는 건, 이것은 자

•　　《법화경(法華經)》〈관세음보살보문품(觀世音菩薩普門品)〉 참고.

••　　《무량수경(無量壽經)》등 주로 정토삼부경의 내용.

기가 깨쳐 볼 일이니까. 깨쳐 볼 숙제가 되는 건, 이건 이야기를 안 하는데….

어떻든지 시방 이 얘기가 전부 《금강경》 얘기예요. 그래서 장엄불토니 뭐니 했는데, 이제 또 얼마큼 가면 이게 습관이 되어 버리거든. 그것을 '득성어인得成於忍'*이라고 해요. [공부 시작하는] 처음엔 이렇게 올라가자면 이 몸뚱이가 무겁지요, 이게. 사람의 몸뚱이가 대략 75kg이랍니다. 이 75kg을 짊어지고 올라가는 거나 마찬가지인데, 올라갈수록 점점 어렵지요. 이게 언제라도 방심하면 쫙 내려오거든. 이게 여기까지 올라가야 하는데, 이때가 언제인고 하니, "득력처가 변시생력처 [得力處 便是省力處]"라, 즉 힘 얻는 때가 힘 덜리는 때다. 그러니까 일정한 시간에 100일씩 해보면 내가 얼마나 달라졌나 [볼 수 있겠지요]. 그래서 달라진 것을 기억해 두고, 또 100일 또 100일 해서, 열 번만 하다 보면 1,000일이죠. 1,000일이면 대략 사람의 몸뚱이 문제는 해결된다 그러죠.

'사람 몸뚱이 문제'라는 것은 내가 늘 이야기하는 것입니다. 사람마다 자기 얼굴을 거울로 들여다보면 아주 망하게 생겼

• "약부유인이 지일체법무아하여 득성어인하면(제28 불수불탐분)"을 '만약 다시 어떤 사람이 일체법이 내가 없는 근본을 알아서 그것이 곧 습관이 될 것 같으면'으로 강의한 내용. '득성어인(得成於忍)'의 일반적 의미는 '인 (忍)을 성취하다'이며 자세한 설명은 329쪽 주석 참고.

어요. 왜 요 꼴이 됐냐? 기왕 같은 값이면 좀 푼푼하게 만들지, 왜 이렇게 만들어 놨는지 모르겠단 말이에요. 내가 요 꼴을 뒤집어쓰고 '나다' 그러기에는 아주 창피해 못 견디겠거든. 그러나 그거 이외에 쓰고 다닐 것도 없습니다.

달마達磨* 스님이라는 이가 있어요. 그이가 인도의 왕잔데, 남부 인도의 왕자라서 처음엔 배로 [중국에] 왔지요. 나중에 당신 일 때문에 [육지 길을 통해 인도로 되돌아] 가셨는데, 한번 당신 댁에 다녀오려면 가는 것만 3년이 걸렸다고 해요. 그런데 돌아오시다 보니까, 그거는 지금도 그런데, 곤륜산 어느 골짜기에 아주 큰 파충류 같은 게 있어요. 그런 큰 구렁이가 [죽어서 오가는] 길을 막았거든. 달마 스님이 보니까, 길이 그렇게 막힌다면 거기서 독충이 생기고 다른 생물이 접근을 못하게 될 거고, 다시 그 길로 다니게 되려면 3년 내지 6년이 걸리겠다는 거야. 그 기간만큼 인도의 공부하는 도인道人들이 중국에 못 가서 가르치지 못한다면 곤란할 것 같아요. 그

---

* 인도 파사국 남부의 천축향지국 팔라바 왕가의 셋째 왕자로 출생했으나, 왕족 신분을 버리고 520년 무렵 중국으로 건너와 선불교를 전했다고 알려지는 승려. '보디다르마'라는 원래 이름을 한자로 보리달마(菩提達磨)라 쓰며, 보통 '달마(達磨)'로 줄여 부른다. 중국에 선종(禪宗)을 포교한 남인도 지방 타밀 출신의 승려로, 고대 인도 불교의 제28대 조사이자, 중국 선종의 제1대 조사로 여겨진다. 그러나 행적에 관한 명확한 기록이나 역사적인 실체가 부족해서, 관련 내용 다수가 역사적 사실이 아닌 전설로 여겨진다.

래서 이걸 어떻게 치워 버리면 되지 않을까 가만히 보니까, 그놈 기계(구렁이 사체)가 덜 썩었더라지. 덜 썩었으니까 요놈 몸뚱이를 한 주일만 잘 운전하면 그 고깃덩어리를 멀리 내다 버리고 길을 치울 수 있지 않을까 생각하신 겁니다. 그래서 인도 왕자의 몸뚱이를 벗어 놓고는, 쓱 그 대맹이(구렁이) 몸으로 들어갔단 말이야. 들어가서 운전을 하려니까 벌써 상한 데가 많거든. 그거를 살살 조금씩 조금씩 한 주일을 운전해서 멀리 치웠어요. 거기서는 썩더라도 그 독충이 사람 다니는 길까지 침범할 것 같지 않았거든.

그래 간신히 애를 쓰고 자기 몸뚱이 벗어 둔 데를 왔더니, 웬걸, 원래 몸뚱이 벗어 놓은 게 없어졌어요. 그런데 옆을 보니, 아주 흉악하게 생기고 손톱도 발톱도 길고, 모양이 아주 이쁘지 않은 몸뚱이가 하나 거기 있더란 말입니다. 어떤 놈이 저걸 벗어 놓고 내 몸을 쓰고 갔구나! 원래 몸은 왕자의 복색이니까 썩 괜찮았겠지요. 그런데 바꿔 두고 간 몸은 쓸 마음이 안 난단 말이야. 거, 안 나겠지. 왕자니까 나겠소, 어디? 그런데 그것을 안 썼다가는 중국에 있는 제자들이 자기를 상대 안 해 줄 거고, 그들과 이야기를 나누자면 저것이라도 쓰고 가야 하는데, 저걸 쓰면 시비가 많겠다, 그 말입니다. "왜 그 모양이오?" 이제 이럴 거거든.

그래서 생각다 못해서 그것을 쓰고 중국에 오니까, 으레 첫 번엔 격리가 되었습니다. 말도 잘 걸지 않고. 그래 놓고는 행동을 가만히 보더니, "정말 당신 몸뚱이가 바뀌었소?" 물어요. "그랬다"라고 하니까, "당신이 하는 것 보면, 마음 쓰는 것은 그런 것 같긴 한데, 그 모양은 아주 좀 사납고 그렇소" 그러더라지요.

그와 마찬가지로 우린들 그렇게 하지 말라는 것도 없지 않아요? 그러니까 시방 우리가 이 몸뚱이 벗으라면 아주 좋아할 거요. 왜 그런고 하니, 일평생 쓰고 다녀도 보기 싫은 것이 그거거든요. 나을 테면 좀 더 나아지거나 어떻게 이 몸을 내가 아니라고 하기도 어려운데….

요 문제를 해결하려면 '왜 그런 모양이 되었나?' 하면 [답이] 나온다고. 왜 그랬나? 그걸 아는 것이 소위 '숙명통宿命通'이라는 건데, 벌써 그렇게만 되어도 '나다, 남이다'가 없어지기 때문에, 자기 숙명통이 되면 남의 숙명통도 됩니다. 이렇게 되는 데 1,000일은 걸리거든. 그런데 1,000일을 한다는 게 너무 지루하지. 어휴, 1,000일의 10분의 1, 100일쯤 하고 숙명통이 된다면 협잡꾼이라도 우리가 가려낼 텐데, 제기랄. 시방 이러는 정리情理니 그저 속는 셈치고 아침저녁으로 자꾸 《금강경》 읽고요, 실감은 좀 안 나지만 그저 무엇이든지 자꾸 부처님 만드는 수밖에 없습니다.

그런데 제일 어려운 것이 무엇인고 하니, 사람이 사람을 미워하면 자기가 죽습니다. 이거 정신 차려야 하는데, 사람이기

• 전생(前生)을 아는 능력.

때문에 사람 미워하길 또 곧잘 좋아한단 말입니다. 이런 거 참 딱하지요. 내가 실제로 경험해 봤는데, 소사素砂* 가서 그 이튿날인가 사흘 되던 날, 한 80여 세 된 마나님이 젊은이와 함께 찾아왔습니다. 그런데 얼굴에서, 그냥 저 머리 위에서 시커먼 불이 후울홀 하거든. 숨이 차서 아주아주 악독한 눈을 가지고 말하는데,

"아휴, 선생님 뵈러 오려고 작년부터 별렀는데, 아직 역사役事 중이라 바쁘시다고 조카가 가지 말라고 그래서 못 왔습니다. 그러다 이번에 왔습니다" 그러면서

"근데 이걸 어떻게 했으면 좋겠습니까?" 물어요.

그래서 그거 이뻐해야 할 거라고 했더니,

"아니, 그놈을 바작바작 뜯어먹고 싶은데, 좋아해요? 그건 될 수 없구먼요."

"그거, 살자니 하는 거지, 누가 그 녀석이 좋아서 하는 거요, 그게?"

"그러나 어떻게 예뻐할 수가 있어요? 미워할 수는 있어요." 그럽니다.

"미워하면 당신이 다치지 뭐. 그러니까 그거 안 하는 게 매우 좋을 거요."

그러니까 그이와 함께 온 부인이 말했어요.

* 백성욱 박사가 1962년부터 '백성목장(白性牧場)'을 경영했던 경기도 부천군 소사읍 소사리(현재 경기도 부천시 소사본동) 지역.

"아주머니, 그럼 (일)부러래도 좀 해 보시구려."

부러래도 좀 해 보시구려 그러고는 나를 쓱 쳐다보길래, 내가 그랬어요.

"암, 부러래도 하면 제대로 되는 때가 있고, 되면 우선 죽지 않으니 되지 않겠소?"

그런데 여하간 말이 잘 안 통하니까,

"우물에 가서 물이나 잡숫고 오시오" 그랬습니다.

"이이가 몸에 열이 있어서 그거 안 될 겁니다."

"아니, 안 될 게 아니야. 시방 자리만 잠깐 떠도 좋을 거요."

용인龍仁에서 온 사람에게 "너, 같이 모시고 나갔다 와라" 했어요. 그런데 돌아오더니

"그럼 그렇게라도 해 보겠습니다." 아주 마지못해서 그랬어요.

그이가 1년 후에 다시 왔는데, 아주 맑고 정정해요. 그때도 마침 그 용인 사람이 한자리에 있다가 그 모습을 보고 말했어요.

"아이구, 저이가 저렇게 달라졌습니다!"

"달라진 게 아니라, 그날 너 보니까 어떻든? 머리 위에서 시키먼 게, 아주 이렇게 불꽃이 날름날름하지 않든? 그게 악심惡心이다, 그 말이야. 근데 재산 손해라고 하거든, 그게. 그러니 내 항상 그 말이야. 그렇게 사람 미워하면 자기가 파열破裂되는 것인데 그게…. 그래서 무엇보다 사람을 미워하지 않으면 오래 사는 거야."

다른 사람을 미워하면 왜 다치는가 하면, 다른 사람이라고 하는 그 생각은, 그게 자기自己이기 때문에 그렇다 그 말입니다. 남을 미워하는 것은 곧 자기를 자꾸 미워하는 것이거든. 이런 것을 '미迷한 짓'이라고 합니다.

그러니까 제(자기)를 아무리 좋게 하려고 해도 곧이들리지 않고 안 될 적에는, "모든 세상 사람이 이렇게 이렇게 하길 발원" 이러면 마음이 선[立]다 그 말이에요.

자, 그런데 이렇게 알려 주면 '어휴, 저건 저거는 보살이 되어서 저런다' 그러지요? 보살이 돼서 그런 게 아니라, 똑똑해서 그런 겁니다. 그러니까 자꾸 원願을 세우는 것이 제 마음 자꾸 떳떳해지는 것입니다. 그런데 '실감이 안 나니까 못 하는 것이 아니오?' 그럴 텐데, 내가 얘기하는 건 [모두] 겪어 본 것이에요.

그래서 이거《금강경》을 실행만 하면, 실행하는 한 번 한 번에 자꾸 이利해요. 그리고 재미있는 것이, 처음에는 도무지 막연해서 알 것 같지 않은데, 자꾸만 하면 느닷없이 알아져요. 이건 내가 경험을 해 본 것이고, 여러분도 경험을 쌓으면 얼마나 편안한지 알 것입니다.

예를 들어, 마음이 두엇쯤 되면 저녁에 자려고 드러누워도 잠이 안 와요. 잠이 꼬박 올 거 같은데 안 와요. 마음이 둘이 들이(마구) 싸우니, 몸뚱이 하나 가지고 잠잘 능력이 있겠소, 없겠소? 그러나 마음 하나도 안 가지고 자려 하면 고대(바로)

잠자우. 그러니까 [그저 아침저녁 부지런히《금강경》읽고 무엇이든 지 부처님께 바치자 그 말입니다].

"제도하시는 용화교주 미륵존여래불 공경을, 이 여러 사람들 이 각각 무시겁 업보 업장을 해탈 탈겁을 해서, 모든 재앙은 소멸하고 모든 소원은 성취해서, 부처님 시봉, 밝은 날과 같 이 복 많이 짓기를, 제도 발원."

백성욱 박사 연보*

1897년(광무 원년)
음력 8월 19일(양력 1897년 9월 15일, 수요일). 정유년, 종로구 연건동에서 수원 백씨 윤
기潤基의 장남으로 출생.

1903년(6세)
3월, 서울 원남동에 설립된 신식사립학교인 호동학교 입학.

1906년(9세)
3세(1900년)에 아버지를 여읜 데 이어, 어머니 별세.

1910년(13세)
서울 봉국사 최하옹(미상~1941) 스님을 은사로 출가.

1917년(20세)
동국대 전신인 숭인동 불교중앙학림 입학.

1919년(22세)
3월 1일, 한용운 스님 명을 받아 불교중앙학림에 재학 중이던 신상완(1891~1951) 스
님, 통도사 박민오 스님, 김법린 등과 중앙학림 학생들을 인솔하여 탑골공원에서 기

---

* 음력이라 명기하지 않은 경우는 모두 양력 날짜임. 연도 뒤 괄호 속 나이는 모두 '만
나이'임. 보다 상세한 연보는《분별이 반가울 때가 해탈이다: 백성욱 박사 법문집》
(김영사, 2021) 또는《응작여시관: 백성욱 박사 전기》(김영사, 2021) 참고.

미독립선언서 배포. 이후 남대문과 대한문 3.1 운동 주도. 3월 5일, 남대문과 서울역에서 독립선언서 배포. 3월 말, 초월 스님이 신상완, 백성욱, 김법린 등에게 상해임시정부를 찾아가면 할 일이 있을 거라며 밀항 주선. 5월 10일, 랴오닝遼寧성 남부 잉커우營口항 거쳐 상하이 도착. 임시정부 활동하면서 신상완, 김법린과 함께 국내와 임시정부 8~9회 오가며 독립운동.

1920년(23세)
임시정부에서 이광수·주요한·이영렬·조동호·옥관빈·박현환 등과 함께 《독립신문》 제작에 기자로 참여.

1921년(24세)
1월 15일, 민범식·장식 형제의 지원으로 함께 프랑스 우편선 앙드레 르봉André Lebon호 승선. 2월 25일, 프랑스 마르세유 항구 도착. 1년 동안 프랑스 북부 보베Beauvais시에 있는 고등학교에서 프랑스어와 독일어, 라틴어 공부.

1922년(25세)
민범식과 함께 독일 뷔르츠부르크Wüzburg 도착. 이미륵(1899~1950)의 도움으로 철학과 한스 마이어Hans Meyer(1884~1966) 교수 소개받아 9월 어학시험 통과, 뷔르츠부르크 대학교 대학원 철학과 입학.

1923년(26세)
가을, 마이어 교수를 지도교수로 〈불교순전철학〉 박사논문 작성 매진.

1924년(27세)
2월, 마이어 교수의 도움으로 3년 만에 뷔르츠부르크 대학교 대학원 철학과 졸업. 5월 2일, 〈불교순전철학佛教純全哲學, Buddhistishe Metaphysik〉 논문 초고 완성. 9월, 마이어 교수 박사학위 논문으로 인준.

1925년(28세)
프랑크푸르트, 베를린 등 독일의 여러 도시 다니며 유럽 문화 경험. 시베리아 횡단 열차 타고 9월 9일 귀국.

1926년(29세)

신분 숨기기 위해 무호산방無號山房·백준白畯·무호無號 등의 필명 사용하며《동아일보》《조선일보》《동광》《불교》등에 시, 에세이, 평론 등을 활발하게 기고 및 연재.

1927년(30세)

2월, 봉은사 들렀다가 함경남도 석왕 선원 가서 수행. 4월, 금강산 장안사 거처 여름까지 보덕굴에서 수행. 이후 장안사 선원에서 사분정진四分精進 및 겨울 수행.

1928년(31세)

4월, 불교전수학교 개교와 함께 철학과 강사로 피임. 5월,《불교》잡지사 논설위원 입사. 6월에 김일엽(1896~1971) 또한 기자로 입사하여 가깝게 지냄. 9월, 불교전수학교 강사 사직. 11월, '조선불교 선교양종 승려대회' 11인 발기위원으로 참여.

1929년(32세)

1월 3~5일, '조선불교 선교양종 승려대회' 종헌제정위원 11인 중 한 명으로 참여. 가을, 금강산 입산, 장안사 보덕암에서 수행 시작. 수행 중 혜정 손석재慧亭 孫昔哉 선생과 처음 만나 법거량. 손혜정 선생 권유로 오대산 상원사 적멸보궁에서 함께 100일 기도 정진.

1931년(34세)~1938년(41세)

안양암 3년 정진 후 장안사 지장암에서 손혜정 선생과 함께 근대 최초의 수행공동체 운동 전개하며 회중수도會衆修道. 이후 7년여 간 500여 명의 제자 지도. 아침 서너 시 일어나 '대방광불화엄경' 염송하고, 간경, 참선하며 1일 2식으로 용맹정진.

1938년(41세)

4월, 금강산 지장암 수행 중, '불령선인不逞鮮人'으로 지목, 손혜정 선생 등과 함께 경상남도 의령경찰서로 연행. 무혐의 석방되었으나 일제의 압력으로 금강산에서 하산.

1939년(42세)~1945년(48세)

서울 돈암동 자택 칩거하며 좌선 수도.

1941년(44세)

1월, 은사 하웅 스님 홍천사에서 입적. 남겨준 재산을 화재 피해 입은 봉은사에 복구

비로 헌납, 만일회 신앙 결사 참여.

1944년(47세)
1월, 치악산 상원사 한 동굴에 들어가 정진 수도.

1945년(48세)
해방되자 애국단체인 중앙공작대 조직, 민중 계몽운동 시작.

1948년(51세)
5월 10일 남한 단독선거로 제헌국회 소집되자 이승만 박사가 국회의장 되도록 헌신. 7월 20일, 국회에서 간선제로 초대 대통령 뽑게 되자 이승만 지원. '초대 총리 백성욱 박사설' 언론 등장.

1950년(53세)
2월 7일, 제4대 내무부장관 취임. 7월 16일, 대구 피난 중 내무부장관으로서 국민에게 사과 성명 발표하며 취임 5개월 만에 사임.

1951년(54세)
2월, 한국광업진흥주식회사 사장 취임. 10월, 동국대학교 동창회장 취임.

1953년(56세)
7월 31일, 부산 피난 중 동국대 제2대 총장 취임. 8월, 정전 협정 후 서울 본교로 복귀. 중구 필동에 동국대 교사를 건립하고 8년에 걸쳐 시설·학사·교수 등 다방면에 걸쳐 동국대학교 중흥의 기틀 마련.

1956년(59세)
5월, 제4대 부통령 선거 무소속으로 입후보(낙선). 9월, 한국광업진흥주식회사 사장 사임.

1957년(60세)
10월, 동국대에 '고려대장경 보존동지회' 만들어 회장 취임. 《고려대장경》 영인 작업 착수. 1976년 6월에 영인 완성, 총 48권의 현대식 영인본 출간.

1958년(61세)
9월 17일, 손혜정 선생이 동국대에 기증한 약 4,500만 환의 건국국채를 기본재산으로 재단법인 동국대학교 불교장학회 설립.

1959년(62세)
음력 5월 19일, 도반이자 스승으로 모신 손혜정 선생, 세수 78세로 장충동 자택에서 입적. 《불교학 논문집: 백성욱 박사 송수 기념》 발간.

1960년(63세)
《동국대학교 총장 백성욱 박사 문집》 발간.

1961년(64세)
5월, 재단법인 동국학원 제15대 이사장 취임. 7월 20일, 5·16 군사정변으로 공표된 '교육에 관한 임시특례법'으로 만 60세 이상은 교단에서 물러나게 하여 동국대 총장 및 학교법인 이사 사임.

1962년(65세)
경기도 부천군 소사읍 소사리에서 〈백성목장白性牧場〉 경영하며 20년 가까이 《금강경》 강화講話, 인연 있는 후학 지도.

1970년(73세)
5월 25일, 서울 인현동 삼보회관에서 '《금강경》 총설' 강연.

1981년(84세)
음력 8월 19일(양력 9월 16일, 수요일), 출생일과 같은 날 서울 용산구 이촌동 반도 아파트에서 입적. 경기도 양주군 대승사에 사리탑과 비를 건립.

호우로 휩쓸려 내려간 사리탑을 다시 부천시 소사구 소사1동 소사법당 뒤편 언덕에 옮겨 '동국대학교 총장 백성욱 박사 탑'과 함께 세움. 후학들이 금강경독송회, 청우불교원 금강경독송회, 바른법연구원, 백성욱 박사 교육문화재단, 백성욱연구원, 여시관 등을 세워 가르침을 잇고 있음.

찾아보기

백성욱 박사 전집 1

백성욱 박사의 금강경 강화

1판 1쇄 인쇄 2021. 9. 3.
1판 1쇄 발행 2021. 9. 23.

백성욱 강설
김강유 · 이광옥 · 김원수 받아적음

발행인 고세규
발행처 김영사
등록 1979년 5월 17일(제406-2003-036호)
주소 경기도 파주시 문발로 197(문발동) 우편번호 10881

값은 뒤표지에 있습니다.
ISBN 978-89-349-7982-1 04080 | 978-89-349-0900-2(세트)

홈페이지 www.gimmyoung.com   블로그 blog.naver.com/gybook
인스타그램 instagram.com/gimmyoung   이메일 bestbook@gimmyoung.com

좋은 독자가 좋은 책을 만듭니다. 김영사는 독자 여러분의 의견에 항상 귀 기울이고 있습니다.